AtV Texte zur Zeit

Schon kurze Zeit nach der Machtübernahme im Januar 1933 richteten die Nazis in Oranienburg, vor den Toren der deutschen Hauptstadt, ihr erstes reguläres Konzentrationslager ein. Mit der S-Bahn bequem zu erreichen, diente es dazu, Abgeordnete von SPD und KPD, Intellektuelle, jüdische und linke Prominente nicht nur mundtot zu machen, sondern ihren Widerstandswillen zu brechen, was, nach oft unmenschlichen Qualen, leicht auch mit dem physischen Tod enden konnte. Erich Mühsam, Ernst Heilmann, Franz Künstler u. a. sind diesen Märtyrerweg gegangen. Was spielte sich ab in diesem Lager? Als Gerhart Seger auf abenteuerlichem Wege die Flucht gelungen und sein Buch veröffentlicht war, konnte die Welt Bescheid wissen. Auch der in diesem Buch auszugsweise wiederveröffentlichten »Gegendarstellung« des KZ-Kommandanten Schäfer gelang es nicht, die historische Wahrheit zu vertuschen: zu übermächtig sind die in Erlebnisberichten und Dokumenten abgedruckten Beweise.

HANS BIEREIGEL, Jg. 1933, Dipl.-Historiker. War bis 1986 Direktor der Nationalen Mahn- und Gedenkstätte Sachsenhausen. Mehrere Publikationen zum Thema Antifaschismus sowie heimatgeschichtliche Literatur, u. a. »Oranienburg in alten Ansichten«. Lebt in Oranienburg.

Hans Biereigel

Mit der S-Bahn in die Hölle

Wahrheiten und Lügen über das erste Nazi-KZ

Aufbau Taschenbuch Verlag

Mit Faksimiles und Fotos

ISBN 3-7466-7004-7

1. Auflage 1994

Reihengrundlayout Sabine Müller, FAB Verlag, Berlin
Umschlaggestaltung Torsten Lemme
unter Verwendung von drei Originalfotos
Satz LVD GmbH, Berlin
Druck Elsnerdruck, Berlin
Printed in Germany

Inhalt

Vorwort

Im November 1945 besuchte der ehemalige politische Häftling der Konzentrationslager Oranienburg und Sachsenhausen Wilhelm Girnus die Stätten seiner Leiden und Entbehrungen. Er wollte nichts vergessen, und es sollte nicht vergessen werden, was dort geschehen war. In seiner Autobiographie »Aus den Papieren des Germain Tawordschus«, erschienen 1982 im Hinstorff Verlag Rostock, schildert er dieses Nichtvergessen: »Ich will das Haus wiedersehen, in dem man mich mit dem Stahlseil geschlagen hat. Die Brauerei steht noch. Keine Bombe hat sie umgerissen. Dort oben links im ersten Stock des Vorbaus, das Fenster da, in dem zwei Scheiben fehlen, da hat der Herr Obersturmführer, das Stahlköpfchen, die Exekution geleitet. Ich möchte das Zimmer noch einmal wiedersehen, in dem sie mir den Arsch mit dem Stahlseil aufgepumpt haben. Als ich die Türklinke berühre, steht hinter mir eine bullige Gestalt mit einer dicken Lederschürze: Eintritt verboten. ›Wissen Sie‹, frage ich, ›was früher hier einmal war, so vor zwölf Jahren?‹ – ›Det jeht mir nischt an. Ick bin hier for det Faßleerjut da, sonst interessiert mir nischt. Und nu machen Se, daß Se fortkommen.‹ – ›Moment mal, sind Sie von hier? Aus Oranienburg?‹ – ›Wat jeht Ihnen det an. Ick frag Se ja ooch nich, von wo Se sind.‹ Au du der Teufel, der ist ja mächtig spitz. Hat wohl auch die Finger in der Suppe gehabt? Oder fürchtet der um seinen Job? Vielleicht macht er Schwarzmarktgeschäfte? Faßleergut! Ein großes Geschäft schon immer gewesen. ›Faßleergut‹, sag ich, ›war ich auch mal. Hier verstaut. Da in der Ecke hinter der großen Tür, im Lagerraum der alten Brauerei.‹ Der Bullige sieht mich blöd an. – ›Wissen Sie nicht, daß hier mal ein KZ war?‹ – ›Interessiert mir nich. Hab ick nischt mit zu tun.‹ – Na also. Alles klar. Immer ›ohne mich‹.«

Zwei Generationen danach, im Frühjahr 1993, anläßlich des 6O. Jahrestages der Errichtung des KZs inmitten der Stadt, versammelten sich etwa einhundert Einwohner und Gäste aus dem nahen Berlin im gepflasterten Vorhof der einstigen Kindl-Brauerei, eines Teiles des früheren Lagers, um mit einem Ruf gegen das Vergessen an die Schreckenszeit des Nazismus zu erinnern. Der »abgewickelte« Theologieprofessor und ehemalige Rektor der Humboldt-Universität zu Berlin, Heinrich Fink, gedachte in seiner Botschaft nicht nur der Opfer, sondern er richtete mahnende Worte an die Lebenden: »Auch wenn wir wenige sind, wir stehen hier als Bürgergedächtnis und bewegen uns gegen das Vergessen.«

Proteste wurden laut, als bekannt wurde, daß die Reichelt-Handelsgruppe auf diesem blutgetränkten Boden einen Supermarkt errichten wolle. Erst als die internationale Öffentlichkeit besorgte Anfragen an die Stadtverwaltung von Oranienburg richtete, wurden Recherchen angestellt und Gutachten in Auftrag gegeben, um einen Standort zu bestimmen, der längst durch die Geschichte dokumentiert worden war.

Leider wurde der historischen Wahrheit kein Platz gegeben, im Gegenteil, der Verschleierung des Standortes des früheren Konzentrationslagers wurde zugestimmt, und man definierte das Lager der SA-Standarte 208 als »wildes Konzentrationslager«. Damit setzte man den Lügen des ehemaligen Lagerkommandanten Schäfer eine neue hinzu.

Ob das Gelände des Oranienburger SA-Konzentrationslagers auf den Meter genau den geplanten Supermarkt berührt oder nur in unmittelbarer Nachbarschaft liegt, scheint trivial. Wenn im Jahre 1991 in Ravensbrück ein mehr als achthundert Meter entfernt liegender, geplanter Markt sich zum politischen Skandal ausweitete, so müssen sich auch die heutigen Oranienburger von einer internationalen Meinung beurteilen lassen.

Im SA-KZ Oranienburg gab es 1933/34 noch keine Gaskammern und keine Genickschußanlage, wie später im KZ Sachsenhausen. Doch das, was in Oranienburg geschah, die nackte, brutale Gewalt der Fäuste, das willkürliche Verprügeln von Kindern und Männern, die sich nicht wehren konnten, die Dunkelhaft in den Steinsärgen der alten Brauerei und die Schikanen eines unmenschlichen »Sports« –, das war schon die Hölle.

Nichts und niemanden zu vergessen und die Vergangenheit

sichtbar zu machen, soll Anliegen meines Buches sein. Die Erforschung der Geschichte des KZs Oranienburg und seine Gestaltung als Erinnerungsstätte spiegelt die Widersprüchlichkeit des Antifaschismus in vierzig Jahren DDR.

Gerhart Segers Erlebnisbericht über das KZ Oranienburg war in der DDR verpönt und durfte nicht verlegt und verbreitet werden. Seine Sicht auf das Verhalten einzelner Häftlingsgruppen während der Lagerzeit würde das verordnete Bild vom Antifaschisten getrübt haben, so die vorherrschende Meinung führender Politiker.

Namensverleihungen wie die mit dem des im KZ Oranienburg ermordeten jüdischen deutschen Schriftstellers Erich Mühsam wurden von SED-Funktionären deshalb abgelehnt, weil Mühsam in deren Augen Anarchist gewesen war. Erst Ende der achtziger Jahre begann eine differenzierte Aufarbeitung der Lagergeschichte von Oranienburg. Sie ist mit diesem Buch nicht abgeschlossen.

Ich bedanke mich bei all denen, die mir geholfen haben, dieses Vorhaben zu verwirklichen. Ein besonderer Dank ergeht an den Antifaschisten Willi Ruf aus Oranienburg, der, heute zweiundneunzigjährig, diese Hölle überlebte. Mein Dank gilt Frau Margarete Collins Oldenburg, die mir die Erinnerungen ihres Mannes als »Gefangener in der Judenkompanie von Oranienburg« zur Verfügung stellte. Ich bedanke mich bei der Friedrich-Ebert-Stiftung in Bonn, dem Brandenburgischen Landeshauptarchiv in Potsdam und dem Stadtarchiv von Oranienburg für die Dokumentenauswahl und andere wertvolle Hilfe.

Oranienburg, im Februar 1994 — Hans Biereigel

Hans Biereigel

Schweigen ist Gold – Reden Oranienburg

Je größer der zeitliche Abstand, desto klarer ist das Wesen der Nazidiktatur von 1933 bis 1945 in Deutschland zu erkennen. Es gibt nur wenige Städte in diesem Land, die auf eine solche blutbefleckte jüngere Vergangenheit zurückblicken wie Oranienburg: ein Ort, der in den zwölf Jahren Nazidiktatur hunderttausendmal in vielen Sprachen der Welt verflucht wurde.

Oranienburg, die traditionsreiche, geschichtsbewußte märkische Kleinstadt mit ihren 17.000 Einwohnern im Jahre 1933 sorgte während der Nazizeit mehr als einmal für Schlagzeilen in der deutschen und internationalen Geschichte. Die Ursachen dafür liegen damals schon Jahre zurück.

Die Nazipartei organisierte sich in Oranienburg nicht über Nacht. Hitlers Propagandisten schwärmten von Oranienburg, als einer Stadt, in der es die günstigsten Einflußmöglichkeiten gab. So war es nicht verwunderlich, daß im Frühjahr 1925 in Oranienburg, als erster Stadt im Kreis Niederbarnim und im ganzen Land Brandenburg, eine Ortsgruppe der NSDAP gegründet wurde. Der Nazibezirk Oranienburg reichte von der Nordgrenze Berlins bis nach Zehdenick, von Nauen und Fehrbellin bis Bernau und Biesenthal. In diesem Bezirk befand sich auch der »Kampfverlag« der NSDAP, er hatte seinen Sitz in Lehnitz. Führende Nazis wie der spätere Kreisleiter Heermann und der spätere Generalarbeitsführer Decker wohnten ab 1925 in Malz bzw. in Sachsenhausen.

Schon 1926 kam es zu den ersten blutigen Auseinandersetzungen. Gegner waren die Organisationen der KPD, der SPD, des Reichsbanners und des Roten Frontkämpferbundes. Erinnert sei an den Überfall der Nazis auf KPD-Mitglieder am 18. April 1926 bei den sogenannten »Russenfichten« in Oranienburg, am 2. Mai 1926 auf ein Treffen des RFB in Leegebruch, sowie im Herbst 1926, anläßlich einer Großveranstaltung der SPD und des Reichsbanners mit dem Reichstagsabgeordneten Rudolf Breitscheidt im Oranienburger Schützenhaus.

Als die Nazipartei im Jahre 1927 in Berlin verboten wurde, tauchte die Mehrzahl ihrer Mitglieder unter und organisierte sich in einzelnen Ortsgruppen des Kreises Niederbarnim neu. Inmitten Oranienburgs Stadtmauern fand im Herbst 1927 der »Berliner Gautag der NSDAP« statt. Hauptredner war Dr. Joseph Goebbels. Das von den Nazis organisierte abendliche Konzert im Anschluß daran fand im Schloßpark statt und wurde von vielen Oranienburgern besucht.

Vor 1933 galt die Regel, daß Mitglieder der NSDAP zugleich auch der SA angehörten. Somit waren die Verbrechen der SA zugleich auch Verbrechen der Nazipartei. Die Oranienburger Nazis und SA-Leute waren in ganz Deutschland als Schläger bekannt. Zu einer Zuspitzung der brutalen Gewalt kam es, nachdem im Frühjahr 1931 die Kreisgeschäftsstelle der NSDAP in Oranienburg ihre Tätigkeit aufnahm. Im Hofgebäude des Rats-Cafes in der Berliner Straße 13 hatte sie ihren Sitz. Gleichzeitig wurde das Rats-Cafe zum Partei- und Kampflokal der NSDAP. Von hier aus liefen die Fäden in fast alle Ortschaften des Kreises. Das Cafe war auch Ausgangspunkt für den Überfall auf das Oranienburger Arbeiterlokal Lach in der Breiten Straße. In der Nacht zum 24. September 1931 überfielen 55 SA-Leute und NSDAP-Mitglieder eine Versammlung der KPD. Man wollte, »den Einfluß der Kommunisten brechen und ein Zeichen setzen.« Schüsse fielen, und es gab Verletzte. Noch war aber die Demokratie der Weimarer Republik nicht gebrochen. So kam es in der Folge dieses Überfalls zu einem großen Landfriedensbruch-Prozeß, der in seiner Bedeutung weit über die Grenzen von Oranienburg hinausging. In der Hauptverhandlung am 3. Oktober 1931, im damaligen Amtsgericht Oranienburg, wurden von 55 Angeklagten 33 zu einer Gesamtgefängnisstrafe von 13 Jahren verurteilt. Zugleich wurde die Tätigkeit der NSDAP in Oranienburg für eine kurze Zeit verboten.

Oranienburg war aber auch Hochburg der SPD und der KPD. Das Parteiengezänk zwischen beiden half letztlich allein den Nazis. Ab 1930 zeigten sich eine Veränderung und Verschiebung des politischen Kräfteverhältnisses und eine verstärkte Zuwendung der Wähler zum Nationalsozialismus. Die Wahlergebnisse der Nazis belegen das. Bei einer Zahl von etwa 10.000 stimmberechtigten Bürgern stimmten für die Nazis:

im September 1930	= 1956
im Juli 1932	= 4436
im März 1933	= 5148

Die SA-Standarte 208, zu der auch die Oranienburger SA-Leute gehörten, zählte als Formation zu den Einsatztruppen der SA in Berlin. Für ihre »Einsätze« erhielt sie mehrfach schon vor 1933 Anerkennung durch Naziführer in Deutschland. Einflußreiche Gönner und finanzkräftige Bankiers stellten der Standarte für deren Ausbildung das Gelände und die Räumlichkeiten der ehemaligen Brauerei in der Berliner Straße 20/21 kostenlos zur Verfügung. Eingetragener Eigentümer war laut Grundbuch ab 1927 bzw. 1930 die Münchner Kindl-Brauerei, Niederlassung Berlin. Als Miteigentümer fungierten das Berliner Bankhaus Hardy & Co GmbH Berlin, sowie die Hermes-Kreditversicherungs-AG Berlin.

Nach dem Reichstagsbrand am 28. Februar 1933 erfolgten auch in Oranienburg und Umgebung die ersten Verhaftungen von Gegnern des Nationalsozialismus. Ihre Einlieferung erfolgte in das damalige Amtsgerichtsgefängnis Oranienburg in der Berliner Straße. Ein sogenanntes »wildes KZ«, wie sie oft in Sturmlokalen der SA eingerichtet wurden, gab es in Oranienburg nicht.

Die Pläne zur Errichtung von Konzentrationslagern in Deutschland wurden nicht über Nacht gefaßt. Sie gehen weit zurück. Schon im März 1921 drohte Hitler mit einer Abrechnung mit den »Verrätern«, die auch in Konzentrationslagern vollzogen würde. In seiner Ausgabe vom 11. August 1932 konkretisierte der »Völkische Beobachter« das Programm für den Tag der Machtübernahme mit den Worten: »Unterbringung Verdächtiger und intellektueller Anstifter in Konzentrationslagern.«

Wilhelm Frick, späterer Innenminister Hitlerdeutschlands,

drohte dem Reichstagsabgeordneten der SPD Gerhart Seger bereits im Dezember 1932 während eines Gesprächs: »Wenn wir zur Macht kommen, werden wir euch Kerle alle ins Konzentrationslager stecken.«

Die Nazis verstanden es perfekt, sich anläßlich bestimmter Ereignisse und Tage in Szene zu setzen. Ein solcher Tag war der 21. März 1933. Als »Tag von Potsdam« ist er in die Geschichte eingegangen. An diesem Tag wurde die Eröffnung des am 5. März gewählten Reichstages mit einem Staatsakt in der Potsdamer Garnisonkirche eingeleitet. Es war für alle Schulen frei angesagt worden, und am Abend fanden Fackelzüge und »Freudenkundgebungen« statt.

Die Leitung der SA-Standarte 208 hatte sich in Abstimmung mit der Gauleitung der SA und der NSDAP etwas besonderes ausgedacht: Das erste planmäßig organisierte Konzentrationslager unter Führung der SA und in Zusammenarbeit mit der Polizei wurde in den Räumen der alten Brauerei in der Berliner Straße in Oranienburg eröffnet. Die ersten 40 Gefangenen aus dem Kreis Niederbarnim wurden eingeliefert. Gegen die Einstufung des KZ Oranienburg als sogenanntes »wildes Konzentrationslager« spricht auch das Schreiben des kommissarischen Landrates des Kreises Niederbarnim vom 24. Juli 1933 an den Regierungspräsidenten in Potsdam, in dem es heißt: »Für das Konzentrationslager in Oranienburg habe ich zur Vernehmung von Schutzhäftlingen, zur Nachprüfung vorhandener Vorgänge in strafprozessualer Hinsicht, zur Mitbeteiligung an der Leitung des Lagers und zur Einschaltung behördlicher Aufsicht seit dem 21. 3. 1933 bis 6 Landjägerbeamte dauernd, also für Tages- und Nachtdienst zur Verfügung gestellt.« Wie aus der Geschichte der »wilden KZs« bekannt ist, gab es dort keine behördliche Aufsicht, ebenso keine Vernehmungen durch Polizeibeamte.

Das SA-Konzentrationslager Oranienburg war Prototyp und Modell für die Errichtung künftiger größerer KZs in Deutschland und später in vielen europäischen Ländern.

Die fast auf den Tag zeitgleiche Errichtung des Konzentrationslagers Dachau bei München unter der Leitung der SS für das Land Bayern ist Ausdruck dafür, daß dem ein abgestimmter Plan der Naziführung zugrunde lag.

Der Modellcharakter Oranienburgs zeigt sich in folgenden Tatsachen:

1. Im KZ Oranienburg waren die Hauptgruppe der Gefangenen politische Häftlinge. Neben SPD- und KPD-Mitgliedern wurden parteilose Intellektuelle, Wissenschaftler, Ärzte und Hitlergegner aus anderen Berufsgruppen inhaftiert. Eine zweite Gruppe waren jüdische Bürger, nicht alle von ihnen politisch engagiert. Zur jüdischen Gruppe gehörten auch Kinder und Jugendliche. Von den 42 Zöglingen des jüdischen Jugend- und Fürsorgeheimes Wolzig, die am 15. Juni 1933 in das KZ eingeliefert wurden, sei die Altersstatistik mitgeteilt:

1 Jugendlicher	13 Jahre alt
1 Jugendlicher	14 Jahre alt
5 Jugendliche	15 Jahre alt
7 Jugendliche	16 Jahre alt
12 Jugendliche	17 Jahre alt
12 Jugendliche	18 Jahre alt
3 Jugendliche	19 Jahre alt
1 Jugendlicher	20 Jahre alt

Im KZ wurden neben Deutschen auch Angehörige anderer Staaten gefangengehalten. Nach bisherigen Erkenntnissen wurden diese in Deutschland lebenden Ausländer verhaftet und ohne Rücksicht auf ihre Staatsangehörigkeit in das KZ Oranienburg gebracht. Es handelte sich um Angehörige folgender Staaten: Frankreich, Österreich, Ungarn, Polen, England, Tschechoslowakei, UdSSR. Staatenlose gehörten ebenfalls zu den Gefangenen. Auch diese Tatsache verbietet es, der Theorie vom »wilden KZ« der Anfangszeit zu folgen. Angehörige der Sinti und Roma bildeten kleinere Häftlingsgruppen. Aber auch kriminell Vorbestrafte wurden »zur Besserung und Erziehung« in das KZ eingeliefert. Unter den Häftlingen waren auch Frauen.

Die Einlieferung erfolgte in der Regel als Polizei- oder Schutzhaft. Dazu waren, entsprechend der Verordnung des Preußischen Ministers des Innern vom 2. März 1933, die Landräte befugt. Darüberhinaus erfolgten die Einlieferungen auf Weisung hoher Naziführer, zum Beispiel durch Goebbels, der als Gauleiter der NSDAP Berlin-Brandenburg gegenüber der SA die Befehlsgewalt hatte und diese auch praktizierte. Als die verantwortlichen Rundfunkintendanten von Berlin eingeliefert wurden, dokumentierte er das in seinem Tagebuch: »9. August 1933 – Die Rundfunkbarone auf meine Verantwortung nach Oranienburg.«

2. Der Aufbau und die Struktur des Lagers ließen die Planmäßigkeit der Errichtung des KZs Oranienburg erkennen. Die SA-Lagerkommandantur mit einzelnen Abteilungen und Wachpersonal in Gestalt der SA, die als »Hilfspolizisten« eingestuft wurden, hatte im Lager eine strenge militärische Ordnung errichtet. Die Gefangenen waren Kompanien zugeordnet, diese wiederum in Züge unterteilt. Als Besonderheit gab es eine spezielle Judenkompanie. Alle Kompanien hausten in einem festen, menschenunwürdigen »Schlafsaal«. Es gab folgende Dienstordnung im Lager:

05.30 Uhr: Wecken
05.30 – 06.00 Uhr: Betten machen
06.00 Uhr: Antreten zum Appell
06.00 – 06.30 Uhr: Entgasung (Entlüftung der Unterkünfte)
06.30 – 07.00 Uhr: Waschen, anziehen
07.00 – 07.30 Uhr: Kaffee
07.30 – 12.30 Uhr: Arbeitsdienst
12.30 – 13.30 Uhr: Essen, Ruhe
13.30 – 16.00 Uhr: Exerzieren etc.
16.00 – 17.30 Uhr: Sport
19.00 Uhr: Abendessen
20.30 Uhr: Locken (Vorbereitung auf die Nachtruhe)
21.00 Uhr: Zapfenstreich

Dieser Dienstplan galt nur für den Ablauf im Lager. Bei Arbeitseinsätzen außerhalb des Lagers war auf 06.30 Uhr der Abmarsch zur Arbeitsstelle festgelegt.

Wie in den großen Lagern in späteren Jahren üblich, wurden für bestimmte Tätigkeiten und Funktionen zur Aufrechterhaltung der Lagerordnung Häftlinge eingesetzt. Im konkreten Fall waren auch die »Zugführer« Häftlinge.

3. Der Ausbau und die Aufrechterhaltung des Konzentrationslagers waren nur möglich, weil die Stadtväter und die Mitglieder der Stadtverwaltung von Oranienburg der SA und der NSDAP wohlgesonnen waren und der SA-Lagerleitung aus Mitteln der Stadtsparkasse einen günstigen Kredit zur Einrichtung des »Musterlagers« der SA-Standarte 208 gewährten, für eine deutsche Kommune im Anfangsjahr der Nazidiktatur eine Einmaligkeit. Bereits im Mai 1933 kam es zur direkten Zusammenarbeit zwischen dem Stadtbauamt und den Einrichtern des Konzentrationslagers: Die Ausbauzeichnung des Verwaltungsgebäudes in der Berliner Straße 21 beweist, daß sie von städtischen Beamten angefertigt wurde.

Einmalig für diesen Zeitabschnitt ist auch das im Mai 1933 konzipierte »Arbeitsbeschaffungsprogramm« des Konzentrationslagers. Die durch den Staat zur Verringerung der Arbeitslosigkeit bereitgestellten Mittel wurden einerseits von der Stadt in Anspruch genommen, andererseits setzte man für diese Arbeiten keine ABM-Kräfte ein, sondern KZ-Häftlinge, die wie billige Arbeitssklaven behandelt wurden. Die Stadt vergütete den Wocheneinsatz mit einem finanziellen Entgelt von 6,- RM. Das entsprach einem Stundenlohn von 9 Pfennigen. Dieses Geld erhielt die Lagerführung. Die Häftlinge erhielten nichts. Höhepunkt der Zusammenarbeit war ein Sechspunktevertrag, abgeschlossen zwischen Stadtverwaltung und KZ-Lagerführung über den Einsatz von Gefangenen in Oranienburg und weiteren Orten des Kreises Niederbarnim. Städtische Beamte wurden als kontrollierende Aufsichtspersonen bei den verschiedenen Arbeitskolonnen eingesetzt und entschieden über manches Häftlingsschicksal. Solcherart Unterstützung und Hilfe trug dazu bei, daß das KZ Oranienburg fast eineinhalb Jahre existieren konnte, ohne größere finanzielle Hilfe des Staates in Anspruch nehmen zu müssen. Das stellt eine Vorstufe der ab 1942 in den Konzentrationslagern geübten Praxis dar, Häftlinge an Unternehmen und Konzerne zu vermieten. – Eine historische Schuld von Oranienburgs Stadtvätern, die ihresgleichen sucht.

Nach bisherigen Berechnungen kann davon ausgegangen werden, daß die Häftlinge auf den verschiedensten Arbeitskommandos mindestens 500.000 Arbeitsstunden ohne Bezahlung geleistet haben. Bei einem Ansatz von 9 Pfennigen pro Stunde waren das für die SA-Lagerführung Einnahmen von 45.000 RM. Sicher eine geringe Summe im Vergleich zu den Millioneneinnahmen, die durch den Häftlingsverleih während des Krieges zustandekamen.

4. Erstmalig für ein KZ des Jahres 1933 führte die SA-Lagerleitung ab Mitte des Jahres 1933 Lagergeld ein. Die mitgebrachten bzw. übergebenen Geldbeträge wurden durch die Lagerführung eingezogen, und dafür erhielten die Gefangenen Lagergeld, das sie zum Einkauf in der KZ-Kantine berechtigte. Ein Drittel des abgelieferten Geldbetrages wurde für »Unkosten« einbehalten: eine zusätzliche Geldeinnahme für die SA-Lagerführung, die keinerlei Kontrollen unterlag. In einem der hier abgedruckten Erlebnisberichte wird dieser Betrug an den Häftlingen dokumentiert.

5. Vom Lagerarzt Dr. Lazar wurden wahre Todesursachen verschwiegen und gefälscht. Die zuständigen Ärzte des Krankenhauses von Oranienburg wurden unter Druck gesetzt, um schriftliche Diagnosen von Todesfällen um Monate verspätet zu veröffentlichen. In der Todesstatistik von Oranienburg gibt es nach wie vor Lücken. Eine Anzahl von Häftlingen erlag den Folgen der KZ-Haft erst Monate oder Jahre später. Ein Beispiel dafür ist der Tod des Berliner SPD-Vorsitzenden Franz Künstler.

6. Eine besondere Rolle im Lager spielte die sogenannte »Vernehmungsabteilung«. Bis Oktober 1933 wurde sie von SA-Sturmbannführer Krüger geleitet. Sie ist im Vergleich zu späteren Jahren mit den Politischen Abteilungen gleichzusetzen. Die Praxis, Häftlinge wie Schwerverbrecher zu kennzeichnen, wurde mittels der Häftlingskartei mit Lichtbildern und Vernehmungsprotokollen ergänzt. Diese Unterlagen waren eine der Möglichkeiten, welche die Gestapo in späteren Jahren nutzte, um sogenannte »Rückfällige« wiederum in Haft zu nehmen.

Die Vernehmungsabteilung im berüchtigten »Zimmer 16« des Verwaltungsgebäudes der Lagerleitung war mit umfassenden Vollmachten ausgestattet. Bei ihr wurde auch der Einsatz von Spitzeln gesteuert, welche die SA unter die Häftlinge brachte, und es wurden Methoden ersonnen, die Häftlinge gegeneinander aufzuwiegeln.

SPD-Funktionäre wurden grundsätzlich als »Novemberverräter« bezeichnet. Friedrich Ebert, Reichstagsabgeordneter der SPD und Sohn des früheren Reichspräsidenten, war besonderen Schikanen ausgesetzt. Während anderen Häftlingen die Haare kahlgeschoren wurden, ordnete Sturmbannführer Krüger an, bei ihm einen Kranz von Haaren stehen zu lassen, um ihn besonders lächerlich zu machen. Die kahlgeschorenen Stellen stellten das Symbol der Eisernen Front dar. Ähnlich erging es auch anderen Gefangenen.

7. Die Lagerleitung hatte einen umfassenden Strafenkatalog erarbeitet, der Einzel- und Kollektivbestrafungen umfaßte. Neben Einzelarrest – Dunkelhaft im Eiskeller der alten Brauerei –, gab es die berüchtigten »Steinsärge von Oranienburg«. Das waren Einzelzellen aus Beton und Steinen in der Größe von 60 mal 60 Zentimetern, knapp mannshoch: eine Art aufrechtstehender Sarg. Später, im KZ Auschwitz, griff die SS auf diese Strafart zurück.

An Kollektivstrafen waren besonders gefürchtet: Post- und Besuchssperren über mehrere Wochen. Eine der Kollektivstrafen war auch der sogenannte »Sport«. Hunderte von Männern wurden ohne jeden Grund immer wieder über die Eskaladierwand und den Wassergraben gejagt, und nur wenige waren so durchtrainiert, daß sie diese Anstrengungen aushielten, ohne gesundheitliche Schäden davonzutragen.

Der Name der Stadt Oranienburg wurde 1933 zum Synonym für Konzentrationslager in Nazideutschland. Er war 1933/34 der meistgehaßte Ort im Lande. Schon wenige Tage nach Errichtung des KZs kursierten überall in Preußen Flugblätter, welche die Zustände in Oranienburg anprangerten. Im Flüsterton wurde gefragt: »Kennen Sie das neueste Berliner Sprichwort? Es lautet: ›Schweigen ist Gold – Reden Oranienburg‹.« So reagierten die in die Illegalität gegangenen und die noch in Freiheit gebliebenen Gegner und Kritiker des Nazi-Regimes in ihrer Art auf das Lager in der »alten Brauerei«. Joseph Goebbels schrieb am 18. Mai im »Angriff«, Zeitung der NSDAP für Berlin-Brandenburg: »Kritik war nur noch denen erlaubt, die sich nicht fürchteten, ins Konzentrationslager zu kommen.« Der SA-Lagerkommandant Schäfer war übrigens bei dieser Zeitung angestellt gewesen.

Für das Konzentrationslager Oranienburg lassen sich in seiner Entwicklung folgende Etappen charakterisieren:

Februar bis Juli 1933

In diesem Zeitabschnitt wird das KZ durch SA und Polizei vorbereitet, notdürftig eingerichtet und zur Aufnahme größerer Häftlingsgruppen ausgebaut. Als höchste Belegungsfähigkeit werden 2.000 Personen angegeben. Kleinere KZs in der Umgebung werden aufgelöst und deren Häftlinge nach Oranienburg überführt.

In dieser Zeit veröffentlichen die Nazi-Zeitungen und andere gleichgeschaltete Blätter ausführliche Berichte über das KZ Oranienburg. Den Reigen eröffnet der »Angriff« am 29. März 1933. In diesem wahrscheinlich ersten Artikel wird die Errichtung des KZs verteidigt. Die öffentliche Meinung soll die Existenz der Lager rechtfertigen, denn »es ist ja alles nicht so schlimm, es sind ja Terroristen, die inhaftiert worden sind.«

Neben inländischen Journalisten besuchen auch Ausländer das KZ. Selbst das Auswärtige Amt wird eingeschaltet, um in Deutschland weilenden Delegationen aus verschiedenen Ländern das Lager zu zeigen. Beispiel dafür ist der Besuch einer chinesischen Delegation am 31. März 1933. Auch Rundfunk und andere Medien berichten über das Lager. So wird im Rahmen einer Wochenschau ein dreiminütiger Beitrag über das KZ Oranienburg in allen 5.000 Kinos Deutschlands gezeigt.

Bemerkenswert für diesen Zeitabschnitt ist die Tatsache, daß offizielle Regierungsstellen auf Proteste ausländischer Bürger reagieren. So erfahren die in den USA lebenden Eltern des Zöglings Salo Schächter von dessen Verhaftung und schicken an den Kommandanten Schäfer dieses Telegramm: »Warum wurde Sohn Salo aus Zöglingsheim Wolzig interniert. Familie kommt im August nach hier, bitten um Entlassung, um unliebe diplomatische Schritte zu ersparen. Schächter, Brooklyn, New York.« Schäfer nimmt Rücksprache mit dem Regierungspräsidenten und seinen Vorgesetzten. Zwei Tage nach Erhalt des Telegramms telegrafiert er am 22. Juni 1933 zurück: »Sohn Salo Zöglingsheim Wolzig befindet sich auf freiem Fuß.«

Die Höchstzahl der Gefangenen beträgt im Juli 1933 nach Meldung der Landräte aus 15 Kreisen des Regierungsbezirks Potsdam und Berlin 906 Personen, dazu kommen 43 Gefangene aus Anhalt.

August bis Dezember 1933

Kennzeichen dieser Etappe sind der weitere Aus- und Umbau des Lagers und die Einrichtung verschiedener Handwerkerkommandos. Diesen obliegt es, neben den handwerklichen Leistungen innerhalb des Lagers, auch für Sonderdienste der SA-Führung herangezogen zu werden. In der benachbarten Tischlerei Grabs sind ständig acht bis zehn Häftlinge dabei, die »Extrawünsche« der SA-Führer zu befriedigen. So berichtet der in Oranienburg wohnende Herbert Sch.: »Ich war 1933 bei der Tischlerei Grabs als Lehrling angestellt. Wir konnten aus unseren Fenstern täglich die Arbeitskolonnen sehen und verfolgen, wie die Häftlinge beim Exerzieren schikaniert wurden. Ich kann bestätigen, daß durch Häftlinge exklusive Herrenzimmer und andere Möbelstücke für die SA-Führer angefertigt wurden. Dazu wurde der Maschinenpark der Tischlerei genutzt.«

Der ehemalige Häftling Erich Eisenberger aus Mühlenbeck gibt zu Protokoll: »Ich war im Kommando Schneiderei beschäftigt. Als gelernter Schneider mit Meisterprüfung mußte ich so manche Extrauniform oder maßgeschneiderte Anzüge für die SA-Offiziere, natürlich ohne Geld, anfertigen.«

Es entsteht das erste Außenlager in Blumberg bei Bernau.

Im September 1933 gelingt es dem Brandenburger Arthur Pätzke zu fliehen. Er entkommt in die Tschechoslowakei. Im Dezember des gleichen Jahres gelingt Gerhart Seger aus dem Außenkommando in Germendorf die Flucht.

Im August 1933 liegt die Höchstbelegung des Lagers bei 1.000 Gefangenen. Neben dem Regierungsbezirk Potsdam überstellen nunmehr auch andere Regierungsbezirke von Preußen Häftlinge nach Oranienburg.

Im November 1933 soll das KZ geschlossen werden. Es ist

geplant, die noch inhaftierten Gefangenen in die staatlichen KZs Sonnenburg, Brandenburg und Papenburg zu überführen. Aus bisher nicht bekannten Gründen erfolgt keine Schließung, sondern im Gegenteil eine »Anerkennung« als »staatliches Lager«, in das Häftlinge aus allen Teilen Preußens eingeliefert werden. So heißt es in einem Schnellbrief vom 24. 11. 1933 an den Regierungspräsidenten in Oberschlesien: »Ersuche von 300 Häftlingen 100 gesunde männliche Personen auszuwählen und sie nach Oranienburg zu bringen. Unterschrift: Innenminister.«

Januar bis Anfang Juli 1934
In diesem Zeitabschnitt endet die Periode des von der SA und der Polizei geleiteten KZs. Die Mehrzahl der Häftlinge kommt nicht mehr aus dem Kreis Niederbarnim, sondern zum Beispiel aus dem Rhein-Main-Gebiet. Die Auflösung des KZs Brandenburg und die Überstellung der Männer des späteren Frauen-KZs Mohringen läßt die Häftlingszahlen wieder in die Höhe schnellen.

Gerhart Seger schreibt im Prager Exil im Auftrag des Parteivorstandes der SPD seine Erlebnisse im KZ Oranienburg nieder. Dieses hier ungekürzt nachgedruckte kleine Buch ist geeignet, das KZ und die dort herrschenden Foltermethoden in der ganzen Welt mit einem Schlage bekannt zu machen. Die Propagandamaschine der Nazis läuft auf Hochtouren. Lagerkommandant Schäfer erhält den Auftrag, eine Gegendarstellung mit dem Ziel zu schreiben, die Haftbedingungen im Lager zu verharmlosen und zu rechtfertigen. Mit dem Erscheinen seines hier ebenfalls in wesentlichen Teilen wieder veröffentlichten »Anti-Braunbuches« setzt eine bis dahin nicht gekannte und auch später niemehr praktizierte Gegenpropaganda der Nazis ein. Die Zeitschrift »Der Aufbau«, Organ der deutschen Arbeitsfront, nennt das Buch »eine fesselnde Schilderung vom Werden des KZ Oranienburg. Es bildet die beste Widerlegung der im Ausland besonders über Oranienburg verbreiteten Greuelmärchen.«

Mit der Verbreitung dieses Buches und dem Fortsetzungsabdruck in der Tagespresse Deutschlands ist eine frühe Version der »Auschwitz-Lüge« geboren.

Am 31. März 1934 vollzieht sich in der Lagerführung ein

Wechsel. Schäfer wird in »Anerkennung seiner Verdienste« am 20. April 1934 zum Obersturmführer befördert. Zugleich übt er seit dem 1. April die Funktion als Leiter der Strafgefangenenlager in Papenburg aus. Er wird in den Justizdienst übernommen und im Mai 1936 zum Oberregierungsrat befördert.

Neuer Lagerkommandant wird SA-Sturmführer Hörnig.

Juli 1934 bis Herbst 1936

Wenige Tage nach den Ereignissen vom 30. Juni 1934, als »Röhm-Affäre« bekannt geworden, vollzieht sich am 6. Juli 1934 die Übernahme des KZs Oranienburg durch die SS-Wachtruppe. Leiter dieser Aktion ist SS-Gruppenführer Eicke. Er hat Unterstützung durch den Standartenführer Voggenauer. Im Zusammenhang mit dieser Aktion wird der jüdische deutsche Schriftsteller Erich Mühsam am 9. Juli 1934 ermordet. Sein Tod ist durch die Nazis vorprogrammiert. Bereits im April 1933 schreibt Goebbels, Mühsam sei »ein jüdischer Wühler«, mit dem man kurzen Prozeß machen werde.

Im Verlauf des Juli 1934 werden die im Lager verbliebenen Häftlinge entweder in die Moorlager überführt, kommen in das KZ Lichtenburg, oder sie werden entlassen.

Nach der Übernahme des Lagers durch die Geheime Staatspolizei wird mit Schreiben vom 12. 9. 1934 entschieden, daß das KZ Oranienburg als Reservelager für Berlin zunächst weiter bestehen bleibt. Als Konzentrationslager wird es offiziell am 20. April 1935 geschlossen.

In den Räumlichkeiten findet jedoch ein neuer Anfang statt. In Verbindung mit der Bildung der SS-Totenkopfstandarte »Brandenburg« wird es von den Wacheinheiten der SS in Beschlag genommen, und als im Juli 1936 mit dem Aufbau des KZs Sachsenhausen am Ostrand der Stadt Oranienburg begonnen wird, dient das ehemalige KZ Oranienburg als Unterkunft für die Wachmannschaften dieses KZs. Erst nach Fertigstellung neuer Kasernen wird das Objekt geräumt. Nun erfolgt der Umbau zu einem größeren Polizeigewahrsam. Auch die Technische Nothilfe, der Luftschutz und andere paramilitärische Einheiten werden dort stationiert.

Im Frühjahr 1943 werden in den Räumlichkeiten jüdische

Bürger inhaftiert, um von da aus ihren Weg in die Gaskammern von Auschwitz anzutreten. Keiner dieser Menschen kehrt je zurück.

Während des ersten größeren Bombenangriffs auf Oranienburg, am 6. März 1944, wird ein großer Teil der Gebäude zerstört.

Im September 1945 findet auf dem Gelände ein Treffen von Oranienburger Antifaschisten statt. Drei Jahre später wird an gleicher Stelle ein Gedenkstein für den ermordeten Dichter Erich Mühsam enthüllt.

Gerhart Seger

Oranienburg
Erster authentischer Bericht eines aus dem Konzentrationslager Geflüchteten
Mit einem Geleitwort von Heinrich Mann

Am 4. Dezember 1933 floh der langjährige Reichstagsabgeordnete der SPD Gerhart Seger nach halbjährigem Zwangsaufenthalt im Konzentrationslager Oranienburg aus diesem Lager. Nach einer abenteuerlichen Reise durch Deutschland erreichte er 22 Stunden später die rettende Grenze zur Tschechoslowakei. In Prag, dem zeitweiligen Sitz des aus Deutschland emigrierten Büros seiner Partei, begann er in deren Auftrag mit der Niederschrift seiner Erlebnisse in Nazideutschland. Im Februar 1934 erschien sein Buch in Heft 5 der Schriftenreihe »Probleme des Sozialismus«. Druck und Herstellung erfolgten durch die Verlagsanstalt Graphia im damaligen Karlsbad.

Wenige Monate später wurde Seger die deutsche Staatsbürgerschaft aberkannt. In der Begründung dafür hieß es u.a.: »Der am 16. November 1896 zu Leipzig geborene deutsche Staatsangehörige Redakteur Gerhart Seger, der seit 24. September 1928, von Berlin kommend, mit kurzer Unterbrechung in Dessau ansässig war, ist, nachdem er infolge seiner hetzerischen politischen Tätigkeit im Konzentrationslager Oranienburg war, von dort ausgebrochen…

Auf Grund seines Verhaltens, das gegen die Pflicht zur Treue gegen Reich und Volk verstößt, ist es unumschränkte Notwendigkeit, ihm die deutsche Reichsangehörigkeit für verlustig zu erklären.«

Gerhart Segers Erlebnisse in Oranienburg wurden in sieben Sprachen übersetzt. Seine Vortragsreisen nach Frankreich, in die nordischen Länder, nach England und in die USA hinterließen bei den Zuhörern tiefe Spuren.

Gerhart Seger kehrte nicht wieder nach Deutschland zurück. Sein Leben endete am 21. Januar 1967 in New York.

Janheliveld
12. 2. 33.
Amsterdam

Ich widme diese Schrift den Frauen der politischen Gefangenen.

Viele Tausende von Frauen der gefangenen und gequälten Opfer des deutschen Faschismus haben in dieser grauenhaften Zeit eine unerhörte Tapferkeit, eine nahezu übermenschliche Kraft des Duldens, eine seltene Macht der Treue, ein wahres Heldentum gezeigt. Der Dank, den wir diesen Frauen schulden, ist ebenso unbegrenzt wie die Achtung vor ihnen.

Oranienburg

Erster authentischer Bericht eines aus dem Konzentrationslager Geflüchteten

Von Gerhart Seger
Mitglied des deutschen Reichstags der V., VI., VII. und VIII. Wahlperiode

Mit einem Geleitwort von
Heinrich Mann

Verlagsanstalt Graphia, Karlsbad

Titelblatt der Erstausgabe des Berichtes von Gerhart Seger

Heinrich Mann an den Verfasser

Sehr geehrter Herr Gerhart Seger!

Sie sind einem der übelsten Orte der Welt entronnen, ich will Sie vor allem beglückwünschen und Ihnen meine Teilnahme aussprechen an Ihrer heutigen Rettung wie an Ihrem vergangenen Leid.

Sie haben im Konzentrationslager Oranienburg körperlich und seelisch gelitten, und alles wurde Ihnen zugefügt von Wesen mit Menschengesicht, denen Sie nichts Böses getan hatten, denen Sie vielmehr, nach Ihrer Gesinnung und Ihren Kräften, ein besseres Leben hatten bereiten wollen. Vielleicht noch trauriger war es, als Sie sogar unter Ihren Leidensgefährten, den Opfern derselben Peiniger, noch Feinden, ja Verrätern begegneten. Das müssen beschämende, erdrückende Erfahrungen gewesen sein für jemand, der, wie Sie, ein gewisses Maß von Vertrauen gesetzt hatte in die Gattung Mensch, in die Gesellschaft der Deutschen. Ich fürchte sehr, daß Sie, nach sechs Monaten Oranienburg, anders in die Welt blicken als vorher und daß Ihre Hoffnungen, dieser Gattung, dieser Gesellschaft wäre zu helfen, arg herabgestimmt sind.

Unser aller Hoffnungen haben gelitten, auch wenn wir dem Grauen eines solchen Lagers rechtzeitig ausgewichen sind. Das Jahr 1933 hat jeden von uns um mehr als nur dieses Jahr älter gemacht, es hat auch einen zweiflerischen Sinn schwerer enttäuscht als seine ganze vorige Lehrzeit. Es wäre schon furchtbar genug, wenn in einem Lande, das wir für das unsere hielten, feindliche Orte wie der von Ihnen verlassene bestehen, wenn sie von den Regierungen aufrechterhalten und von der Nation geduldet werden. Aber das ist noch nicht alles. Auch außerhalb der Konzentrationslager häuft sich im ganzen Lande eine unvorstellbare Masse von Unrecht und Abscheulichkeit, den Ausschweifungen widerlicher Triebe. Überall mißbrauchen schlechte Gewalthaber ihre unverdiente Macht, und Unterdrückte beugen sich ihnen angstvoll. Ein ganzes Volk wird in Schrecken erhalten, es wird durch Schrecken entsittlicht und verbraucht. Die Unsittlichkeit derer, die es beherrschen, liegt offen zutage: das sind Schwindler, Lügner, Mörder an Leibern und Seelen, es sind stumpfe oder freche Verächter der Menschennatur, auch ihrer eigenen. Indessen ist es schließlich genauso erniedrigend, Unrecht zu dulden wie Unrecht zu tun. Deutschland duldet es ohne Gegenwehr.

Dies Volk läßt das durchaus Schlechte über sich ergehen ohne einen Versuch des Widerstandes. Es wagt nichts, sondern duckt sich. Andere sagen von ihm ohne Achtung, daß es sich zum Martyrium nicht berufen fühle. Aber allein mit Ergebung ist es nicht getan für ein Volk, das seine Freiheit einmal aufgegeben hat. Immer mit Schrecken und schlechtem Gewissen, hat es sich dennoch verleiten lassen, allmählich dieselbe Geisteshaltung anzunehmen, die seine neuen Herren gleich fertig mitgebracht hatten. Die Grausamkeiten an Schwächeren haben um sich gegriffen, die Ausnutzung unverantwortlicher Vorteile ist Übung geworden im Bereich der einzelnen, nach dem Muster, das der Staat und seine Nutznießer aufstellten. Erpressungen, Denunziationen, die gnadenlosesten und erbärmlichsten Mittel zur Vernichtung von Unbequemen – alles, wovon ehemals das Gesetz und menschliche Scheu noch den innerlich Unanständigen zurückhielten, es ist jetzt freigegeben für den ganzen Umfang der menschlichen Beziehungen, es ist erlaubt und erlernt, ist alltäglich und gilt sogar für ein Kennzeichen der echten Volksgenossen. Entschuldigungen findet jeder Private in dem Zustand der Öffentlichkeit, und Rechtfertigungen werden geliefert von den Propagandisten des Regimes. Wozu gäbe es den nationalsozialistischen Fanatismus! Eben, damit man die eigene Feigheit und Schwäche beschönigen, dabei aber geistig und sittlich so hemmungslos verwahrlosen kann wie nur je durch Fanatismus.

Übrigens war Fanatismus immer vereinbar mit vollendeter Ungläubigkeit. Auch dieser nationalistische ist gesättigt mit Heuchelei, er ist die Art, wie Menschen ohne innere Kraft und Verpflichtung sich daraus eine Waffe machen, daß sie zur gemeinen Menge gehören und aufgehn in der Menge der Gemeinheit. Was vorgeht, ist der Versuch einer erniedrigten Nation, sich für erhoben auszugeben, und erwacht will sie scheinen, während soeben tiefe Nacht über sie hereingebrochen ist. Den

Blicken enthüllt sich ein Taumel der verkommenen Leidenschaften, gleichzeitig aber ertönen Reden über einen »Vernunftstaumel«, der überwunden und vorbei sei. Es ist allerdings um die Vernunft geschehn, aber die Unvernunft ist deshalb noch nicht ehrlich. Zergliedernde Erkenntnisse, die man schon längst hätte haben können und auch hatte, werden nicht wirklich rückgängig gemacht, wenn man sich plötzlich für eine heroische Ungebrochenheit erklärt. »Arier«, in deren eigenen Lehrbüchern steht, daß es keine gibt, begründen vergebens ihre Überhebung über Mitmenschen mit einem ungeglaubten Wort. Zuletzt weiß man durchaus, was man tut und wohin man treibt. In Katastrophen natürlich, und sie müssen so ungeheuer sein wie die vorhergegangene Selbstaufgabe.

Wir können nur abwarten, bis der schwere und harte Ordnungsruf, den das Schicksal einer so weit abgewichenen Nation nicht ersparen wird, erfolgt ist und die Besinnung eingesetzt hat. Eine Frage: möchten Sie vorher zurückkehren? Ich meine, zurückkehren unter verbürgter Gefahrlosigkeit, wenn es denkbar wäre, und mit freiem Geleit sozusagen? Ich selbst dann nicht. Das Land, an dem auch ich mit meinem Dasein beteiligt gewesen bin, bedrückt und quält mich schon aus der Ferne genug, seine unmittelbare Gegenwart ertrüge ich nicht, und ich kenne die Verzweiflung mancher, die sie ertragen müssen. Ich will nicht Menschen wiedersehn, die sich dazu verstanden haben, das alles mitzumachen, es auch noch zu verherrlichen, es zu idealisieren. Sich und anderen täuschen sie eine neue großartige Geisteshaltung vor, aber nur die nackte Gewalt war ihr Anlaß. Nur das armselige Interesse und die schimpfliche Auflösung ihres Gewissens verbergen sich hinter all den Ausreden. Idealisten , die in der Atemnähe von Konzentrationslagern wohnen, sind von jeher geistig Ehrlose gewesen; und die geistige Ehrlosigkeit ist der Anfang jeder anderen. Sie haben Ehren und Pensionen von der Republik empfangen und nehmen dasselbe und noch mehr von dem Regime, das ihre Kameraden martert oder austreibt, sie aber blühen, gedeihen und singen das Lob ihrer Ernährer.

Ich will die Hände der falschen Freunde nie wieder berühren, will an Gestalten, die mich, aber zuerst sich selbst verraten haben, nie mehr auch nur das leerste Wort richten müssen. Ich muß es auch nicht, und Sie, Herr Gerhart Seger, müssen es ebensowenig. Dies Gute hat die Verbannung, so bitter sie uns sonst schmeckt.

Heinrich Mann

Ich schwöre, daß ich nach bestem Wissen und Gewissen die reine Wahrheit sagen, nichts verschweigen und nichts hinzusetzen werde.

Gerhart Seger

I. Vom Gefängnis ins Konzentrationslager

Der Transport nach Oranienburg – Der Empfang im Lager – Die Schlafsäle: nasse Kühlkeller einer Brauerei – Die ersten Eindrücke.

Der feste Schritt des Wärters erklingt auf dem Gefängniskorridor. Die Schlüssel rasseln, das Schloß knirscht, die schwere Tür geht auf: »Alles transportfertig machen! Sie werden heute nach Oranienburg ins Konzentrationslager überführt.«

Oranienburg – welch ein Ort! Einst bloß der Name einer Stadt vor den Toren Berlins, einer Stadt mit schönem Schloß und Park, mit gutgehenden Fabriken, mit ruhig-behaglichen Wohnvierteln pensionierter Beamter – heute der Name eines Ortes, der immer, immer wieder nur mit einem verzweifelten Fluch auf den Lippen genannt wird, der Name eines Ortes, dessen Mauern tausendfältige Qual umschließen, der Name eines Ortes, nach dem sich die schmerzlichsten Gedanken so vieler, vieler Frauen gepeinigter Männer in Hoffnungslosigkeit richten, der Name eines Ortes, der in manches Herz unschuldiger Kinder das erste böse Gift des Hasses senkte. Oranienburg!

Der große Polizeiwagen fährt mit uns langsam aus dem Tor des Dessauer Gerichtsgefängnisses auf die Straße hinaus. Es ist der 14. Juni. Auf beiden Seiten der Straße vor dem Gefängnis warten Menschen. Links stehen unsere Freunde, unsere Frauen, die uns einen letzten Gruß zuwinken, auf den Gesichtern die bangen Zweifel über die Ungewißheit des Schicksals, dem wir entgegenfahren. Rechts drüben drängen sich die Nationalsozialisten; auch Menschen, aber haßverzerrte Mienen, hämische Genugtuung über unseren Abtransport nach einer Kulturstätte des Dritten Reiches geben zu erkennen, wie wenig Menschlichkeit diese »Weltanschauung« in ihren Anhängern noch übrigließ.

Auf dem Bahnhof stehen zwei Personenwagen, zum Teil schon angefüllt von Schicksalsgenossen aus den anderen Kreisen des Landes Anhalt. Mit dem fahrplanmäßigen Berliner Personenzug rollt der Transport aus Dessau hinaus; 42 Schutzgefangene, 39 Kommunisten und mit der KPD Sympathisierende,

3 Sozialdemokraten. Die mitfahrenden Polizeibeamten erweisen sich als umgängliche Begleiter: sie sorgen für Trinkwasser, einige geben den Gefangenen ihren eigenen Kaffee aus den Feldflaschen, und auf den wenigen Stationen mit längerem Aufenthalt verschaffen sie Zigaretten. Von Charlottenburg aus werden die Transportwagen um Berlin herum nach dem Stettiner Bahnhof gefahren und dort an den Stralsunder Personenzug angehängt. Eine knappe Stunde später – und wir halten auf dem Bahnhof Oranienburg: »Alles aussteigen!«

Durch einen Nebenausgang werden wir von den Polizeibeamten auf den Bahnhofsvorplatz hinausgeführt, eine Marschkolonne wird formiert, und los geht's – Richtung Konzentrationslager. Wer konnte ahnen, daß es für zwei mitmarschierende Kameraden der letzte Weg ihres jungen Lebens war?

Menschen gingen in den Straßen ihren Geschäften nach, als sei es ihnen eine alltägliche Erscheinung, solchem Transport zu begegnen. Und doch zeigte uns mancher scheue Blick, der den Zug streifte, wie sehr die Einwohner dieser Stadt empfanden, was man da in ihrer Mitte eingerichtet hatte! Auf unserem kurzen Marsch überquerten wir die Havel und sahen dabei die Badeanstalt liegen – lebenslustige Jugend tollte umher und sprang, einander mit heiteren Zurufen lockend, ins aufspritzende Wasser. Das war das Leben, die Freiheit, die Freude – wir aber? Links, zwei, drei, vier – in eintönigem Gleichmaß des Marschschrittes zogen wir weiter, dem Lager zu, das den Tod, das nie zuvor erlebte Folter, das nie vorher gekannte Gefangenschaft niedrigster Art bedeuten sollte. Auf der Berliner Straße, wenige hundert Meter vor dem Lager, kam eine Abteilung SA anmarschiert. Kurze Kommandos ertönten, und die Prätorianer des Dritten Reiches umschlossen von allen Seiten unseren Zug. Rechts von der Straße tauchte ein Fabrikgrundstück mit langgestreckten Gebäuden auf, Stacheldraht spannte sich über den Mauern entlang, und über dem Eingang (wo man in Gedanken Dantes Hölleninschrift suchte: Die ihr hier eintretet, lasset alle Hoffnung fahren!) stand zu lesen: »Konzentrationslager der Standarte 208«, was dasselbe bedeutete.

»Abteilung halt! – Rührt euch! – Richt euch! – Stillgestanden! – Rührt euch! – Stillgestanden! – Rührt euch! – Stillgestanden! – Rührt euch! – Stillgestanden! – Ach, ihr könnt das noch nicht? Na, das werden wir euch schon noch beibringen!«

Auf dem weiten gepflasterten Hof wurde gefegt, gesprengt, wurden Leute hin und her gejagt. Eine Anzahl junger Menschen, alle mit glattgeschorenem Kopfe, trugen Schutt und Steine aus einer Ecke des Hofes in die andere und aus der anderen wieder in die eine; manche waren damit beschäftigt, mit kleinen Holzstückchen und Glassplittern das zwischen den Pflastersteinen des Hofes wuchernde Gras Halm für Halm auszurupfen. Alle diese verschiedenen geistvollen Abarten nationaler Aufbauarbeit sollten auch wir noch zur Genüge kennenlernen.

Das Konzentrationslager Oranienburg befindet sich in einer Fabrik, die ursprünglich eine Brauerei war und später als Gießerei und gelegentlich auch als Fabrik für Radiozubehörteile diente. Als am 14. Juni der erste Transport anhaltischer Schutzhaftgefangener eingeliefert wurde, befand sich das Lager, obwohl schon mehr als zwei Monate bestehend, noch immer in den ersten Anfängen der Einrichtung. Nur wer das alles Tag für Tag, Woche für Woche, Monat für Monat, vom Sommer über den Herbst zum Winter miterlebt hat, kann sich ein Bild von der grauenhaften Gewissenlosigkeit machen, mit der man Menschen einlieferte und in den Kühlräumen dieser ehemaligen Brauerei zusammenpferchte, ehe auch nur die geringsten Voraussetzungen für deren Unterbringung geschaffen waren. Dafür soll als Beweis ein erstes Beispiel der äußeren Tatsachen gegeben werden:

Die mit meterdicken Mauern umgebenen, mit gewölbter Decke versehenen langgestreckten Flaschenbier-Kühlkeller dieser ehemaligen Brauerei dienen – noch heute – als Schlafsäle. Zuerst lagen wir auf dem Zementfußboden. Jeder hatte einen Strohsack, den die Gefangenen natürlich selbst stopften, von irgendeiner noch so bescheidenen Art von Kopfpolster oder einer am Kopfende erhöhten Unterlage der Strohsäcke war keine Rede, von Bettwäsche ebenfalls nicht. Wir lagen auf dem rohen Strohsack, von den Wänden rann das Wasser, so daß das Stroh von unten her schon nach wenigen Tagen trotz fortgesetzten Wendens der Strohsäcke zu faulen begann. Zum Zudecken erhielten wir jeder zwei leere Strohsäcke; da diese aus einem beinahe papierstoffähnlichen, steifen, groben Gewebe bestanden, wie es noch aus der Ersatzwirtschaft der Kriegszeit her erinnerlich ist, kann man sich leicht vorstellen, daß wir trotz der sommerlichen Jahreszeit froren wie die jungen Hunde; Flaschenbier-Kühlkeller pflegen ja auch weder mit der Fensterfront nach Süden noch auch sonst so angelegt zu sein, daß sie leicht von der Sonne erwärmt werden könnten – im Gegenteil! Wir lagen also, feucht und kalt, wochenlang in diesen Katakomben auf dem Zementfußboden; die meisten unter uns wagten gar nicht, des Nachts auch nur ein Kleidungsstück abzulegen. Aber wie wohl wäre uns trotzdem noch gewesen, wenn wir zu Beginn unserer Oranienburger Passionszeit hätten ahnen können, daß der Besitz von zwei leeren Strohsäcken zum Zudecken nur ein vorübergehender Luxus war? Nach einigen Wochen nämlich erfolgten unter der vorbildlichen Verwaltung des Dritten Reiches die Verhaftungen und Überführungen ins Konzentrationslager bedeutend schneller als die Lieferung unserer Strohsäcke. Also mußten wir, in mehrfachen Appellen immer wieder gesiebt, zum größten Teil die zum Zudecken erhaltenen leeren Strohsäcke wieder abgeben, damit sie gestopft und den Neuankömmlingen als Schlafunterlage gegeben werden konnten. Durch einen mehrwöchigen Zeitraum hindurch hatte ein großer Prozentsatz der Gefangenen, zuweilen mehr als die Hälfte der Lagerinsassen, buchstäblich nichts anderes zum Zudecken als den eigenen Bauch – also nichts! Und das in Kühlkellern mit meterdicken Mauern!

Wir schliefen aber inzwischen nicht mehr auf dem Fußboden. Eines Tages wurden Balken und Bretter angerollt, und mit viel Überstunden – um dem einheimischen Oranienburger Handwerk eine allzu hitzige Arbeitsbeschaffung zu ersparen, arbeiteten überwiegend unter den Gefangenen ausgesuchte Zimmerleute – wurden in die Schlafkatakomben »Betten« eingebaut. So viele Bilder auch aus dem Oranienburger Lager im Laufe der Zeit in der nationalsozialistischen Presse erschienen sind, so hat man sich doch sorgfältig gehütet, diese Kaninchenställe – anders kann man die Schlafsäle der Gefangenen nicht bezeichnen – der Öffentlichkeit im Bilde vorzuführen. Die Kühlkeller sind lange, schmale Räume, die auf einen dunklen Gang münden, während an der entgegengesetzten Schmalseite sich ein Fenster (mit ganz unzulänglichen Möglichkeiten der Lüftung) befindet. In diese Kellerschläuche wurden nun rechts und links Pfostengestelle eingebaut, die ohne Unterbrechung vom Gang bis zum Fenster reichen. Auf diesen Gestellen liegen die Gefangenen noch heute, drei Etagen übereinander! In jedem Kellersaal sind bei voller Belegung je nach der Größe des Raumes durchschnittlich 138 Menschen untergebraht. Die Betten liegen so dicht übereinander, daß sich der Gefangene knapp bis zum aufrechten Sitz erheben kann, und da sich keine Zwischenräume von Bett zu Bett befinden, müssen die Gefangenen tatsächlich wie in einem Kaninchenstall vom Fußende her auf ihre Lagerstätte hinaufkriechen. Ein Gefangener hat den Schlafsaal seiner Kompanie, der noch nicht die schlechtesten Bedingungen aufwies, sachverständig ausgemessen und festgestellt, daß in diesen Schlafsälen auf jeden Gefangenen im Durchschnitt 3 Kubikmeter Luftraum entfallen. Das ist noch nicht ein Drittel dessen, was selbst in veralteten Zuchthäusern dem Verbrecher an Luftraum zugebilligt wird. Von der Beschaffenheit der Luft am Ende einer solchen Nacht eine Beschreibung zu geben ist schlechterdings unmöglich.

Nachdem sich die Gefangenen monatelang mit diesem Zustand abgequält hatten, schien sogar selbst der Leitung des Lagers Oranienburg einzuleuchten, daß diese Verhältnisse auf die Dauer völlig unerträglich waren, und sie ließ durch elektrotechnische Facharbeiter unter den Gefangenen in jedem Schlafkeller in die äußerste Ecke eines kleinen Fenstergevierts einen Ventilator einbauen. Diese Ventilatoren laufen seitdem die ganze Nacht hindurch, sie sind aber natürlich nicht entfernt ausreichend, um eine wirksame Verbesserung der Luft herbeizuführen. Selbstverständlich sind die Schlafräume ungeheizt, sie waren es mindestens bis Anfang Dezember, trotz einer außerordentlichen Kälteperiode, die schon eingesetzt hatte.

Nach langen Monaten der behelfsmäßigen Unterbringung wurden dann endlich, wie in jedem normalen Gefängnis und Zuchthaus, den Gefangenen grobe Bettwäsche und zwei Schlafdecken gegeben. Aber bevor dieses geschah, spielte sich noch eine für die Lagerleitung bezeichnende Episode ab:

Einige Vertreter anhaltischer Behörden waren im Lager Oranienburg erschienen, um sich über die Art der Unterbringung und Verpflegung der anhaltischen Schutzhaftgefangenen zu unterrichten. Als diese Beamten (an den Grundsatz gewöhnt, daß ein Staat, der Menschen einsperrt, auch wenigstens bis zu einem gewissen Grade für sie sorgen muß) die skandalöse Schlafgelegenheit der Lagerinsassen sahen, erklärten sie uns, aus den Beständen der anhaltischen Strafanstalt Coswig die erforderliche Menge von Decken und Bettwäsche schicken zu wollen. Wenige Tage darauf verkündete bei einem abendlichen Rundgang durch die Schlafsäle der Lagerkommandant, Sturmbannführer Schäfer (von dem noch mehr die Rede sein wird), daß wir Anhaltiner einen famosen Oberstaatsanwalt hätten, denn er wollte uns Bettwäsche und Decken schicken. Die Bettwäsche und auch die Decken kamen auch aus der Anstalt im Lager Oranienburg an, aber keineswegs auf die Betten der anhaltischen Schutzhaftgefangenen, sondern auf die Betten der SA. Die ganze Wagenladung von Bettwäsche und Decken aus Anhalt wurde zunächst nicht uns anhaltischen Schutzhaftgefangenen, für die sie bestimmt war, ausgefolgt, sondern damit wurden die Schlafsäle der SA ausstaffiert. Erst viele Wochen später, als inzwischen durch die Potsdamer Regierung auch die preußischen Schutzhaftgefangenen mit Decken und Bettwäsche versehen werden konnten, erhielten auch die Anhaltiner die unterschlagene Sendung.

II. Die Folterkammer – Zimmer 16

Wie es bei den »Vernehmungen« zuging – Die ersten Todesopfer der Mißhandlungen – Fragen, Antworten, Gummiknüppel.

Bei unserem Eintreffen im Lager Oranienburg wurde uns von dem Sturmbannführer Krüger gleich versichert, wir wären hier nicht in einem Gefängnis und unterstünden nicht etwa Polizeibeamten, sondern wir wären in einem Konzentrationslager der SA, und was das zu bedeuten hätte, würde uns schon noch aufgehen. Es begann uns aufzugehen, als man uns nach einigen

Stunden militärischen Strafexerzierens am ersten und zweiten Tage unseres Lageraufenthalts in einem Tagesaufenthaltsraum unterbrachte, in dem sich die erste Zeit beständig zwei Posten mit geladenem Gewehr aufhielten und aus dem die ersten Gefangenen unseres Transports fortlaufend zu den Vernehmungen nach Zimmer 16 gerufen wurden.

Zimmer 16! Es ist ganz ausgeschlossen, etwa die Zahl der Mißhandlungen festzustellen, die bis zum Tage vor meiner Flucht in diesem Zimmer verübt worden sind und die zweifellos noch heute verübt werden. Ich vermag nicht die genaue Zahl der Menschen anzugeben, die ihr Leben an den Folgen der ihnen im Zimmer 16 zuteil gewordenen »Vernehmung« ausgehaucht haben, und ich beschränke mich daher auf die beiden Fälle, die ich genau kenne, von denen ich aber leider sagen muß, daß sie nicht die einzigen ihrer Art sind. Einer der ersten jungen anhaltischen Kommunisten, die am zweiten Tag in Zimmer 16 zur Vernehmung geholt wurden, war der Arbeiter Hagedorn aus Coswig. Wir haben ihn nach seiner Abholung nicht wieder gesehen. Nach der Vernehmung wurde er zur Sanitätsstube und dann ins Krankenhaus gebracht. Dort verschied er am Tage darauf, weil ihm vom Sturmbannführer Krüger (Trebbin) und seinen SA-Helfern buchstäblich bei lebendigem Leibe die Nieren zerschlagen worden waren. Drei Tage waren wir im Konzentrationslager Oranienburg, und schon hatten wir bei dem anhaltischen Transport von 42 Mann den ersten Toten.

Am 28. Juni, am 14. Tage unseres Aufenthaltes, hatten wir den zweiten Toten, den 31jährigen Arbeiter Sens aus Zerbst. Ich habe ihm in seiner letzten Stunde Wasser gebracht und sonst beigestanden. Die Spuren der Mißhandlungen an seinem Körper, blutunterlaufene, tiefblau und schwarz gefärbte Stellen auf dem Rücken von den Schulterblättern bis zum Gesäß, auf den Oberschenkeln und an den Waden, habe ich gesehen. Ich kann also bezeugen, daß auch dieser vollkommen gesund gewesene kräftige Arbeitersportler von Sturmbannführer Krüger und zwei SA-Männern, also mit drei Gummiknüppeln zu Tode geschlagen worden ist. Er verschied durch Herzschlag infolge der durch die zahllosen und wahnsinnigen Schläge am ganzen Körper aufgetretenen Blutstauungen.

In welcher Weise gleich zu Anfang unseres Aufenthalts in Oranienburg in diesem Zimmer 16 eine Anzahl der mit uns eingelieferten Gefangenen mißhandelt worden sind, sei außer an den beiden schon geschilderten Todesfällen an weiteren Beispielen gezeigt. Offiziell hieß übrigens diese Folterkammer »Polizei- und Vernehmungsabteilung«.

Bei dem ersten anhaltischen Transport befand sich auch ein junger Dachdecker namens Nowak, der durch einen schweren Arbeitsunfall einen Wirbelsäulenbruch erlitten hatte, völlig erwerbsunfähig war und zur Aufrechterhaltung seines Körpers dauernd ein besonderes Korsett tragen mußte. Diesem armen Menschen wurde bei der Vernehmung auf Zimmer 16 ein Stuhl hingestellt. Als er saß, stand vor ihm ein SA-Mann und hinter ihm einer, beide mit den fleißig in Tätigkeit gesetzten Gummiknüppeln. Dann wurde ihm fortgesetzt »Aufstehen!«, »Hinsetzen!«, »Aufstehen!«, »Hinsetzen!« befohlen, jeder Befehl, der nie so schnell ausgeführt werden konnte, wie es den Folterknechten beliebte, war natürlich von Schlägen begleitet. Als wieder einmal »Hinsetzen!« befohlen war, zog der hinten stehende SA-Mann blitzschnell den Stuhl weg, so daß der Wirbelsäulenkrüppel mit ganzem Körpergewicht auf den Fußboden stürzte.

Ein stämmiger Metallarbeiter im besten Mannesalter, seit langem im politischen Leben stehend und ganz gewiß alles andere als zimperlich, kam vom Zimmer 16 schon nach wenigen Stunden wie eine Ruine seiner selbst zurück. An den auf ihren doppelten Umfang angeschwollenen Händen sah man schon von weitem, welches Martyrium ihm vom Sturmbannführer Krüger und seinen Helfern (einer der schlimmsten: SA-Mann Kurt Müller aus Teerofen, Kr. Niederbarnim) bereitet worden war. Dieser Mann, der die ganze Nacht darauf wegen unsinniger Schmerzen nicht liegen konnte, versicherte mir mit einer vor Wut und Scham zitternden Stimme, er habe sich, so alt er sei, noch nie verunreinigt – aber in Zimmer 16, das könne ich glauben, gingen einem sofort der Urin und der Kot ab, wie einem kleinen Kinde, so unvorstellbar werde zugeschlagen… Selbst die Leitung dieses Lagers stellte den Mann wochenlang von jeder Arbeit frei. Man darf bezweifeln, ob er nach seiner inzwischen erfolgten Entlassung je wieder gesund werden wird, denn er ist so entsetzlich auf die Nieren geschlagen worden, daß er wohl zeitlebens unter den Folgen der grausamen Mißhandlung zu leiden hat.

Der vernehmende Sturmbannführer Krüger pflegte stets mit Fragen nach etwaigen Vorstrafen zu beginnen. Sobald die vernommenen Gefangenen auf solche Fragen nicht augenblicklich antworteten, hagelte es Schläge. War die Antwort nicht präzise genug, hagelte es Schläge. Konnte sich ein vorbestrafter Gefangener nicht genau auf das Datum einer Verurteilung besinnen, hagelte es Schläge. Dabei hatte der vernehmende Sturmbannführer den amtlichen Auszug aus dem Strafregister zur Hand, so daß er alle Daten und Einzelheiten vor sich sah. Der Gefangene dagegen, durch die Mißhandlung maßlos erregt und völlig außerstande, zu ruhiger Überlegung zu kommen, konnte gar nicht so schnell und so genau antworten – also hagelte es Schläge. Wußte ein Gefangener nicht, aufgrund welches Paragraphen des Strafgesetzbuches oder der verschiedenen Notverordnungen er verurteilt war (und wie viele konnten das überhaupt wissen!), so hagelte es Schläge. Die Vernehmungen in Zimmer 16 waren nicht nur mit Mißhandlungen entsetzlichster Schärfe und Dauer verbunden, um bestimmte Aussagen, z. B. nach dem Verbleib von Waffen usw. zu erzwingen, sondern die Vernehmungen waren darüber hinaus oft nur der Vorwand zu Mißhandlungen. Wie die Antwort auf die Fragen auch lautete – es hagelte Schläge.

Ein führendes Mitglied des Reichsbanners der Stadt Oranienburg, Richter, wurde kurz vor seiner silbernen Hochzeit ins Lager gebracht. Da unter der SA-Wache des Lagers sich eine Anzahl Oranienburger SA-Leute befanden, ergab es sich beinahe von selbst, daß von ihnen an dem früheren politischen Gegner Rache genommen wurde, aber das Ausmaß, in dem das geschah, war tatsächlich entsetzlich. Nacht für Nacht erschienen vertierte SA-Leute in dem Schlafraum, in dem Richter lag, und schlugen ihn wie verrückt, und auch in dem Arrest wurden diese Mißhandlungen fortgesetzt. Der Mißhandelte ist ein großer, kräftiger Mann, der schon etwas aushalten kann, aber diese Torturen brachten ihn zu einer so verzweifelten Handlung, daß ihre Wiedergabe völlig ausreicht, um einen Begriff von dem Umfang und der Grausamkeit der ihm zugefügten Mißhandlungen zu geben. Richter nahm in der neunten Nacht den Deckel seiner blechernen Tabakdose, einen stumpfen Gegenstand, und versuchte, sich damit die Pulsadern zu durchschneiden – als ich kurz nach der Einlieferung ins Lager seinen Arm sah, waren noch die schrecklichen Spuren dieses Selbstmordversuches zu sehen, eines mit so untauglichen Mitteln unternommenen Versuches, dessen Ausführung ihm selber beträchtliche Schmerzen zugefügt hatte – Schmerzen, die ihn doch nicht abhielten, diesen gräßlichen Weg als letzte Ausflucht aus der Hölle der Gefangenenmißhandlung zu gehen.

Ganz vereinzelt und nur sehr vorübergehend schien es, als sei der Lagerkommandant Schäfer nicht mit den Vorgängen in Zimmer 16 einverstanden, und Monate später, als Sturmbannführer Krüger, der Chefsadist des Oranienburger Lagers, abgehalftert worden war, rückte er auch von ihm ab. Zuweilen ließ der Kommandant Schäfer den Standartenarzt Dr. Lazar, Oranienburg, in Aktion treten, aber das waren nur seltene Anwandlungen von Verantwortungsgefühl, die um so rascher wieder verflogen, als Schäfer selbst sich auch mehr als einmal an Gefangenen vergriff.

Der Standartenarzt Dr. Lazar ist ein Kapitel für sich. Niemand unter uns Gefangenen erwartete von einem nationalsozialistischen Arzt eine normalmenschliche Behandlung. Viele von uns waren beim Militär und im Kriege gewesen und wußten, daß man erst dann dienstunfähig krank war, wenn man sozusagen mit dem Kopf unter dem Arm antrat. Aber wenn auch unsere an den Lagerarzt gerichteten Erwartungen schon so niedrig wie möglich gehalten waren – Herr Dr. Lazar hat noch die herabgestimmteste Erwartung bei weitem unterboten. Er behandelte alle Krankmeldungen von vornherein als Simulation und gab nie acht, ob etwaige Anordnungen, die er bei augenscheinlich schlimmen Fällen schließlich doch mal treffen mußte, von den SA-Sanitätern (unter denen sich ebenfalls Folterknechte befanden) auch ausgeführt wurden. Er hörte sich kaum die auf seine eigene Frage angegebenen Beschwerden der Gefangenen an und errichtete so eine »ärztliche« Praxis, bei der Aspirin, Jod und Rizinusöl der medizinischen Weisheit letzter Schluß waren.

Vor allem aber: Dr. Lazar hat die Totenscheine für die beiden zu Tode geschlagenen Gefangenen ausgestellt, er muß also die wahre Todesursache dieser beiden unglücklichen Opfer des Zimmers 16 festgestellt haben. Trotzdem wurden sie von ihm zur Beerdigung freigegeben. Ja, wenn Deutschland noch ein Rechtsstaat wäre …

III. Der Tagesverlauf in Oranienburg

Wecken – Waschen – Kaffeetrinken – Antreten – Die Arbeit – Die Verpflegung – »Frei«-Zeit.

Wecken

Im Sommer und Herbst wurde 5.30 Uhr geweckt. Der diensthabende SA-Führer, ein Scharführer oder Truppführer, kam in den Gang zu den Schlafkatakomben und pfiff; sowie er aber die Pfeife abgesetzt hatte, begann auch in der Regel gleich, je nach dem Temperament und der Laune des Betreffenden, die unflätigste Schimpferei auf die Gefangenen, die nicht binnen weniger Sekunden aus ihren Kaninchenställen herausstürzten.

Waschen

Monatelang war – trotz der Belegung mit Hunderten von Menschen (!) – im ganzen Lager Oranienburg keine andere Waschgelegenheit vorhanden als eine kleine Pumpe, vor der sich die Gefangenen drängten, um eine Handvoll Wasser zu erhaschen. Erst im Juli wurde einer der Kühlkeller als Waschraum eingerichtet, mit Brausen, Waschbecken an den Wänden entlang und Lattenrosten über dem Fußboden. Dieser Waschraum war freilich auch unzulänglich, als die Belegschaft zeitweise bis auf 1100 Gefangene stieg, aber er war trotzdem die einzige Spur von Zivilisation im ganzen Lager, und bei dem Herumführen von Besuchern des Lagers tat sich die Leitung nicht wenig darauf zugute.

Kaffeetrinken
Nach dem Waschen gibt es Kaffee und Frühstück. Im Sommer war vorher noch Gymnastik im Freien, die viele unter uns sehr gern mitmachten, denn nach der Nacht in solchen Schlafräumen waren Atemübungen in frischer Morgenluft eine wahre Erlösung. Aber das hat schon lange aufgehört.

Der Kaffee ist das bei solcher Massenverpflegung übliche Gebräu aus gebranntem Korn und Zichorie, das kann wohl nicht anders sein, und der Kaffee ist noch der erträglichste Teil der Oranienburger Verpflegung. Zum Kaffee gibt es tagaus und tagein dieselbe Doppelstulle mit »Marmelade« oder zuweilen Pflaumenmus. Minderwertiges Zeug, und da diese Brote schon tags zuvor gestrichen wurden, war alles in die Schnitten eingezogen, so daß man nur ein rötlich-feuchtes, schmieriges Stück Brot in die Hand bekam. Selbst die ärmeren Leute unter den Gefangenen haben schon beim Frühstück versucht, sich mit Hilfe ihrer verzweifelt sparenden Angehörigen diese schauderhafte Verpflegung zu ergänzen.

Antreten!
»Die meiste Zeit seines Lebens steht der Soldat vergebens« – so sagten wir beim Militär zu der ewigen Antreterei; aber ein Oranienburger Schutzhaftgefangener steht noch viel mehr. Im Antreten, in stundenlangen Appellen wurde und wird im Oranienburger Lager Erkleckliches geleistet, und für manche SA-Führer, z. B. den Sturmführer Ewe (von dem später noch die Rede sein wird), gilt der Appell, das beliebig lange Wartenlassen, besonders abends nach schwerer Tagesarbeit, als beliebtes Mittel, ihre Herrschsucht zu befriedigen.

Eine Stunde nach dem Aufstehen treten die Außenkommandos zum Abrücken aus dem Lager an, eine halbe Stunde danach das Innenkommando zu seinem Arbeitsbeginn. Das Innenkommando hat auch nach der Mittagspause wieder vor Arbeitsbeginn einen Appell, und abends waren immer, manchmal bis zur Dauer von zwei Stunden, Appelle der gesamten Belegschaft.

Die Arbeit
In den letzten Tagen des November kamen in Oranienburg Gefangene aus dem Konzentrationslager Mooringen bei Hannover an, die berichteten, daß in diesem Lager kein allgemeiner Arbeitszwang bestanden habe, sondern die Beteiligung an Innen- wie an Außenarbeiten freiwillig gewesen und außerdem, wenn auch nur mit 20 und 30 Pfennigen pro Tag, entlohnt worden sei. Diese Berichte erweckten in uns Oranienburgern geradezu paradiesische Vorstellungen, denn von einem solchen Entgegenkommen war in unserem Lager auch nicht im mindesten die Rede.

Im Konzentrationslager Oranienburg bestand und besteht noch allgemeiner und rücksichtslos durchgeführter Arbeitszwang. Ein Insasse des Konzentrationslagers Oranienburg ist nicht ein politischer Schutzhaftgefangener, der nur in seiner Bewegungsfreiheit beschränkt und sonst mit gewissen Rechten ausgestattet wäre, als Mensch behandelt zu werden. O nein, ein Insasse des Konzentrationslagers Oranienburg ist vielmehr ein Galeerensträfling, der selbstverständlich von morgens bis abends arbeiten muß.

Monatelang bestand die Arbeit sämtlicher Lagerinsassen darin, das Lager aufzubauen und einzurichten. Die Arbeit der Gefangenen bei der Einrichtung der Schlafsäle wurde schon erwähnt, und in der gleichen Weise wurden der Tagesaufenthaltsraum, die Handwerkerstuben und anderes von den Gefangenen eingerichtet und in Betrieb gehalten. Ebenso wurden die neuerrichteten Bauten von den Gefangenen ausgeführt – über einen allzu wirtschaftsbelebenden Zustrom von Aufträgen aus dem Lager konnte sich das Oranienburger Handwerk gewiß nicht beklagen!

Im Sommer begann man dann mit der Bildung der Außenkommandos in Gruppen von 10 bis zu 150 Gefangenen. Sie wurden eingesetzt für Straßenarbeiten (z. B. die Anlegung eines Radfahrweges an der Chaussee Oranienburg-Schmachtenhagen), für Ausbesserungsarbeiten (z. B. in der Städtischen Badeanstalt Oranienburg), Forstarbeiten (z. B. Freihacken von Baumkulturen, Leerschlagen versumpfter Lichtungen, Anlegen von Hügel- und Platzreihen für neue Kulturen in den Forsten Lehnitz und Behrensbrück), Planierungen (z. B. die Aufschüttung saurer

Wiesen in Neu-Holland, Kreis Niederbarnim), für Kanalarbeiten (z. B. die Verbreiterung und Verlängerung des Murgrabens bei Oranienburg), für Planierungen (z. B. das Abtragen und Ausgleichen des Geländes einer ehemaligen Ziegelei bei Blumberg bei Bernau. Die Zweigstelle des Oranienburger Lagers in Blumberg bei Bernau wurde am 17. September mit 100 Gefangenen eingerichtet, die auf dem Vorwerk eines Rittergutes untergebracht waren).

Die Arbeit auf den Außenkommandos dauerte in der Regel von morgens 7 bis nachmittags 5 Uhr, die manchmal stundenlangen Märsche zur Arbeitsstelle eingerechnet, und sie war von einer kürzeren Frühstücks- und von einer längeren Mittagspause unterbrochen. Manche dieser Arbeitskommandos waren erträglich; erträglich dadurch, daß nicht zur Arbeit angetrieben wurde, und erträglich durch vernünftiges Verhalten anständiger SA-Leute (auch solche gibt es erfreulicherweise), die als Posten den Kommandos beigegeben waren. Aber es gab und gibt noch Arbeitskommandos, auf denen ein politischer Schutzhaftgefangener eben wirklich nichts anderes ist als ein zu Zwangsarbeit verurteilter Zuchthäusler; so behandelte z. B. der Schachtmeister des Kommandos Neu-Holland, der gegenwärtig die Ziegeleiplanierung bei Blumberg leitet und ein besonders übler Mensch ist, die Gefangenen, und so trat auch der Revierförster Pohl-Behrensbrück (Oberförsterei Sachsenhausen) uns gegenüber auf.

Die Verpflegung

Das Innenkommando des Lagers erhielt das Mittagessen gegen 12 Uhr, die Außenkommandos bekamen es nach ihrer Rückkehr von der Arbeit zwischen 5 und 6 Uhr. Die Oranienburger Küche hat als Koch einen SA-Anwärter namens Köpke, ein älterer Mann, der sich durch eine besonders häßliche Tonart gegenüber den Gefangenen und durch eine geradezu verheerende Kochkunst auszeichnet. Es ist wirklich keine Übertreibung, zu sagen, daß die Verpflegung im Oranienburger Lager – das gilt für die sechs Monate meines Aufenthaltes unverändert – miserabel, daß sie unter aller Kritik war. Es gab die üblichen Gerichte für Massenverpflegung. Hülsenfrüchte (Erbsen, Bohnen), Reis, Kohl,

Rüben, Nudeln, und einmal in der Woche fertig aus einer Massenküche in Berlin bezogenen gebackenen Fisch. Die Hülsenfrüchte, aber auch der Reis und die Nudeln, wurden mit einem Übermaß von Kartoffeln gekocht – von dem Geschmack eines solchen aus Nudeln und Kartoffeln gemischten Schweinefutters ohne nennenswerten Fleischzusatz, ohne etwas anständiges Gewürz macht sich der Leser keine Vorstellung. Man glaube aber nicht, daß dieses Urteil nur von denen gefällt worden wäre, die vor ihrer Einlieferung ins Konzentrationslager sich einer gehobenen Lebensgestaltung erfreuten und gewisse Ansprüche an das Essen stellten, sondern: dieses Urteil über die Oranienburger Verpflegung wurde massenhaft von den Gefangenen jeder Herkunft tagaus, tagein durch die Tat gefällt; es konnten nämlich manchmal gar nicht genug Tonnen für die Speisereste aufgestellt werden, es gab Tage, an denen diese Tonnen überliefen, weil selbst arme Gefangene, die ihre Verpflegung durch Zubußen von außerhalb nicht im mindesten ergänzen konnten, lieber das Essen wegschütteten und hungerten, als ihrem Magen die Verdauung dieser Küchenprodukte zuzumuten.

Das Abendbrot bestand gelegentlich aus einer dünnen Suppe, zu der oft genug die Reste des Mittagessens verwendet und Scheiben trockenen Brotes gegeben wurden. Sonst aber – und dies Tag für Tag, Woche für Woche, Monat für Monat, Wochentag wie Sonntag – bestand das Abendbrot immer nur aus einer Doppelstulle, die nicht sehr üppig mit Schweineschmalz bestrichen war. Irgendwelche noch so bescheidenen Beigaben, wie man sie etwa bei der Gefängniskost selbst in Anstalten mit mäßiger Verpflegung selbstverständlich kennt, hat es in Oranienburg nicht gegeben. Der Vollständigkeit halber sei noch erwähnt, daß die Gefangenen, die auf Außenkommando gehen, von jeher ein zweites Schmalzstullenpaar erhalten.

Mit einer solchen Verpflegung können auf keinen Fall die zu einer so umfangreichen Arbeitsleistung erforderlichen Körperkräfte erhalten werden. Die meisten Gefangenen erhielten daher auch von ihren Angehörigen Lebensmittelpakete. Dabei sei hervorgehoben: Rund 90 Prozent der Schutzhaftgefangenen dieses Lagers waren Wohlfahrtserwerbslose. Als bei einem Abendappell einmal aufgerufen wurde: »Wohlfahrtserwerbslose vortreten!«, da traten von der gesamten Gefangenenbelegschaft neun Zehntel vor, und nur ein Rest solcher Gefangenen blieb stehen, der bei der Verhaftung noch in Arbeit und Brot gewesen war oder dessen Familien sonst noch über eine Existenzgrundlage verfügten. Da aber eine große Anzahl von Gefangenen Pakete nicht nur mit Wäsche, sondern auch mit Lebensmitteln und Rauchwaren erhielt, mußten viele, viele Frauen eine Sparsamkeit üben, die das Unmögliche möglich machte. Es gab, wie überall im Lager, in meiner Kompanie Kameraden, deren Frauen 5, 6, 7 Mark Unterstützung wöchentlich bekamen und es mit einer an Selbstverleugnung grenzenden Einschränkung dennoch fertigbrachten, ihren Männern wenigstens einen bescheidenen Zusatz zu der völlig unzureichenden Lagerverpflegung zu senden.

Von einigen Zeiten der Postsperre abgesehen, wurden die Lebensmittelpakete von der Lagerverwaltung als willkommene Zubuße hereingelassen. Das Oranienburger Lager erhält von allen Behörden, die Schutzhaftgefangene dort unterbringen, pro Mann und Tag 1,50 Mark, es könnte also dafür eine ausreichende Verpflegung bieten. Trotzdem spekuliert die Leitung darauf, daß gut die Hälfte der tatsächlich verzehrten Verpflegung praktisch durch die Gefangenen und ihre Angehörigen selbst aufgebracht wird; es ist nicht zu hoch gegriffen, wenn man in diesem Umfang die Gesamtsumme der durch Zehntausende von Paketen in diesem halben Jahre eingeführten Lebensmittel bemißt.

»Frei« – Zeit

Nach dem offiziellen Arbeitsschluß des Innen- und der Außenkommandos war Freizeit bis zum Schlafengehen. Der Zapfenstreich war bis vor einiger Zeit um 9 Uhr, seitdem aber müssen die Gefangenen schon um halb acht abends schlafen gehen, damit sie sich in der miserablen Luft der Schlafsäle noch etwas länger aufhalten. Von 5 bis 9 Uhr – das könnten vier Stunden Freizeit sein, in der sich die Gefangenen unterhalten, Schach oder Karten spielen, lesen oder sich sonst nach Gutdünken beschäftigen könnten. Aber wozu Gefangene auch nur für Stunden in Ruhe lassen – das wäre ja noch schöner. Die Kerle sind doch in einem Konzentrationslager und nicht in einem Sanatorium! Also wurde in die abendliche Freizeit der Appell verlegt, dessen Dauer zwischen einer halben, einer ganzen oder gar zwei Stunden abwechselte. In der letzten Zeit wurde es üblich, abends von den auf Außenkommando gewesenen Gefangenen noch die Kartoffeln für den nächsten Tag schälen zu lassen. Stand eine der sehr beliebten Besichtigungen des Lagers durch irgendeinen höheren SA-Führer oder eine ähnliche Größe bevor, so wurde die abendliche Freizeit zu Aufräumungsarbeiten, Abtransport herumliegender Steinhaufen und ähnlich sinnigen Beschäftigungen verwandt. Unter den im Lager maßgebenden Trupp- und Scharführern der SA gibt es mehrere, die keinen Gefangenen stillsitzen sehen können, und damit sind wir an einem Punkte, der für die Konzentrations-Menschenschinderei ebenso kennzeichnend ist wie die Mißhandlungen durch Schläge.

Jeder Mensch hat ein natürliches Bedürfnis nach Ruhe, nach selbstgewählter Beschäftigung während einiger Erholungsstunden zwischen Tagesarbeit und Schlaf. Sei diese Zeit auch noch so knapp bemessen – das bloße Bewußtsein, sie nach Gutdünken verwenden zu können, das Gefühl der Sicherheit, während einer solchen Freizeit nicht gestört zu werden, schafft allein schon eine gewisse Entspannung. Gerade dies wird im Oranienburger Lager systematisch verhindert. Kein einziger Gefangener ist eine einzige Minute der sogenannten Freizeit davor sicher, zu irgendeiner Extraarbeit oder zu einer Schikane weggerufen zu werden. Diese beständige Unruhe (denn von dieser Störung der Freizeit wird reichlich Gebrauch gemacht!) ist eine unaufhörliche Qual. Es gibt im grausamen China eine Folter, bei der man dem gefesselten Opfer in regelmäßigem Zeitabstand unaufhörlich einen Wassertropfen auf eine bestimmte Stelle des Kopfes fallen läßt, so daß der gefolterte Mensch nicht eine Minute Ruhe hat, denn nach dem Niederfallen des ersten Tropfens ist, wie nach dem Wesen des menschlichen Denkens nicht anders möglich, die erwartende Furcht schon auf den nächsten gerichtet und so fort. Dieser chinesischen Folter ist die über alle Begriffe infame Methode des Oranienburger Lagers in gewisser Weise vergleichbar, die Gefangenen auch in ihrer Freizeit nie,

nie, nie zur Ruhe kommen zu lassen. Möglicherweise hält mancher Leser diesen Vergleich für übertrieben, aber man glaube mir: Das Vierteljahr Einzelhaft im Dessauer Gefängnis, das ich in meiner ersten Schutzhaftzeit vor Oranienburg verbrachte, erschien mir nach den Oranienburger Erfahrungen von einer geradezu himmlischen Ruhe erfüllt, und so ging es allen Gefangenen, die vor ihrer Einlieferung ins Lager die Ordnung einer Gefängniszelle kennengelernt hatten. Der Gefangene ist im Lager Freiwild für alle Launen irgendeines SA-Mannes; es gibt grundsätzlich für ihn kein Recht auf eine noch so knapp bemessene Freizeit. Sitzt er im Tagesraum, von achtstündiger Kanalarbeit müde, so muß er trotzdem gewärtig sein, daß jeden Augenblick einer kommt, pfeift und sich 20 Gefangene, je nach Laune, zu irgendeinem Zweck herausholt – und wehe, wer da nicht gleich nach dieser chinesischen Pfeife tanzt!

Von dieser Gestaltung der Freizeit machte auch der Sonntag keine Ausnahme. Es gab im Sommer mal einige Wochen, in denen sonntags völlige Ruhe herrschte, aber dieser Zustand ist, weil zu human, schnell wieder beseitigt worden. Oft wurde Appell mit Kleidungsstücken, Eßnapf, Trinkbecher und ähnlichen Dingen gemacht, oft mußten wir sonntagnachmittags stundenlang wie die Verrückten immer im Kreise herummarschieren, mal war dies, mal war jenes – der bloße Gedanke, daß die Gefangenen einen ruhigen Tag haben könnten (der noch wirklich der mindeste Ausgleich für ihr erbärmliches Los wäre!), scheint der Lagerleitung offenbar unerträglich. So besteht denn nicht der geringste Teil der Oranienburger Menschenschinderei in diesem ewigen Gehetztsein, in diesem nie, nicht eine Tages- oder Abendstunde zur Ruhe-kommen-Können – eine Qual, die zu einer entsetzlichen Reizbarkeit der länger Inhaftierten geführt hat.

Das alles, vom Wecken bis zum Ende solcher »Freizeit«, ist ein normaler Tagesverlauf in Oranienburg!

IV. Die verantwortlichen SA-Führer des Lagers

Der Kommandant Schäfer – Grauenhafte Mißhandlung von vier Arbeitern – Der Chefsadist Krüger – Dessen Nachfolger Stahlkopf – Der schleichende Sadist Ewe – Die Landsknechte vom Tagesdienst.

Es ist wohl nun an der Zeit, dem Leser die verantwortlichen SA-Leute des Lagers vorzustellen.

Der Kommandant: Sturmbannführer Schäfer

Seit Errichtung des Lagers ist Kommandant der Oranienburger Sturmbannführer Schäfer. Er war Polizeioffiziersanwärter, wurde aber unter Severing nicht als Polizeioffizier angenommen, arbeitete dann als kleiner Bankbeamter und betätigte sich nebenher als Organisator und Führer eines SA-Sturmbanns. In dieser Eigenschaft wurde er Kommandant des im Bereich der SA-Standarte 208 errichteten Konzentrationslagers.

Schäfer ist ein durchaus subalterner Mensch. Sein Haß gegen die Sozialdemokraten ist grenzenlos. Er betätigt ihn mit Vorliebe dadurch, daß er wehrlose Gefangene, die nach der Lagerordnung natürlich vor ihm strammstehen müssen, auf unflätige Weise beschimpft. Zu tätlichen Mißhandlungen durch Schläge hat sich Schäfer nicht häufig hinreißen lassen; um so freigebiger war er mit der Verhängung von Disziplinarstrafen, Dunkelarrest, Post- und Besuchssperre und Verschickung auf Strafkommandos. Der Versuch, eine Art von Gerechtigkeit zu üben und sich z. B. auch die Verteidigung eines angeschuldigten Gefangenen anzuhören, blieb bei Schäfer auf sehr wenig Fälle beschränkt. Der Kommandant Schäfer ist, daran kann kein Zweifel sein, in vollem Umfange für alles verantwortlich zu machen, was sich an Verbrechen, Mißhandlungen und sonst menschenunwürdiger Behandlung der Gefangenen je in Oranienburg ereignet hat. Schäfer ist auch voll verantwortlich für die Einrichtung der Dunkelarrestzellen, von denen noch zu sprechen sein wird. Vor den Gefangenen hat Schäfer einmal erklärt, was in Zimmer 16 geschehen sei, müßten die Betreffenden mit ihrem Gewissen abmachen, und Ton und Gelegenheit dieser Erklärung sollten wohl den Anschein erwecken, als rücke der Kommandant von jeder Gefangenenmißhandlung ab. Dem stand aber sein eigenes Verhalten zu den Gefangenen entgegen, und schließlich: nach dem nationalsozialistischen Führerprinzip ist selbstverständlich der mit so außerordentlicher Befehlsgewalt ausgestattete Kommandant selber verantwortlich, und der Versuch, die Verantwortung für alle die verbrecherischen Gemeinheiten auf Untergebene abschieben zu wollen, ist nicht nur unmöglich, sondern auch verächtlich, aber er ist eben für den Charakter des Schäfer bezeichnend. Schäfer enthüllte sein Landsknechtswesen aber nicht nur durch die ganze Führung seiner Lagerkommandantur, sondern auch besonders dann, wenn er vor der Front der Gefangenen Reden hielt. Als eines Tages ein Kommunist aus dem Lager geflohen und zugleich von umfangreicher illegaler Arbeit draußen berichtet worden war, ließ der Kommandant alle Gefangenen auf dem vorderen Hofe antreten, das oberhalb des Hofes (nicht sehr sachverständig) montierte Maschinengewehr wurde geräuschvoll geladen, und dann erklärte Schäfer mit wutbebender Stimme, er werde jeden fünften Mann erschießen lassen, er werde das vor der Regierung verantworten, wir sollten uns ja nicht darüber täuschen, daß er genügend Nerven habe, seine Maßregeln durchzuhalten, und dann kamen die Maßregeln: vier Wochen Rauchverbot, acht Wochen Brief- und Besuchssperre für sämtliche Gefangenen! Zwei Monate lang wurde jede Verbindung zwischen den Gefangenen und ihren Familien zerrissen; aus der Verhängung solcher Maßnahmen machte sich Schäfer kein Gewissen.

Das Schlimmste jedoch, was sich der Kommandant Schäfer neben der Einrichtung der Dunkelarrestzellen geleistet hat, war die Mißhandlung von vier Arbeitern aus der nördlich von Oranienburg gelegenen Gemeinde Friedrichsthal.

Im Sommer 1932, also lange vor der nationalsozialistischen Machtergreifung, hatte ein sechzehnjähriger Hitlerjunge auf einem linksstehenden Personen gehörenden Grundstück in Friedrichsthal, auf der Wiese hinter dem Haus, ohne Erlaubnis der Besitzer sein Zelt aufgebaut und dazu, natürlich in provokatorischer Absicht, die Hakenkreuzfahne gehißt. Vier Arbeiter sahen das und bestraften den Dummenjungenstreich mit dem Umwerfen des Zeltes und ein paar Ohrfeigen; sonst ist dem Jungen aber nichts weiter passiert. Diese vier Arbeiter wurden ein Jahr nach dem Vorfall ins Oranienburger Lager eingeliefert und schon dabei, wie das sehr, sehr oft beim Empfang neuer Gefangener geschah, geschlagen; dem Ältesten von ihnen hatte die SA ein großes Plakat um den Hals gehängt, auf dem der Vorfall, natürlich in sinnloser Übertreibung, wiedergegeben war.

Eines Nachts wurden die vier kurz vor Mitternacht aus dem Schlafsaal geholt und gezwungen (der Älteste wieder mit dem Plakat um den Hals), auf dem gepflasterten vorderen Hof des Lagers immer im Kreise herumzumarschieren.

Als wir morgens aus den Schlafsälen kamen, marschierten sie schon sechs Stunden lang.

Als wir mittags zum Essenholen antraten, marschierten sie noch immer, schon zwölf Stunden lang, ohne Pause, immer im Kreise herum, in glühender Sommersonne, mit bloßen Füßen auf dem heißen Pflaster.

Dem Ältesten von ihnen hing die Haut buchstäblich in blutenden Fetzen von den Füßen. Ein SA-Sanitäter, dem diese Tortur denn doch zu weit ging, holte den alten Mann in die Sanitätsstube, um ihm die Füße zu verbinden – ein Beginnen, das unterbleiben mußte, weil sich der Sanitäter einen fürchterlichen Anschnauzer des Lageradjutanten Daniels zuzog. Der qualvolle Marsch ging weiter.

Endlich, nachmittags nach fünf Uhr, ließ man die vier aufhören. 17 Stunden waren sie immer im Kreise herumgelaufen – in der glühenden Hitze des Sommers, und nach den ohnehin schon vorher erlittenen Mißhandlungen – kein Wunder, daß sie vor Schmerzen und Erschöpfung die darauffolgende Nacht nicht liegen, noch viel weniger schlafen konnten. Sie waren am Ende ihrer Widerstandskraft.

Die abgründige Gemeinheit dieser Mißhandlung kennzeichnet den Kommandanten des Oranienburger Lagers Sturmbannführer Schäfer und seinen moralischen Tiefstand wohl völlig ausreichend.

Zur Roheit fügte der Lagerkommandant Schäfer den blutigen Hohn, als zur »Widerlegung« der »Greuelnachrichten« über das

Lager Oranienburg eine Rundfunkreportage aus dem Lager gemacht wurde. Unter den Gefangenen waren auf Veranlassung der Lagerleitung diejenigen ausgesucht worden, die Musikinstrumente zu spielen verstanden, und man hatte diese Gefangenen veranlaßt, sich ihre Instrumente kommen zu lassen. Auf dem vorderen Hof des Lagers, an dessen einer Seite das Verwaltungsgebäude stand, mußte dann abends des öfteren musiziert werden, einmal, um den im Verwaltungsgebäude wohnenden SA-Führern eine Zerstreuung zu bieten, zum anderen, um den draußen am Lager vorbeigehenden Menschen zu zeigen, daß es im Konzentrationslager gar nicht so schlimm zuginge ... Aus dem gleichen Grunde wurde eine Zeitlang eine Art von Gesangschor aus den Gefangenen gebildet, der ebenfalls abends in Tätigkeit zu treten hatte.

Als nun die erwähnte Rundfunkübertragung aus dem Lager stattfand, wurde das Mikrophon durch einige Räume des Lagers getragen, wobei der Lagerkommandant einen – höflich ausgedrückt – sehr schönfärbenden Bericht gab, und am Schlusse der Übertragung mußte die Gefangenenkapelle spielen und der Chor singen. Es ist wohl überflüssig, zu sagen, was bei dieser Übertragung weggelassen wurde: das Stöhnen mißhandelter Gefangener, die Schilderung der Arrestzellen, kurzum, die Wahrheit über die Hölle Oranienburg. Statt dessen schloß der Lagerkommandant die Rundfunkreportage mit einem Satze, den die dabeistehenden Gefangenen wie einen Peitschenhieb ins Gesicht empfanden:

»Damit ist unsere Übertragung beendet. Sie hatten einen Einblick in das singende und spielende Konzentrationslager Oranienburg.«

Noch weiter konnte der Lagerkommandant die Schamlosigkeit nicht gut treiben!

Sturmbannführer Krüger aus Trebbin war bis zum Oktober der Chefsadist des Oranienburger Lagers. Angestellt von der Geheimen Staatspolizei, nahm er in Zimmer 16 die Vernehmungen vor; er hat die beiden erwähnten anhaltischen Toten auf dem Gewissen, wahrscheinlich aber noch mehr. Was sich dieser noch nicht 30jährige SA-Führer an Verbrechen, an ungehemmt tobendem Sadismus, an tätlichen Mißhandlungen und an moralischen Quälereien der Gefangenen geleistet hat, sträubt sich die Feder, in vollem Umfange aufzuzeichnen.

Aber nicht nur in der tätlichen Mißhandlung von Gefangenen war Krüger der Schlimmste im Oranienburger Lager, sondern auch in der Erfindung von moralischen Demütigungen, die ja oft, je nach der Veranlagung der davon betroffenen Menschen, mindestens so bis aufs Blut peinigen können wie irgendwelche Prügel.

Als unser erster anhaltischer Transport in Oranienburg eingeliefert wurde, ließ Krüger gleich sechs Mann unter den 42 die Haare kurz scheren, darunter auch mir – mit der vor der ganzen Front abgegebenen Begründung, er habe »die übelsten Verbrecher gleich richtig kennzeichnen« lassen! Bei dieser ersten Gruppe Anhaltiner befanden sich auch einige kriminelle Gestalten, deren von ihnen behauptete Zugehörigkeit zur KPD den maßgebenden Kommunisten selbst sehr zweifelhaft, bestimmt aber nicht erwünscht schien. Unter anderem war da ein Mann namens Graupner, der neunzehn Vorstrafen wegen gemeiner Delikte hatte, also wirklich kein politischer Gefangener und alles andere als eine erfreuliche Erscheinung war. Eines Tages rief der Sturmbannführer Krüger auf dem hinteren Hof mich zu sich und zugleich diesen Kriminellen – um uns beide mit seinem Amateurapparat zu fotografieren, da er, wie er grinsend versicherte, uns beide in seiner »Raritätensammlung« haben wolle. Damit nicht genug – beim nächsten Besuchstag meiner Frau kam Krüger mit seinen Aufnahmen an meine Frau heran, zeigte und erklärte ihr die Fotografie und fragte sie: »Na, gnädige Frau, finden Sie nicht, daß Ihr Mann mit dieser Frisur viel besser aussieht?«

So mußte man als politischer Gefangener in Oranienburg nicht nur sich selbst behandeln, sondern sich auch noch vor der eigenen Frau und außerdem diese selbst verhöhnen lassen, ohne daß man mit der Wimper zucken, geschweige denn ein Wort erwidern durfte. Wie oft hielt man da nur mit äußerster Anstrengung die Tränen der Wut, die Tränen der Scham zurück!

In solchen moralischen Mißhandlungen und Demütigungen tobte sich Krüger, wie alle Sadisten und rohen Landsknechte des Oranienburger Lagers, mit einer unheimlichen Erfindungsgabe aus. Besonders stark fühlte sich Krüger, wenn nationalsozialistischer Besuch kam und er uns vorführen konnte. Wie der aufgeblasene Dompteur eines kleinen Wanderzirkus stelzte er dann im Lager herum, zitierte alle »Prominenten« des Lagers zu sich und führte sie dem Besuch gegenüber mit den gemeinen Bemerkungen vor: »Sehen Sie sich diese Hirten an! Das ist auch so ein vollgefressener Bürgermeister von der SPD! Dieses Judenschwein hier hat seine dreckige Fresse gegen unseren Führer aufgerissen!« und was derartige Ausfälle mehr waren – immer mußte der betreffende Gefangene, in strammer Haltung, dabeistehen und sich schweigend beschimpfen lassen!

Krüger ist im Oktober aus Gründen, die uns Gefangenen im Lager nicht genau bekannt geworden sind, entfernt worden; erst kam er als eine Art von »Ehrenhäftling« nach der Blumberger Zweigstelle des Lagers, und dann wurde er ganz nach seiner Heimat entlassen, wie von Besuchern aus Trebbin berichtet worden ist. Aber die von ihm geschaffene »Tradition« des Zimmers 16 besteht weiter.

Der sie fortsetzt, ist der Sturmführer Stahlkopf, der sich schon zu Krügers Zeiten fleißig an allen Verbrechen beteiligte. Während dem Krüger eine gewisse draufgängerische Brutalität eigen war, stellt Stahlkopf den Typ jenes schleichenden, besonders infamen Sadisten dar, der in seiner ganzen Wesensart von einer geradezu unvorstellbaren Gemeinheit ist. Die abgründige Niedrigkeit der Gesinnung dieses Menschen wird vielleicht durch keine Episode anschaulicher gemacht als durch jene, die sich einen Tag vor meiner Flucht abspielte.

Ein verheirateter Gefangener wird zur Vernehmung nach Zimmer 16 gerufen, Stahlkopf fragt ihn: »Wie lange sind Sie schon in Haft?« – »Sechs Monate«, antwortet der Gefangene. Darauf Stahlkopf: »Na, wer f...t denn da zu Hause Ihre Frau?«

Eine besondere Eigenheit des Sturmführers Stahlkopf war es, wenn er nachts angetrunken war, sich Gefangene aus den Schlafsälen zu holen, um sie zu schlagen oder mit ihnen auf dem Hofe herumzuexerzieren. Das tat er vor allen Dingen mit den unglücklichen Angehörigen der sogenannten Judenkompanie, die eine Zeitlang bestand und in die auch während seines Aufenthaltes im Oranienburger Lager der frühere sozialdemokratische Fraktionsführer im Preußischen Landtag Ernst Heilmann geschickt worden war. Noch am 2. Dezember ist durch Stahlkopf ein Gefangener in fürchterlicher Weise zugerichtet worden, er war von oben bis unten völlig blutunterlaufen.

Der Adjutant des Lagerkommandanten ist der Sturmführer Daniels. An direkten tätlichen Mißhandlungen hat sich dieser Mann, soweit ich es bezeugen kann, zwar nicht beteiligt, er gehört aber trotzdem zu demjenigen Kreise der SA-Führer im Oranienburger Lager, die für die ganzen Zustände verantwortlich sind. Seiner Stellung beim Kommandanten nach wäre er durchaus in der Lage gewesen, einen mäßigenden Einfluß auszuüben. Von einem solchen Einfluß ist nicht nur nichts fühlbar gewesen, sondern das Verhalten des Daniels gegenüber den Gefangenen war solcherart, daß seine Billigung aller dieser Zustände daraus hervorging.

Der Sturmführer Ewe leitete innerhalb der Verwaltung des Lagers Oranienburg die Gefangenenabteilung. Er ist im Juli ins Lager gekommen und übernahm die Einteilung der Arbeit. Büromäßig hat er außerdem die Aufnahme neuer Gefangener und die Entlassungen nach Aufhebung der Schutzhaftbefehle durch die zuständigen Behörden durchzuführen. Ewe war während des Krieges Offizier und verzehrte seine kleine Pension zuletzt in Ketschendorf im Kreise Beeskow. Dabei hat er auch versucht, sich früher der SPD zu nähern, ist aber abgefallen. Infolgedessen geht es ihm ähnlich wie dem Kommandanten Schäfer: sein Haß gegen die Sozialdemokraten ist offenbar größer als der gegen die Kommunisten. Ewe gehört zu dem Typ Stahlkopf, er ist ein Mensch, der sich das, was er gegen Gefangene unternimmt, mit einer ganz besonders hintergründigen Infamie ausdenkt. Wie Stahlkopf, so pflegt auch Ewe stark zu trinken und tobt solche Zustände an den Gefangenen aus. Als Ewe mich das erste Mal schlug, habe ich in Augen voll so tierischen Hasses gesehen, daß mich der Anblick dieses Menschen noch mehr entsetzt hat als das, was mir geschah.

Der Sturmführer Ewe hat Gefangene, die von ihrer Heimatbehörde zur Entlassung aus der Schutzhaft eingegeben waren, noch wochenlang nach der verfügten Entlassung festgehalten. Mehr als einmal haben Frauen von solchen Gefangenen ihren

Männern brieflich berichtet, die Polizei sei schon wiederholt in den Wohnungen erschienen und habe sich erkundigt, warum sich die Männer nicht, wie vorgeschrieben, auf der Polizei meldeten, sie seien doch aus dem Konzentrationslager längst entlassen. Inzwischen aber wurden die Gefangenen weiter im Lager Oranienburg festgehalten, und die Entlassung blieb unerledigt auf dem Schreibtisch des Sturmführers Ewe liegen, der natürlich genau weiß, daß die völlige Ungewißheit über das eigene Schicksal einen Menschen unerhört quälen kann. Der Sturmführer Ewe, der monatelang die Appelle selbst abgehalten hat und durch seine Stellung als Leiter der Gefangenenabteilung ununterbrochen mit allen Gefangenen in Berührung kam, hat sich außerordentliche Mühe gegeben, auch durch die Einteilung der Arbeit und durch die ganze Regelung des täglichen Lebens im Lager die Gefangenen so miserabel zu behandeln, wie es nur irgend ging. Wenn er, der so gerne den straffen Soldaten mimte und dabei doch selbst eine so unmilitärische Figur bot, in seinem schaukelnd schlaksigen Gang über den Hof segelte, so daß man von weitem nie erkennen konnte, ob er nüchtern war oder nicht, dann verzog sich alles aus seiner Sehweite, denn irgendeine Schikane für irgendeinen Gefangenen hatte er immer in Bereitschaft.

Zwei Truppführer, Federwisch und Herzog, und ein Scharführer namens Petzschner versahen abwechselnd die Aufgaben des Unteroffiziers vom Dienst, wenn man einmal den Betrieb im Lager mit einem militärischen Vergleich kennzeichnen darf. Sowohl Federwisch als auch Herzog haben sich an Gefangenen tätlich vergriffen, aber dies mehr vor längerer Zeit, in den letzten Monaten beschränkten sie sich darauf, die Gefangenen durch die Art der Diensteinteilung und durch die schon geschilderte Unterbrechung der Freizeit zu schikanieren, wobei sich Herzog, ein schäbiger Bursche, noch mehr hervortat als Federwisch. Eine üblere Rolle aber als die beiden spielt der erst ausgangs August ins Lager gekommene Scharführer Petzschner. Da er sich den Anschein eines alten gedienten Unteroffiziers gab (obwohl der in Wirklichkeit, wie viele SA-Leute, eher die Karikatur eines wirklichen Militärs darstellte), haben ihn die Gefangenen mit dem Spottnamen Himmelstoß (dem Unteroffizier aus Remarques Kriegsbuch »Im Westen nichts Neues«) versehen. Dieser Petzschner war eine Art von Hofhund, der die Aufgabe hatte, die Gefangenen des Innenkommandos dauernd zur Arbeit anzutreiben und auch sonst auf jede mögliche Weise in Bewegung zu halten, ein Auftrag, dem er sich mit einem unerschöpflichen Fleiß hingab. Wenn so viele Gefangene während ihrer Freizeit herumgejagt worden sind und wenn sie dadurch über den normalen Aufenthalt im Lager hinaus durch diese ewige Hetzerei nervös gemacht wurden, so trägt daran in erster Linie dieser Himmelstoß die Schuld. Im übrigen zeichnete er sich noch durch eine besondere Unflätigkeit in seiner Ausdrucksweise aus. Hatte er z. B. Gefangene zu irgendeinem Zwecke aufgestellt und bat ihn einer davon, austreten zu dürfen, so verweigerte er das mit dem Anschnauzer: »Jetzt gibt's das nicht, mach dir einen Knoten in deine N...!« Er verfügte über einen so schweinischen Wortschatz, daß dessen ausführliche Wiedergabe eine Abschweifung ins Pornographische unternehmen hieße. Solchen minderwertigen Subjekten waren tausend politische Gefangene wehrlos ausgeliefert, und solche SA-Subjekte feiert der Reichskanzler Hitler als die »berufenen Erzieher des deutschen Volkes«! Wir haben diese »Erzieher« in Oranienburg kennengelernt, nicht nur ihre Roheit, ihre Rachsucht, ihren Größenwahn, sondern auch die Kloake ihrer sexuellen Phantasie.

Nur von zwei im Gefangenenlager diensttuenden SA-Führern darf gesagt werden, daß sie auch in dem inhaftierten politischen Gegner einen Menschen sahen und die Gefangenen menschenwürdig behandelten: das waren die Truppführer Görke und Ruf. Der Truppführer Ruf, ein ehemaliger Kolonialdeutscher, hatte in den ersten Monaten des Oranienburger Lagers die Einteilung der Gefangenen zur Arbeit vorzunehmen und hat dabei, trotz seines bärbeißigen Tones, Rücksicht auf die gesundheitliche Beschaffenheit, die berufliche Eignung und die sonstige menschliche Veranlagung der Gefangenen gezeigt. Später hat ihn die Leitung des Lagers, wahrscheinlich weil er auch in der Verhütung von Mißhandlungen seinen Einfluß übte, auf den toten Posten eines Magazinverwalters abgeschoben. Etwas mehr Einfluß hat noch immer der Truppführer Görke, der, beruflich aus der Berliner Bauarbeiterschaft kommend, in seiner Art, den Gefangenen zu begegnen, einen Lichtblick im Lager Oranienburg darstellt.

Leider ist aber das Wirken der beiden zuletzt genannten Truppführer nicht so ausschlaggebend, daß der allgemeine Kurs der Menschenbehandlung im Lager Oranienburg geändert würde. Vom Mord bis zur moralischen Peinigung der Menschen wurde durch die SA-Führung des Lagers nichts unterlassen, um dieser Kulturstätte des Dritten Reiches den grauenvollen Ruf zu schaffen, den Oranienburg bei allen bekam, die das Unglück hatten, es kennenzulernen.

V. Die Gefangenen des Lagers

Die politische Zusammensetzung: Sozialdemokraten, Kommunisten, Deutschnationale, NSBO-Leute, rebellierende SA-Männer – Lagergespräche – Kommunisten denunzieren Sozialdemokraten – Kommunisten paktieren mit SA.

Der Umfang der Belegschaft des Lagers hat im Laufe dieser sechs Monate, in denen ich dort war, sehr geschwankt. Kurz nach der Einlieferung des ersten anhaltischen Transports am 14. Juni begann man, die Gefangenen zu numerieren, damals betrug die Belegschaft rund 200 Gefangene. Ich habe im Lager die laufende Nummer 190 erhalten. Während Anfang Dezember die laufende Nummer die Zahl 1800 weit überschritten hatte. Die höchste Belegschaftsziffer wurde im Juli und August mit nahezu 1200 Gefangenen erreicht. Nach dieser Zeit ist die Belegschaft durch umfangreiche Verschiebungen der Gefangenen nach Papenburg, Sonnenburg und Brandenburg vermindert worden. In den letzten Wochen des November nahm die Stärke der Belegschaft wieder zu, weil in anderen Teilen des Reiches kleinere Lager aufgelöst und die Gefangenen nach Oranienburg überwiesen wurden; so waren zuletzt Transporte von rund 300 Mann aus der Provinz Hannover und aus Rheinland-Westfalen eingetroffen.

Welch eine Härte bedeutet für die Gefangenen aus diesen Teilen des Reiches und deren Angehörige der Transport nach Oranienburg – es ist ein für allemal vorbei, daß die Frauen noch ihre Männer besuchen können, denn das Fahrgeld aus Rheinland-Westfalen nach Oranienburg ist für eine einzige Reise höher als der Betrag, den die Frauen an Unterstützung für einen ganzen Monat erhalten!

Ebenso stark wie die Gesamtziffer der Belegschaft hat auch ihre politische Zusammensetzung geschwankt. In seinen ersten Anfängen enthielt das Lager Oranienburg in der Hauptsache Gefangene aus dem Kreise Niederbarnim und dessen weiterer Umgebung, vorwiegend Kommunisten, vereinzelt Sozialdemokraten und noch vereinzelter Gefangene unpolitischer Herkunft oder von bürgerlichen Parteien. Mit den Transporten aus Anhalt, aus Rathenow, Brandenburg und anderen Städten erhöhte sich die Zahl der Sozialdemokraten ganz bedeutend, ebenso kamen auch einzelne Angehörige bürgerlicher Mittel- und Rechtsparteien ins Lager. So ist z. B. längere Zeit der zweite Vorsitzende der Zentrumspartei aus Rathenow, ein Oberstudiendirektor Wittler, in Oranienburg festgehalten worden, er brauchte aber nicht zu arbeiten, und es ist ihm auch sonst nichts geschehen. Im Juli und August wurden des öfteren Gefangene eingeliefert, die bei Razzien in Berlin festgenommen wurden, wobei sich auch Angehörige der NSBO, des Stahlhelms und der Deutschnationalen Volkspartei befanden. Einen nennenswerten Prozentsatz der Lagerbelegschaft haben aber die aus Rechtskreisen oder aus oppositionellen Gruppen innerhalb der NSDAP stammenden Gefangenen nie gebildet. Was etwa darüber erzählt wird, daß das Oranienburger Lager von verhafteten rebellierenden SA-Leuten angefüllt sei, ist eine Legende. Eine Zeitlang hat sich der Gefangenenwitz der Buchstaben NSBO (Nationalsozialistische Betriebszellen-Organisation) bemächtigt und sie so übersetzt: »Nun siehste bald Oranienburg!«, aber so umfangreich, wie nach diesem Scherz die Zufuhr neuer Gefangener aus den Kreisen unzufriedener NSBO-Leute hätte scheinen können, war sie lange nicht. Während der ganzen sechs Monate, Juni–Dezember, hat sich die Einlieferung von verhafteten SA-Leuten immer nur auf einzelne Fälle beschränkt, die in ihrer Gesamtsumme im

Laufe der Zeit die Zahl 50 ganz bestimmt nicht überschritten haben.

Zu diesem Punkt muß noch erwähnt werden, daß diejenigen verhafteten SA-Leute, die eine Charge in der SA bekleideten und sich in irgendeiner Weise unvorsichtig oppositionell geäußert hatten, nach ihrer Einlieferung ins Lager eine besondere Behandlung erfuhren. So brachte man eines Abends vier ehemalige Hauptleute (Cordes, Wolf, Zucker, v. Marwitz), die beschuldigt worden waren, innerhalb der NSDAP eine Art von illegaler Opposition geschaffen und gegen verschiedene Gauleiter gearbeitet zu haben. Ihre Verhaftung und Einlieferung ins Konzentrationslager hatte die Berliner nationalsozialistische Zeitung »Der Angriff« auf der ersten Seite in großer Aufmachung gebracht und als einen Beweis für das rasche und rücksichtslose Zugreifen der Parteileitung gefeiert. Im Lager sah die Sache freilich dann ganz anders aus; die vier Herren, die sozusagen mit großem Gepäck eintrafen, erhielten ein besonderes Quartier, kamen mit keinen anderen Gefangenen zuammen, konnten sich beschäftigen, womit sie wollten, und unterlagen auch hinsichtlich der Post und des Besuches keiner der für das Lager sonst geltenden Beschränkungen; der Kommandant begab sich jeden Morgen nach seinem Eintreffen im Lager zu ihnen, um sich nach ihrem Befinden und ihren Wünschen zu erkundigen; kurzum, sie waren die ersten Vertreter der Gattung sogenannter »Ehrenhäftlinge«, die später noch um einige andere Vertreter, auch aus den Kreisen opponierender mittlerer und kleiner SA-Führer, vermehrt wurde.

Dagegen wurden die wenigen NSBO-Leute, Stahlhelmer und Deutschnationalen, die man ins Lager brachte, unter uns übrige Gefangene eingereiht und in jeder Beziehung so behandelt wie wir. Einige davon haben sich freilich durch Bespitzelung von Sozialdemokraten und Kommunisten gewisse Vergünstigungen errungen, wie sich ja überhaupt die Lagerleitung der Spitzelei und der Korrumpierung von Gefangenen reichlich bedient hat.

Ein charakteristischer Fall ist die Einlieferung nach Oranienburg und das noch währende Festhalten im Lager eines deutschnationalen Großbauern namens Wolff aus der Uckermark. Dieser Mann, ein knorriger Konservativer, hat sich seine eigene

Meinung trotz der Gleichschaltung seiner Standesgenossen bewahrt und hat damit auch nicht hinter dem Berge gehalten. Grund genug für seinen Landrat, ihn nach Oranienburg schaffen zu lassen, wobei der Mann außerdem dadurch beständig unter Druck gehalten wird, daß man ihn hat wissen lassen, man werde ihm seinen Grundbesitz enteignen und unter die SA aufteilen.

Eine der für uns wirklich tätig gewesene Gefangene unerträglichsten Tatsachen war die Beimischung von kriminellen Verbrechern und von Menschen, deren Zusammenhang mit der Politik wirklich so gering war, daß ihr Festhalten im Lager Oranienburg uns ganz unverständlich schien.Wäre die Belegschaft des Lagers nicht so entsetzlich zusammengewürfelt gewesen, so hätte sich sicher manches leichter ertragen lassen, weil sich viel eher zwischen den Lagerinsassen eine aus dem gemeinsamen Schicksal geborene Kameradschaft herausgebildet hätte, als das so geschehen konnte. Menschen, die Jahre und Jahrzehnte in der Arbeiterbewegung gestanden haben, können sich natürlich ganz anders aneinander anschließen, als das bei der Zusammensetzung der Gefangenen geschehen konnte, wie sie im Lager gegeben war und noch ist.

Es war aus der Perspektive des Lagers heraus nicht zu erkennen, nach welchem System (und ob überhaupt nach einem) die Verhaftungen vorgenommen wurden, noch weniger, wonach sich die Dauer der Schutzhaft und die Auswahl der Entlassungen bestimmte. Es ist natürlich möglich, daß sich bei allgemeiner Beobachtung der Vorgänge in ganz Deutschland ein solches System herausfinden läßt, aber im Lager selbst war dies ausgeschlossen, und ich erwähne das ausdrücklich, weil diese Ungewißheit auch im Verhalten der Gefangenen zueinander eine große Rolle gespielt und unser Dasein besonders erschwert hat. Jeder Mensch weiß, daß nichts so quälend ist wie Ungewißheit, und zumal für einen denkenden Menschen nichts so peinigend als die völlige Unmöglichkeit, sich auch nur annähernd ein Bild über den Verlauf des eigenen Schicksals, über die mutmaßliche Dauer der Schutzhaft machen zu können. Schon daß die Schutzhaft ohne jede Befristung, auch ohne solche etwa bis zu einem neuen Haftprüfungstermin verhängt wird, läßt erkennen, daß der politische Schutzhaftgefangene jetzt in Deutschland viel,

viel schlechter daran ist als jeder zu einer bestimmten Freiheitsstrafe verurteilte Verbrecher, weil dieser die Dauer seiner Haft kennt und von ihrem ersten Tage an seine Hoffnung auf den Entlassungstag zu richten vermag. Angesichts der völligen Ungewißheit über die vermutliche Dauer unserer grauenvollen »Schutz«haft im Konzentrationslager war es nur selbstverständlich, daß tagaus, tagein bis zur Selbstermüdung die endlosesten Gespräche über Entlassung, Entlassung, Entlassung geführt wurden. Sooft – und dies geschah bei der außerordentlichen Fluktuation im Lager fast täglich – Gefangene zur Entlassung aufgerufen wurden, begannen jedesmal dieselben Fragen: Wie lange war er im Lager? Was war er draußen? SPD? KPD? Was sonst? Was hatte er draußen für eine Funktion? Läuft noch ein Verfahren gegen ihn oder kommt er ganz frei? Wer hat ihn entlassen? Stammt er aus einer Stadt, war es der Bürgermeister? Der Landrat? Die Geheime Staatspolizei? Ist er ohne sein Zutun entlassen worden? Hat er ein Gesuch gemacht? War er verheiratet, und hat seine Frau sich um seine Entlassung bemüht? Hat er Fürsprecher von nationalsozialistischer Seite gehabt?

Alle diese Fragen wurden gestellt; hatte man aber die Antworten darauf zusammen, so ging es erst richtig los. Dann begannen die trotz ihrer Aussichtslosigkeit immer, immer wiederholten Versuche, ein System der Entlassungen herauszufinden, allgemeingültige (das heißt auf den eigenen Fall anwendbare!) Schlüsse aus den Entlassungen, aus ihren Umständen, aus der vorausgegangenen Haftdauer zu ziehen. Dieses Bemühen mußte vergeblich sein, weil irgendeine andere Quelle als die der uferlosesten Willkür nicht erkennbar war. Im Lager Oranienburg, um nur Beispiele zu geben, saß, lange vor mir eingeliefert, ein junger Kommunist, dem nichts anderes nachgesagt wurde, als daß er auf einem Kirchturm seines Heimatstädtchens eine Sowjetfahne gehißt habe; Anfang Dezember saß er schon acht Monate und hatte wohl noch lange keine Hoffnung, entlassen zu werden. Im Gegensatz dazu sind sehr maßgebende ehemalige politische und parlamentarische Funktionäre der KPD, viel später als dieser Junge eingeliefert, längst entlassen worden, und ebensolche, sagen wir: Merkwürdigkeiten sind bei den aus der früheren SPD stammenden Gefangenen zu verzeichnen. Weiter:

Während bei dem Landrat des einen Kreises Gesuche der Gefangenen und besonders ihrer Frauen etwas zu nützen und offensichtlich die Entlassung zu beschleunigen vermochten, machten Gesuche auf den Landrat eines anderen Kreises gar keinen Eindruck. Während der eine Landrat und der eine Bürgermeister die meisten Gefangenen ohne Unterschied ihrer politischen Vergangenheit fast regelmäßig nach acht Wochen oder einem Vierteljahr entließen, hielten der andere Landrat und der andere Bürgermeister ihre Gefangenen, ebenfalls ohne Unterschied der früheren Parteizugehörigkeit, unabsehbar lange fest. Während der eine Landrat und der eine Bürgermeister ehemalige SPD-Leute rascher wieder entließen und frühere Kommunisten länger festhielten, machten es der andere Landrat und der andere Bürgermeister umgekehrt, sie entließen die Kommunisten nach kürzerer Haftzeit und behielten die Sozialdemokaten dafür länger in Haft. Während der eine Landrat und der eine Bürgermeister diejenigen Gefangenen schlechter behandelten, die an Waffengeschichten und tätlichen Zusammenstößen mit Nazis beteiligt gewesen waren, und die Gefangenen nach geringerer Haftzeit entließen, die sich nur politisch-parlamentarisch, mit Wort und Schrift, betätigt hatten, machten es auch in diesem Punkte der andere Landrat und der andere Bürgermeister umgekehrt: wer mal Zusammenstöße mit Nazis gehabt hatte, wurde früher entlassen; was gewesen war, war gewesen; aber die gefährlichen Kerle, die mit geistiger Überlegenheit gekämpft und den Nazis manche böse Blamage vor der ehemals in Deutschland vorhanden gewesenen öffentlichen Meinung beigebracht hatten, wurden um so länger festgehalten.

Ich habe jetzt in wenige Sätze zusammengedrängt, was der Inhalt unserer Gespräche in Tausenden von immer wiederholten Fällen war. Kann ein gefangener – noch dazu in solch einem Konzentrationslager gefangener! – Mensch sich in seinen Gedanken mit etwas anderem beschäftigen als mit seiner Freilassung, wenn er keine Ahnung hat, wann und wodurch seine Gefangenschaft das ersehnte Ende findet? Es war nur natürlich, daß alle Gefangenen, je nach ihrem Bildungsgrad auf verschiedener Grundlage, sich unaufhörlich mit der Frage ihrer Entlassung beschäftigten, denn die Entlassung bedeutete nicht nur die

Rückkehr ins bürgerliche Leben, zu Frau und Kindern, sondern sie bedeutete angesichts der Behandlung in Oranienburg die Rückkehr zum Menschen schlechthin, sie bedeutete das Ende widerwärtiger Mißhandlungen, das Ende beständiger Lebensgefahr, die Erlösung von einem unaufhörlichen Gehetztsein.

Ein Gefangener in einem Gefängnis hat selbst unter verschlechtertem Strafvollzug einen Rechtsboden unter den Füßen. Die Menschen, die sein Leben regeln, sind Beamte, an Vorschriften von allgemeiner Gültigkeit gebunden. Gegen deren Verletzung steht dem Gefangenen ein Beschwerderecht zu, und er weiß genau, daß ihn nichts an disziplinarer Verschärfung seiner Haft trifft, wenn er sich nichts zuschulden kommen läß. Die Verhaftung eines Menschen war außerdem, solange Deutschland noch ein Rechtsstaat war, an die Voraussetzung gebunden, daß ausreichender Verdacht einer strafbaren Handlung vorliege; es fand Vorführung vor dem Untersuchungsrichter statt, es fanden Haftprüfungstermine statt, es stand dem Gefangenen die Hilfe eines Anwalts zur Seite.

Alles das entbehrt der politische Schutzhaftgefangene völlig. Er ist in jeder Hinsicht, im verwegensten Sinne des Wortes der schrankenlosesten Willkür ausgeliefert. Willkürlich ist, wen die Verhängung der Schutzhaft trifft. Willkürlich ist ihr Beginn und ihr Ende. Willkürlich ist, wohin der Schutzhaftgefangene gebracht wird. Willkürlich ist die ganze Behandlung; keine Gefängnisordnung, keine allgemeingültige Vorschrift zieht dem Verhalten der Konzentrationslager-Gewaltigen irgendwelche noch so weite Grenze – schutzlos ist der »Schutzhaft«gefangene (welche blutige Ironie der Bezeichnung!) jeder moralischen und körperlichen Mißhandlung preisgegeben. Es ist ein Zustand von unheimlicher Rechtlosigkeit, daß ein Mensch, der da hineingerät, jeden Halt, jedes Ziel seiner Gedanken, jede Möglichkeit einer Zukunftsvorstellung verliert – der Zustand allein schon ist Qual. Wieviel mehr Qual ist, was ihm aufgrund dieser Rechtlosigkeit die Willkür dann zufügt!

Die schon durch ihre Aussichtslosigkeit quälenden und ermüdenden Entlassungsgespräche wurden nun noch vergiftet durch den im Lager fortbestehenden Gegensatz zwischen ehemaligen Sozialdemokraten und ehemaligen Kommunisten. Bis auf wenige menschlich sehr anständige Ausnahmen hielten die Kommunisten im allgemeinen hartnäckig an der Meinung fest, ihre Partei würde von den Nationalsozialisten als die dem Faschismus gefährlichere Gegnerin betrachtet, sie würden daher viel länger im Lager festgehalten als die Sozialdemokraten. Obwohl einer solchen Behauptung andersgeartete Tatsachen in offenkundiger Fülle entgegenstanden, blieben die Kommunisten bei ihrem eigensinnigen Verhalten, das selbstverständlich das Entstehen jeder durch das gemeinsame Schicksal so naheliegenden Kameradschaft verhinderte. Als ich am 14. Juni mit 39 anhaltischen Kommunisten, also politischen Gegnern aus meinem Wahlkreis und meinem engeren Arbeitsgebiet, zusammen im Transportwagen saß, hatte ich mir vorgenommen, angesichts der Zerschlagung der deutschen Arbeiterbewegung in ihrer Gesamtheit durch den jeder Art von Arbeiterbewegung feindlichen Faschismus alle früheren Gegensätze schweigen zu lassen, und hatte den festen Vorsatz gefaßt, es zu meinem Teile an nichts fehlen zu lassen, wodurch eine Kameradschaft, die gemeinsames Schicksal gemeinsam zu tragen erleichtert, hätte geschaffen werden können. Ich habe diesen Vorsatz, das werden einmal zahlreiche Zeugen bestätigen können, durch die Tat befolgt, bis jedes Bemühen um kameradschaftliche Beziehungen an dem Verhalten der Kommunisten scheiterte. Für jeden, der sich der deutschen Arbeiterbewegung mit Leib und Seele verschrieben hat, wird es wohl die allerschmerzlichste Erfahrung bleiben, daß sich nicht einmal in einem Konzentrationslager, angesichts gemeinsam erlittener Qualen, allen gemeinsam zugefügt durch den gemeinsamen politischen Gegner, ein Mindestmaß von Kameradschaft herstellen ließ. Von dieser Feststellung darf ich eine Anzahl vernünftig denkender und menschlich empfindender Kommunisten ausnehmen, aber leider eben nur als eine Ausnahme, die eine sehr, sehr böse Regel bestätigt. Einige Beispiele mögen die vergiftende Wirkung dieses Verhältnisses anschaulich machen.

Eines Abends beim Appell trat der Sturmbannführer Krüger vor die Front der Gefangenen und verkündete, daß am nächsten Tag der »vollgefressene sozialdemokratische Bonze Fritz Ebert« eingeliefert werde, dieses marxistische Vieh, der zu den

Novemberverbrechern gehöre, die Deutschland ins Unglück gestürzt haben, na, und diesem Schwein werde es die SA schon besorgen.

Was geschah nach dieser Rede mit der verheißungsvollen Ankündigung am Schluß?

Da ertönten aus den Reihen der kommunistischen Gefangenen laute Bravorufe!

Die betreffenden Kommunisten, selbst die Opfer des vor der Front stehenden Chefsadisten der SA, scheuten sich nicht, dem Mörder ihrer eigenen Parteifreunde Beifall zu zollen, als dieser Nationalsozialst gegen einen Sozialdemokraten vorzugehen versprach!

Ein zweites, gerade die alltägliche Atmosphäre dieser Verhältnisse im Lager kennzeichnendes Beispiel:

Als sich der sozialdemokratische Führer Ernst Heilmann von dem Empfang und den ersten Mißhandlungen im Lager Oranienburg etwas erholt hatte, begann er, mit verschiedenen Gefangenen, Sozialdemokraten wie Kommunisten, Schach zu spielen. Seine außerordentliche Beherrschung des Schachspieles führte eines Abends zur Veranstaltung eines Simultanspiels, bei dem Heilmann gleichzeitig gegen 8 Gegner, und zwar wiederum sowohl Sozialdemokraten wie Kommunisten, spielte. Das Spiel fand auf dem hinteren Hof des Lagers auf langgestreckten Brettern statt, die einen Teil der Hindernisbahn überdeckten, ein Platz, auf dem im Sommer während der knappen Freizeit des Abends hin und wieder Gefangene saßen und spielten oder sich sonst ausruhten. Nachdem dieser Platz aber zu einer solchen Veranstaltung gedient hatte, wurde seine fernere Benutzung von der Lagerleitung schleunigst dadurch unmöglich gemacht, daß über die ganze Bretterfläche Stacheldraht genagelt wurde. Infolgedessen sollte an einem darauffolgenden Sonntag eine neue Simultanschachpartie mit Heilmann im Tagesaufenthaltsraum des Lagers stattfinden, wobei uns daran interessierten Schachspielern schon das Bedenken gekommen war, ob nicht überhaupt die Lagerleitung eine derartige, für viele Gefangene eine willkommene Abwechslung bedeutende Veranstaltung verbieten werde. Sie wurde auch unmöglich gemacht, aber nicht auf Veranlassung der nationalsozialistischen

Lagerleitung, sondern auf Veranlassung eines Kommunisten! Der Tagesaufenthaltsraum im Lager Oranienburg wird von einem Gefangenenkommando in Ordnung gehalten, dessen Zugführer der Kommunist Jeremies aus Zerbst ist. Dieser Kommunist ging, als er von dem beabsichtigten Spiel erfuhr, zum SA-Truppenführer vom Dienst und erinnerte diesen daran, daß doch einmal den Angehörigen der Judenkompanie das Betreten des gemeinsamen Tagesraumes verboten gewesen sei. Der betreffende gerade diensttuende Truppführer hätte von sich aus das Spiel wahrscheinlich nicht verboten, aber nachdem sich der Kommunist auf die einmal ergangene SA-Verfügung gegen die Juden berief, mußte er natürlich Heilmann das Betreten des gemeinsamen Tagesraumes der Gefangenen untersagen.

Ein noch krasserer Fall von bösartiger Gehässigkeit hat einem sozialdemokratischen Gefangenen zu einer besonders schlimmen Mißhandlung verholfen. Ein junger Kommunist namens Hennes denunzierte eines Tages den früheren Brandenburger Oberbürgermeister und sozialdemokratischen Fraktionsführer im Preußischen Landtag Paul Szillat, er habe im Schlafsaal aufreizende Reden geführt. Wer Szillat kannte, wußte im vorhinein, daß er viel zu klug war, um in der im Lager gegebenen Situation eine solche Äußerung zu machen, wie sie ihm von dem Denunzianten in den Mund gelegt worden war. Szillat sollte angesichts der für den darauffolgenden Sonntag wieder einmal verhängten Besuchssperre Gefangenen davon abgeraten haben, ihre Frauen zu benachrichtigen, und sollte sie vielmehr aufgefordert haben, die Frauen ruhig kommen und dann vergeblich vor dem Lager aufmarschieren zu lassen, das wirke am stärksten.

Am gleichen Abend beim Appell wurde Szillat vor die Front gerufen, er wurde von dem Sturmführer Ewe des Versuches der Meuterei bezichtigt und durch SA-Posten abgeführt. Er sollte auf Befehl des Kommandanten in eine Dunkelarrestzelle gebracht werden, was später auch geschah; vorher aber führten ihn die SA-Posten in einen abgelegenen Raum in der Nähe der damals neu eingerichteten Waffenmeisterei, wo er von 6 vertierten SA-Leuten so geschlagen wurde, daß er noch acht Tage danach große blutunterlaufene Stellen am Oberkörper und im Gesicht hatte. Als wir ihn am nächsten Tage während der Mittagspause, die die Arrestanten für kurze Zeit an einem gemeinsamen Tisch verbrachten, sitzen sahen, zeigte sein Gesicht die schlimmen Spuren der Mißhandlungen, und sein rechter Arm hing kraftlos herab. Neun volle Tage brachte Szillat nach dieser Mißhandlung in der Dunkelarrestzelle zu – alles für die Denunziation eines Kommunisten.

VI. Wie Ebert, Heilmann und die Leiter des Rundfunks eingeliefert wurden

Empfang im Lager – Entkleidung vor der SA – In Lumpen gehüllt, die Köpfe geschoren – Wie der Berliner Abgeordnete Künstler behandelt wurde – Die Mißhandlungen Heilmanns.

Die nationalsozialistische Presse hat mit illustrierten Berichten auf ihre Weise die eines Abends erfolgte Einlieferung der sozialdemokratischen Führer Ebert und Heilmann und der vier führenden Funktionäre des Rundfunks Intendant Flesch, Alfred Braun, Dr. Magnus und Direktor Giesecke geschildert. Da mir diese Berichte im »Völkischen Beobachter« zu Gesicht gekommen sind, da aber gewiß auf der anderen Seite auch übertriebene Darstellungen dessen, was sich an diesem Abend ereignet hat, im Umlauf sein werden, ist es notwendig, eine wahrheitsgemäße Darstellung zu geben.

Die sechs Männer wurden gemeinsam eingeliefert und kurz danach gezwungen, vor der sie umdrängenden SA sich ihrer Kleider zu entledigen. Die ihnen gehörenden Anzüge wurden kommunistischen Gefangenen geschenkt, von denen sich einige, von dieser Szene angeekelt, abwandten, während andere den Nationalsozialisten entgegenkamen und die Anzüge mit Begeisterung entgegennahmen. Dann ließ man den sechs Männern den Kopf kahl scheren, wobei man Ebert einen Kranz von Haaren stehenließ, um ihn besonders lächerlich erscheinen zu lassen, und zog ihnen Lumpen an, die sie erst nach mehreren Tagen wieder mit eigener Kleidung vertauschen durften. Weiter ist den sechs Männern am selben Tage körperlich nichts geschehen. Um so schlimmer war die moralische Mißhandlung, der man sie unterzog. Bei dem Appell auf dem hinteren Hof des Lagers wurde ein weites Rechteck aus der Front der Gefangenenkompanien gebildet, die sechs Männer mußten dieser Gefangenenfront gegenübertreten, und dann hielt der Führer der SA-Standarte 208 Schulze-Wechsungen eine Rede, in der es von unflätigen Beschimpfungen und schmutzigsten Verleumdungen der vor ihm stehenden wehrlosen Gefangenen nur so wimmelte. Der Standartenführer forderte die ihn umdrängende SA und die Gefangenen auf, sich »dieses rothaarige fette Judenschwein Heilmann« genau anzusehen; von Alfred Braun sagte er, der habe jahrelang wie toll gefressen und gesoffen und sich eine Riesenvilla erschoben, die anderen drei Rundfunkleute seien alle korrupte Verbrecher, die sich einer wie der andere aus den Mitteln der Rundfunkhörer ein Vermögen erschlichen hätten, sie hätten sich einander die Gelder zugeschoben. In diesem Stile ging es eine Viertelstunde lang – es war eine widerwärtige Szene. Widerwärtig wegen der Unflätigkeit der gebrauchten Ausdrücke, widerwärtig durch die unverkennbare Spekulation auf die niedrigsten Instinkte sowohl der zuhörenden SA-Leute als auch der in der Front der Gefangenen enthaltenen Kommunisten.

Die moralischen Erniedrigungen wurden sowohl bei Ebert und Heilmann als auch bei den vier Rundfunkleuten die ersten Tage in verschärfter, später in abgeschwächter Form fortgesetzt. Kam nationalsozialistischer Besuch ins Lager, so wurden die sechs vorgeführt: »Seht euch diese marxistischen Verbrecher, Schieber, Halunken, Lumpen, diese vollgefressenen Schweine an« – solche Ausdrücke flogen dann den Gefangenen um den Kopf, wenn sie wie wilde Tiere den Besuchern gezeigt wurden. Außerdem wurden sie natürlich tagsüber im Lager herumgejagt und zu allen möglichen Extraarbeiten herangezogen. Bei Heilmann kam hinzu, daß er als Angehöriger der Judenkompanie darüber hinaus des öfteren aufs neue mißhandelt wurde. Man zwang ihn nicht nur wochenlang, die von Hunderten von Gefangenen benutzten Abortanlagen sauberzuhalten, sondern holte ihn auch nachts mitten aus dem Schlaf, um ihn, einmal sogar bei strömendem Regen, auf dem Hof herumzujagen. Als ich ihm am Morgen nach dieser zuletzt erwähnten Nacht begegnete, waren an seinem Schlafanzug noch die Spuren zu sehen, die von der nächtlichen Mißhandlung zeugten.

Am Tage nach der Einlieferung von Ebert, Heilmann und den vier Rundfunkleuten kam der Berliner Abgeordnete Franz Künstler im Lager an. Auch ihm wurde sein Haar zum Teil kurz geschoren, in das Haar auf der oberen Kopffläche wurden ihm drei Pfeile hineinrasiert, und außerdem wurde ihm sein Schnurrbart zur Hälfte abrasiert. Künstler hatte das Lager zuerst ziemlich unbemerkt betreten, seine Einlieferung war jedenfalls keinem der maßgebenden SA-Führer aufgefallen, und er befand sich bereits auf dem hinteren Hofe des Lagers, als ich ihn mit einem anderen Abgeordnetenkollegen zusammen beiseite nahm. In diesem Augenblick machten Kommunisten die umhergehenden SA-Leute mit den üblichen Beschimpfungen erst auf Künstler aufmerksam, da sich diese Kommunisten das Schauspiel, einen SPD-Führer durch die SA entsprechend behandelt zu sehen, nicht entgehen lassen wollten.

VII. Wir Abgeordneten säubern Oranienburg

Mit Bürsten und Leitern, mit Wasser und Salzsäure drei Tage in der Stadt unterwegs – 12 Abgeordnete kratzen die Reste früherer Wahlplakate ab – Wie sich die Bevölkerung bei dem Schauspiel verhielt – Eine Kaffee-Einladung – Ein Schlag ins Wasser.

Zwischen all den entsetzlichen, den ebenso schmerzlichen wie widerwärtigen Erfahrungen, die man in sechs Monaten Oranienburg sammeln muß, kann aber auch einmal über einen erfreulichen Vorgang berichtet werden. Die Lagerleitung hatte sich ausgedacht, daß es sicher in Oranienburg ein großes Aufsehen hervorrufen werde, wenn man die »Prominenzen« unter den Lagerinsassen durch die Stadt führen und zwingen werde, alle noch an den Mauern, Telegrafenmasten und Bäumen befindlichen Spuren früherer Wahlkämpfe zu beseitigen. Also rief eines

Abends der Sturmf. Ewe beim Appell höhnisch »die Herren Abgeordneten« vor die Front, und es wurden drei Kolonnen zu je vier Mann gebildet, die am anderen Tag mit der Säuberung der Stadt beginnen sollten. Die ersten beiden Kolonnen bestanden aus Sozialdemokraten; den Reichstagsabgeordneten Ebert, Heilmann, Künstler und mir, den preußischen Landtagsabgeordneten Bauer und Drügemüller, dem Provinziallandtagsabgeordneten Schwarz und dem Kreistagsabgeordneten Genz; die dritte Kolonne bestand aus dem ehemaligen kommunistischen Reichstagsabgeordneten Hörnicke-Zerbst, zwei anhaltischen KPD-Landtagsabgeordneten, Kettig und Kmiec, und einem KPD-Stadtverordneten von Oranienburg, Schulze.

Am Morgen vor unserem ersten Ausmarsch wurden wir mit Leitern, Schrubbern, Eimern, Lappen, Drahtbürsten und mit Salzsäure ausgerüstet, und die drei Kolonnen zogen, jede von bewaffneten SA-Posten begleitet, los. Tags zuvor hatte man in der Lokalzeitung, dem »Oranienburger Generalanzeiger«, angekündigt, daß unsere Säuberungsaktion um 9 Uhr vormittags mit der Aufstellung vor dem Rathaus beginnen werde.

Punkt 9 Uhr marschierten wir drei Kolonnen denn auch vor dem Rathaus auf – aber siehe da, aus der so schön geplanten Sensation wurde nichts; es war kein Volk da! Nicht ein einziger Mensch hatte sich am Rathaus eingefunden, um dem Beginn der von den Nazis so vorsorglich angekündigten Aktion beizuwohnen, nicht ein einziger Neugieriger stand da, um uns anzustarren und damit die von den Veranstaltern erhoffte Wirkung herbeizuführen. Und so ging es auch während unseres Umherziehens in der Stadt, während unseres Kratzens und Bürstens und Waschens an Mauern und Zäunen und Pflastersteinen; nirgendwo blieb jemand stehen, nirgendwo zeigte sich auch nur ein spöttisches Lächeln oder gar ein böser Blick. Im Gegenteil: wo wir in Häuser gingen, um frisches Wasser zu holen, kam man uns mit der größten Hilfsbereitschaft entgegen: die eine der drei Kolonnen wurde am hellichten Tage von der Straße weg in einen Garten zu Kaffee und Kuchen eingeladen, und mir ist es passiert, daß eine muntere Frau, bei der ich Wasser holte, die nationalsozialistischen Veranstalter mit ihrem Berliner Witz verspottete:

»Euch haben sie wohl losgeschickt, die Blätter an den Bäumen abzuwaschen?«

Nachdem so der erhoffte Erfolg dieser Aktion völlig ausblieb, machte die Sache der Leitung des Oranienburger Lagers keinen Spaß mehr; ihr kam es ja doch in Wirklichkeit nicht auf die Säuberung der Stadt an (die außerdem tatsächlich zum größten Teil längst erfolgt war!), sondern darauf, uns ehemaligen Abgeordneten in der Öffentlichkeit eine neue Demütigung zuzufügen. Als die Nazis sahen, daß sie die Rechnung ohne den Wirt, das heißt ohne die Bevölkerung der Stadt gemacht hatten, wurden am zweiten Tage nur noch zwei Kolonnen losgeschickt und am dritten Tage nur noch eine – dann war Schluß.

Die Haltung der Oranienburger Bevölkerung aber ist über jedes Lob erhaben. Abseits aller Politik denke man sich nur einmal aus, was es zahllosen einfach Neugierigen in einer so kleinen Stadt für eine Sensation hätte sein müssen: der Sohn des ersten deutschen Reichspräsidenten und ein langjähriger einflußreicher Preußenführer der SPD ziehen mit Leitern, Eimern und Bürsten in den Straßen der Stadt umher und kratzen Plakate ab – welch ein Schauspiel! Dazu nun noch das politische Moment: das beständig drohende Konzentrationslager mitten in der Stadt, in das ja auch im Laufe der Zeit genügend Oranienburger Einwohner gewandert sind, der Druck, unter dem die Bevölkerung in Deutschland allgemein, die des Sitzes eines solchen Konzentrationslagers aber im besonderen steht – und trotz alledem das betonte Fernbleiben von einer solchen Veranstaltung, drei Tage lang das stillschweigende, unerhört taktvolle Vorbeigehen von Menschen an allen Stellen der Stadt, an denen wir auftauchten: das war, inmitten des Grauens von Oranienburg, ein wohltuendes Erlebnis!

VIII. Die Mißwirtschaft bei der Lagerverwaltung

Fingerabdrücke und Erkennungsaufnahmen – Eine Kriegsbeschädigung als Steckbrief-Rubrik – Wie die Briefpost der Gefangenen behandelt wurde – Beschimpfungen in Briefe von Ehefrauen hineingeschrieben – Der Kampf um einen »Völkischen Beobachter« – Das Lagergeld: Massendiebstahl der Verwaltung – Offene Korruption.

Das ganze Entstehen des Oranienburger Lagers hat gezeigt, daß die Nationalsozialisten nicht einmal rein verwaltungsmäßig in der Lage sind, irgend etwas einzurichten – oder aber es gar nicht wollten, daß alles rasch in eine gewisse Ordnung käme. Ebenso wie bei der Unterbringung der Gefangenen sind auch in der Verwaltung, die von SA-Leuten der Standarte 208 geführt wurde, alle erforderlichen Maßnahmen nicht schon bei der Errichtung des Lagers getroffen worden, sondern erst im Laufe der Zeit. Weder der Lagerkommandant noch sein Adjutant, noch irgendein in der Verwaltung maßgebender SA-Mann haben sich offenbar auch nur die geringsten Vorstellungen darüber gemacht, was alles vorzubereiten sei, um die mit Unterbringung, Verpflegung und sonstigen Aufgaben verbundene Gefangenhaltung von Hunderten von Menschen zu bewältigen. Die Art, wie sich die Verwaltung des Lagers immer erst hinterher mit aufgetretenen Schwierigkeiten auseinandersetzte, zeugte von genau derselben Gewissenlosigkeit, wie sie auch sonst in der Behandlung der Gefangenen bei jeder Gelegenheit und in jeder Sache zu spüren war.

Die erste Begegnung mit der Verwaltung des Lagers hatte jeder Gefangene bei der Einlieferung, wenn er die am Tor eingerichtete SA-Wache mit oder ohne die ersten Prügel passiert hatte. Von jedem neu eingelieferten Gefangenen wurden ohne Unterschied dieselben fotografischen Aufnahmen gemacht, wie sie sonst bei den Polizeiverwaltungen im Erkennungsdienst von den Verbrechern gemacht werden, und ebenso wurden von jedem Schutzhaftgefangenen (also von politischen Gefangenen, nicht von Räubern und Mördern!) Fingerabdrücke genommen. Wenn ein Mann sein ganzes Leben in moralischer Hinsicht einwandfrei verbracht hat, empfindet er es begreiflicherweise als eine Erniedrigung, sich von den Schergen Hitlers wie ein Verbrecher Fingerabdrücke abnehmen zu lassen.

Während meines Aufenthaltes im Lager Oranienburg las ich eines Tages im »Völkischen Beobachter« einen Bericht über eine nationalsozialistische Kriegsbeschädigtenversammlung, die unter dem auf einem großen Transparent stehenden Motto abgehalten wurde: »Die Kriegsopfer sind die Ehrenbürger des Staates!« Ich bin auch kriegsbeschädigt, aber meine demnach vorhandene Ehrenbürgerschaft im Staate Hitlers äußerte sich sehr merkwürdig. Der Mann, der meine Fingerabdrücke abnahm und mit den Personalien auch die besonderen Kennzeichen aufschrieb, maß die Narbe meiner Kriegswunde am rechten Knie nach Länge und Breite und trug das in sein Register ein. Diese kleine Episode kennzeichnet auf eine besondere Weise den Wandel der Dinge in Deutschland: in der eigenen Heimat, die man mit seinem Körper und seiner Gesundheit im Krieg verteidigt hat, wird die ehrenvolle Narbe der Kriegsverletzung zur Rubrik eines Steckbriefes.

Als die Belegschaft des Lagers im Laufe der Sommermonate stark zunahm, sah sich die Verwaltung genötigt, eine eigene Postabteilung einzurichten, die ja auch deshalb erforderlich war, weil alle an die Gefangenen gerichteten Briefe und sonstigen Sendungen und alle Briefe und Pakete der Gefangenen an ihre Angehörigen genau kontrolliert wurden. Es versteht sich bei der Wesensart der Nationalsozialisten ganz von selbst, daß die Abfertigung der Post und die Kontrolle zu zahllosen Schikanen benutzt wurde. Obwohl bei unserer Einlieferung der Sturmbannführer Krüger versicherte, die (in der Anfangszeit des Lagers noch von ihm selber ausgeübte) Briefkontrolle würde weitherzig gehandhabt, spürten wir bald das Gegenteil. Es ist nur natürlich, daß keinerlei politische, etwa gar gegen die Regierung oder den Nationalsozialismus gerichteten Bemerkungen in den Briefen enthalten sein durften, ebenso durfte selbstverständlich kein Wort der Wahrheit über die Erschlagung und Mißhandlung der Gefangenen durch Briefe aus dem Lager herausdringen. Schon Bemerkungen privater Art, die sich ohne jede Hervorhebung konkreter Tatsachen auf das persönliche Empfinden bezogen, gingen manchem Kontrollierenden zu weit. Zahlreiche Briefe wanderten einfach, ohne daß die Gefangenen etwas davon erfuhren, daß ihr Brief angehalten worden sei, in den Papierkorb, zuweilen machten aber besonders geschmacklose Gesellen handschriftliche Bemerkungen in die Briefe der Angehörigen hinein. Dafür ein Beispiel: Die Leitung des Lagers hat mehr als einmal aus Anlaß von Vorgängen, die sich draußen abspielten und die den Nationalsozialisten unangenehm waren, verfügt, daß die Gefangenen in dem darauffolgenden Brief an ihre Angehörigen eine vom Lagerkommandanten vorgeschriebene Formulierung vorwegsetzen mußten. So wurden wir also gezwungen, in Briefen an unsere Angehörigen geradezu unsere eigenen früheren Parteifreunde zu beschimpfen, ein Beginnen, das ohne jeden Zweifel draußen genau die entgegengesetzte Wirkung als beabsichtigt erzielte. Bei einer solchen Gelegenheit hatte ich meiner Frau schreiben müssen, sie solle doch auf die Kommunisten einwirken, daß diese endlich ihre illegale Hetzerei einstellten. Darauf antwortete mir meine Frau, als Frau eines ehemaligen sozialdemokratischen Abgeordneten habe sie bemerkenswert wenig Einfluß auf die anhaltischen Kommunisten und sie begriffe nicht ganz, warum wir Sozialdemokraten unter Dingen leiden sollten, die die Kommunisten angeblich begangen hätten. Diese Stelle des Briefes meiner Frau war von dem Kontrolleur rot angestrichen und außerdem daran mit einer Stecknadel ein Zettel befestigt, auf dem stand: »Weil bei euch SPD dieselben Schweinehunde sind!«

Da im Oranienburger Lager andere als nationalsozialistische Zeitungen nicht gelesen werden durften (selbst die Blätter des deutschnationalen Hugenbergverlages waren verpönt), war von Freunden für mich der »Völkische Beobachter« abonniert worden. Man sollte nun meinen, daß in einem Konzentrationslager, das doch angeblich nach den Erklärungen Dr. Fricks, Görings und anderer Reichsminister die Aufgabe der Erziehung von »marxistischen Untermenschen« zu Bürgern des nationalsozialistischen Staates erfüllen soll, überhaupt kein Mangel an nationalsozialistischer Literatur bestehen sollte. Das Gegenteil ist der Fall. In den ersten Monaten bekamen die Gefangenen von der Verwaltung des Lagers auch nicht eine einzige nationalsozialistische Zeitung zu Gesicht. Später wurde es eingeführt, daß jede Gefangenenkompanie (durchschnittliche Stärke 120–140 Mann) je zwei Exemplare einer obskuren nationalsozialistischen Lokalzeitung, des »Märkischen Tagesblatts«, bekam. Das Zentralorgan der NSDAP, der »Völkische Beobachter«, wurde aber anscheinend nicht einmal bei der nationalsozialistischen Lagerleitung selbst gelesen. In den vier Monaten, in denen ich im Lager den »Völkischen Beobachter« abonniert hatte, habe ich noch nicht die Hälfte der für mich täglich eingehenden Nummern in die Hand bekommen, sie blieben einfach bei der Verwaltung hängen. Unzählige Male bin ich auf der Postabteilung gewesen und habe doch schließlich um nichts anderes gebeten als um die Aushändigung meines Eigentums, und wie oft habe ich zu hören bekommen: »Später, später, jetzt liest Ihre Zeitung der Sturmbannführer sowieso!« Diese Erfahrung ist nicht nur für die Schlamperei in der Lagerverwaltung, für die Gleichgültigkeit gegenüber dem Eigentum eines Gefangenen kennzeichnend, sondern sie zeigt auch, wie wenig Interesse die Funktionäre der NSDAP im Lager an ihrer eigenen Bewegung hatten. Ein einziges Exemplar des Zentralorgans ihrer Partei, das noch dazu ein Gefangener für sich abonniert hatte, ging bei den SA-Führern von Hand zu Hand!

Ein tolles Kapitel auf dem Gebiete der Lagerverwaltung ist das des Lagergeldes. In der ersten Zeit unseres Aufenthaltes in Oranienburg gab es für die, die noch Geld hatten, eine beschränkte Möglichkeit, sich zusätzliche Lebensmittel durch Einkäufe aus der Stadt holen zu lassen. Die Besorgungen wurden von einem Gefangenen und einem SA-Posten ausgeführt. Dann kam aber die Lagerverwaltung auf die Idee, aus der Zwangslage der Gefangenen, die miserable Verpflegung nach Möglichkeit zu ergänzen, Kapital zu schlagen und eine Kantine einzurichten. Der Zahlungsverkehr der Gefangenen mit der Kantine findet durch Lagergeld statt, das Anfang Juli eingeführt wurde. Die Entwürfe dazu mußte ein Gefangener, ein Graphiker aus Rathenow, machen, und es wurde bei der Reichsdruckerei gedruckt. Damit sollte zugleich vermieden werden, daß die Gefangenen bares Geld in der Hand hätten, was ja bei einem Fluchtversuch eine wichtige Rolle hätte spielen können; es wurden denn auch alle an die Gefangenen von ihren Angehörigen eingehenden Geldbeträge vom Lager in bar entgegengenommen und nur in Lagergeld an die Gefangenen ausgezahlt. Das Tolle an diesem Kapitel ist aber nicht die Einrichtung des Lagergeldes an sich, sondern der Umstand, daß sich das Lager die Kosten dieser Einrichtung von den Gefangenen bezahlen ließ! Als die Verfügung über die Einführung des Lagergeldes getroffen und damit bestimmt wurde, daß alle Gefangenen das noch in ihren Händen befindliche Bargeld abzuliefern hätten, wurden von sämtlichem Geldbesitz der Gefangenen ohne Unterschied des Betrages je 30 Prozent für das Lager einbehalten, also auf deutsch gestohlen. In der gleichen Zeit wurden die gleichen 30 Prozent von allen für die Gefangenen eingehenden Postanweisungen einbehalten, den in dieser Zeit eingelieferten Gefangenen wurden von dem Gelde, das sie bei sich hatten, ebenfalls 30 Prozent einbehalten. Und dieser Massendiebstahl wurde so lange fortgesetzt, bis die Kosten für den Druck des Lagergeldes gedeckt waren. Hat man die Nationalsozialisten so gründlich aus dieser Nähe kennengelernt, wie das ein Aufenthalt in einem Konzentrationslager von selbst ergibt, so wird man sich über einen solchen Vorgang nicht wundern; wer zu jedem Verbrechen, zu Mord und jeder Art von Körperverletzung jeden Tag und jedem Menschen gegenüber bereit und fähig ist, sollte der davor zurückscheuen, sich an dem Eigentum politischer Gefangener zu vergreifen?

Die Nationalsozialisten behaupten von sich, daß ihre Bewegung nicht zuletzt dazu da sei, die im Deutschland der Nachkriegszeit angeblich besonders schlimme Korruption zu überwinden. Unter Korruption versteht man gemeinhin Bestechlichkeit; bei beamteten Personen also den Mißbrauch ihres Amtes zu persönlicher Bereicherung. Diese Korruption aber, so darf man nach den Beobachtungen im Lager Oranienburg feststellen, haben die Nationalsozialisten dort nicht nur nicht abgeschafft, sondern zu einer neuen Blüte entwickelt.

Daß in Gelddingen im Staate Oranienburg manches faul war, bekamen diejenigen unter uns Gefangenen sehr rasch zu spüren, deren Arbeit sie zu Einkäufen in die Stadt Oranienburg führte. Da ich die ersten vier Wochen im Lager als Maler beschäftigt wurde und in dieser Eigenschaft hin und wieder Gelegenheit hatte, zu Einkäufen von Materialien in die Stadt zu verschiedenen Geschäftsleuten zu kommen, konnte ich bald recht interessante Beobachtungen machen. Da diese Beobachtungen in die Monate Juni/Juli fielen, war es unzweifelhaft eine Zeit, in der die Geschäftsleute noch mit den geschwellten Segeln der Hoffnung im braunen Meer des Nationalismus umherfuhren. Wenn man da in solche Geschäfte kam und, immer in Begleitung eines SA-Postens, einkaufte, waren die Leute so lange freundlich, solange sie erwarten konnten, Bargeld zu erhalten. Sobald man aber heraushatte, daß wir im Auftrag des Lagers kamen und »à conto« einkauften, wurden die Mienen gleich kühler, und es kam oft genug sehr gedehnt aus dem Munde manches Geschäftsmannes: »Ach soo, Sie kaufen fürs Lager …« Nicht einmal vor den SA-Leuten scheuten sich die Ladeninhaber, deutlich erkennen zu lassen, daß es mit dem Begleichen der aufgelaufenen Rechnungen durch die Verwaltung des Lagers nicht zum besten stand; so hat z. B. ein Oranienburger Geschäft für Leder und andere Schuhmachermaterialien, in dem für die Lager-Schuhmacherwerkstatt eingekauft wurde, lebhaft darüber geklagt, trotz häufiger umfangreicher Einkäufe lange Zeit nicht einen roten Pfennig gesehen zu haben. Es war eben in jeder Hinsicht im Konzentrationslager Oranienburg eine Mißwirtschaft.

Zur offenkundigen Korruption aber, d. h. zum Amtsmißbrauch zur persönlichen Bereicherung maßgebender SA-Führer des Lagers, wuchs sich die Lagerwirtschaft aus, als die Handwerkerstuben im Lager in vollem Betrieb waren, besonders die Elektrizitätswerkstatt und dieTischlerei. Die darin beschäftigten Gefangenen sind besonders tüchtige Facharbeiter ihrer Berufe, wie es ja von jeher nicht die schlechtesten Arbeiter waren, die sich in die vorderste Reihe im Kampf um die Freiheit und die Rechte der schaffenden Bevölkerung stellten. Ihrer politischen Tätigkeit wegen hatten die Nationalsozialisten sie nun eingesperrt; aber ihre berufliche, handwerkliche Tüchtigkeit verstanden sie sehr zu schätzen und für sich auszunutzen. Die SA-Führer des Lagers, der Sturmbannführer Krüger und die Sturmführer Daniels und Ewe, ließen sich alles Denkbare im Lager arbeiten; nicht etwa nur, was ja naheliegend war, die Einrichtung ihrer Dienstzimmer im Verwaltungsgebäude des Lagers, sondern auch Einrichtungen privater Art. Wenn irgendwo die Hitlersche Verfügung gegen die Schwarzarbeit gründlich umgangen worden ist, dann geschah das in den Handwerkerräumen des Lagers Oranienburg durch die Gefangenen auf Befehl der SA-Führer des Lagers. Man glaube auch nicht, daß etwa die Not den oder jenen SA-Führer dazu getrieben hätte, sich durch diesen Mißbrauch seines Amtes, also durch Korruption zu bereichern. Als z. B. vor einiger Zeit der SA-Sturmführer Ewe heiratete, kam er gewiß in die Lage, Oranienburger Handwerker in Nahrung zu setzen und die entstehenden Aufträge an sie zu geben, denn er heiratete die Tochter der Wirtin eines gutgehenden Berliner Weinrestaurants. Aber der SA-Sturmführer dachte gar nicht daran, die ergreifenden Aufrufe seines Führers »Schafft Arbeit«, »Schließt Ehen, damit das notleidende Handwerk Arbeit findet!« u.a.m. zu befolgen. Wozu war der SA-Sturmführer der Leiter der Gefangenenabteilung eines Konzentrationslagers? Warum sollte ihm dieses Amt nicht auch einige persönliche Vorteile bringen – Korruption heißt so etwas doch nur, wenn es die anderen tun? Also waren die Gefangenenhandwerker emsig mit der Einrichtung der Wohnung des SA-Sturmführers Ewe beschäftigt, und wenn auch diese Schwarzarbeit den Oranienburger Handwerkern ihnen zukommende Aufträge entzog, so sparte doch der SA-Sturmführer Ewe Geld, und ebenso handelte der SA-Sturmführer Adjutant Daniels, der sich ganze Zimmereinrichtungen in der Lagertischlerei von den Gefangenen bauen ließ.

Im Vergleich zu dem, was sonst im Oranienburger Lager geschah, sind die zuletzt erwähnten Vorgänge gewiß von untergeordneter Bedeutung. Aber wenn man sich in der nationalsozialistischen Presse anschaut, welch ein Aufhebens vom Hitlerschen Kampfe gegen die Arbeitslosigkeit gemacht wird, welch ein Geschrei über die angebliche Korruption des »Systems« veranstaltet wurde, und nun damit das geschilderte Verhalten von SA-Führern im Lager Oranienburg vergleicht, dann sind diese Dinge doch recht aufschlußreich. Sie zeigen, daß sich der moralische Tiefstand der vorgeblichen »Erneuerer Deutschlands« nicht nur in sadistischen Ausschreitungen offenbart, sondern auch auf anderen Gebieten.

IX. Die SA im Lager

Wo kommen die SA-Leute her? – Wie sind sie politisch einzuschätzen? – Henkersknechte, Folterknechte, Landsknechte – Weil ich Fritz Ebert die Hand gab – Treibjagd auf dem Hofe – Massenverprügelung im Tagesraum und im Hofgang – Schläge in der Wache – Neuer Gefangenentransport muß zehn Stunden stehen – Ohrfeigen auf Außenkommando.

Die SA-Wache des Lagers bestand durchschnittlich aus 80–100 Mann, unter denen hin und wieder ein Wechsel einer Anzahl von Posten stattfand. Der größte Teil der SA-Leute stammte aus der näheren Umgebung Berlins, ein geringerer Teil kam aus anderen Gegenden des Reiches, es gab Rheinländer, Sachsen, Thüringer, Schlesier darunter. Der sozialen Herkunft nach waren nur ganz wenige SA-Leute gebildeten Standes. Die meisten SA-Leute waren Bauernjungen und Kinder von Arbeitern, die oft genug im politischen Gegensatz zu ihren Eltern standen. Die wenigsten hatten etwas gelernt oder schon einen Beruf ausgeübt; verheiratete Leute waren sehr selten dabei, am häufigsten waren die SA-Leute eben Angehörige jener bedauernswerten Generation von Nachkriegsjugend, die fast nichts anderes als die Arbeitslosigkeit kennengelernt hat und in völliger Unkenntnis wirtschaftlicher und politischer Zusammenhänge dem Nazischwindel von dem alles verschuldenden »System« aufgesessen ist.

Es wäre völlig verfehlt, bei dem durchschnittlichen SA-Mann irgendeine noch so bescheidene politische Meinung zu vermuten. Soweit die SA-Leute im Lager, besonders als Posten bei den Außenkommandos, sich in Gespräche mit den Gefangenen einließen, ergab sich bis auf geradezu verschwindende Ausnahmen immer und immer wieder, daß die Zugehörigkeit zur SA in erster Linie eine Art Versorgung darstellte. Romantik hatte die Jungs vielfach zuerst in die nationalsozialistische Bewegung hineingeführt; von der Romantik nächtlicher Unternehmungen, der Romantik eines Räuber- und- Soldaten-Spiels mit politischen Gegnern, der Romantik des Versteckspiels mit der Polizei bis zu der allerdings schon bösartigen Romantik der Versammlungssprengungen; allmählich entwickelte sich aus der SA die bezahlte Prätorianergarde Hitlers, und die Romantiker rückten in besoldete Formationen ein, deren Führung und Aufbau dem militärischen Bedürfnis vieler junger Menschen entgegenkam.

Der Mangel an politischem Interesse – von politischen Kenntnissen ganz zu schweigen! – bei der SA ist von wahrhaft verblüffendem Ausmaß. Als die Reichstagswahlen und die Volksabstimmung vom 12. November bevorstanden, gab es hie und da einmal ein kurzes Gespräch über den voraussichtlichen Wahlausgang; aber abgesehen davon, daß sich auch das auf wenige Fälle beschränkte, wurde der Wahlausgang nicht anders erörtert wie etwa die Aussichten Schmelings in einem Boxkampf oder die einer Fußballmannschaft bei einem Länderspiel. Als dieWahlen vorüber waren, sprach die SA des Lagers überhaupt nicht mehr davon; von irgendeiner gehobenen Stimmung, die bei einem innerlich begeisterten, beteiligten Parteigänger angesichts des Hitlertriumphes doch sehr verständlich gewesen wäre, war auch nicht im mindesten die Rede. Die Unterhaltungen der SA-Leute untereinander drehten sich nur um ihren Sold, die davon gemachten Abzüge, ihre Schulden, ihre Saufgelage, ihren Geschlechtsverkehr. Es ist wahrhaftig nicht nur keine Übertreibung, sondern der einzig treffende Ausdruck, wenn man das Dasein des durchschnittlichen SA-Mannes im mittelalterlichen Sinne des Wortes ein Landsknechtsleben nennt. Der Oranienburger Sturmbannführer Krüger ließ sich eines Tages an die Wand seines Zimmers den sinnigen Spruch malen: »Laßt die Soldaten trinken, spielen, küssen – wer weiß, wie bald sie sterben müssen!« Dieser Wandspruch kennzeichnet die Welt des SA-Mannes einigermaßen erschöpfend.

Ich habe in den sechs Monaten Oranienburg eine große Anzahl SA-Leute persönlich kennengelernt und viele, viele Unterhaltungen mit ihnen gehabt. Ich bin nicht einem, nicht einem einzigen jungen Menschen in der SA begegnet, der auch nur eine Stunde seines an freier Zeit reichen SA-Daseins benutzt hätte, um zu Büchern zu greifen und aus eigenem Antrieb etwas zu lernen. Wenn man aus eigener Jugenderfahrung weiß, welch eine Summe von Willenskraft und Fleiß ganze Generationen sozialistischer Arbeiterjugend aufgebracht haben, um in harter Arbeit an sich selbst die Volksschulbildung zu ergänzen, sich weit über ihren Stand hinaus emporzuarbeiten, meist nach langer Arbeitszeit in Werkstätten und Fabriken, und vergleicht das mit der Jugend in der SA – um Himmels willen, welch ein Abstand! Wie viele SA-Leute haben überhaupt erst durch die Berührung mit uns politischen Gefangenen einen blassen Schimmer davon bekommen, daß es außer Gewehr 98, Armeerevolver 08, Gummiknüppel, Skatkarten, Bier und Geschlechtsverkehr noch andere Welten gibt.

Kein Wunder, daß sich in einer solchen SA-Jugend genug Kreaturen finden, bereit, die Rolle des Henkers und des Folterknechtes zu spielen. Es wäre indessen ungerecht, etwa ausnahmslos alle SA-Leute so anzusehen. In der Lagerwache in Oranienburg gab es einige anständige SA-Männer, es gab welche, die den Gefangenen gegenüber offen von den Verbrechen ihrer Kameraden abrückten und auch diese Gesinnung durch die Tat, durch ihr eigenes Verhalten gegenüber Gefangenen, bewiesen. Es gab SA-Leute, die gutmütig, es gab solche, die darüber hinaus vornehm waren und handelten, denen mancher Gefangene hie und da eine Erleichterung und mal eine erträglichere Stunde verdankte – und diese SA-Leute können gewiß sein, daß gerade inmitten der scheußlichen Oranienburger Barbarei jeder dieser solche wohltuenden Beweise von Menschlichkeit in den Herzen der Gefangenen gut aufbewahrt wird. Aber weil ich alles so gerecht als nur möglich betrachten, weil ich so objektiv wie nur denkbar dem politischen Gegner gegenübertreten will, indem ich nicht dem miserablen, verächtlichen Beispiel des nationalsozialistischen Verhaltens uns gegenüber folge, darf und muß ich feststellen: Die Wahrheit ist, daß diese SA-Leute eine Ausnahme bilden, eine erfreuliche, eine hervorzuhebende Ausnahme – aber eben, leider, eine Ausnahme. Die Roheit ist in der SA ungemein viel weiter verbreitet als die Menschlichkeit; die Taktlosigkeit sehr, sehr viel häufiger als selbst bescheidenste Rücksichtnahme; die Brutalität, die Neigung zum Verbrechen der Gefangenenmißhandlung sehr, sehr viel stärker als beamtenmäßige Korrektheit des Verhaltens. Schließlich ist dieser Umstand bei so vielen SA-Leuten ja nicht nur die Folge ihrer eigenen Veranlagung, sondern – was noch viel schlimmer ist – er ist das Erzeugnis einer planmäßigen »Erziehung« zur Körperverletzung, zum Mord, die in der nationalsozialistischen Bewegung von jeher geübt worden ist. Wenn der Führer den grausigen Mord von Potempa verherrlicht, wenn er ein Sympathietelegramm an vertierte Verbrecher schickt, die zu fünft einem schlafenden Manne im Beisein seiner Mutter mit Stiefelabsätzen den Kehlkopf zertraten – wenn das der Führer tut, wie soll dann das Verhalten der von ihm Geführten anders aussehen, als es uns in so mancher entsetzlichen Nacht in Oranienburg entgegentrat? Wenn in einer Bewegung jede Menschlichkeit als »Humanitätsduselei« verspottet, wenn im Lande der Dichter und Denker das Henkerbeil zum Staatssymbol wird – wie soll es dann anders in der SA zugehen, als uns das auf die grauenvollste Weise in Oranienburg offenbar wurde? Und endlich: die SA-Leute folgten ja nur dem Beispiel ihrer Führer im Lager selbst, dem Beispiel der Sturmbannführer Schäfer und Krüger, der Sturmführer Stahlkopf und Ewe. Da die unmittelbaren Vorgesetzten im Lager sich an den wehrlosen Gefangenen austobten – weshalb sollte sich die SA dann irgendeinen Zwang auferlegen?

Das tat sie denn auch nicht. Einige SA-Leute haben Morde auf dem Gewissen, eine bestimmte Anzahl hat sich an den feigen Exzessen auf Zimmer 16 beteiligt, eine größere Zahl war bei Gefangenenmißhandlungen sonst im Lager dabei, und viele haben ihr Mütchen an uns gekühlt, beim Strafexerzieren, bei der Strafarbeit im Lager und draußen, bei jeder Gelegenheit. Sehr viele haben natürlich auch moralische Mißhandlungen der Gefangenen verübt, manche aus Dummheit, ohne zu wissen und zu fühlen, was sie anrichteten, die große Mehrheit aber aus Gemeinheit und Niedrigkeit der eigenen Gesinnung.

Von Zeit zu Zeit bahnte sich stellenweise ein erträgliches Verhältnis mit einer geringen Anzahl SA-Leuten an, besonders, wie schon erwähnt, auf den Außenkommandos. Aber diese Herrlichkeit dauerte gewöhnlich nicht lange. Wenn draußen etwas passiert war und im Lager besonders »dicke Luft« herrschte, verschärfte sich auch regelmäßig das Verhalten selbst ruhiger SA-Leute; zwischendurch wurde außerdem zuweilen von der Lagerleitung aus dafür gesorgt, daß die Anständigkeit der

SA nicht zu weit ging. Auch die SA-Leute wurden eben beständig unter Druck gehalten.

Kurz nach der Einlieferung des Sohnes des ersten deutschen Reichspräsidenten, des Abgeordneten Fritz Ebert, ins Lager begegnete ich ihm frühmorgens auf dem vorderen Hofe und begrüßte ihn natürlich mit Handschlag. Als wir kurz darauf zu dem Forstkommando, in dem ich mehrere Monate lang gearbeitet habe, antraten, fragte mich einer der unserem Kommando zugeteilten Posten:

»Hast du nicht eben dem Bonzenschwein Ebert die Hand gegeben?« Darauf ich: »Jawohl.« Der Posten, SA-Mann Kleint: »Du kennst wohl den Kerl ganz genau?« Ich antwortete: »Natürlich, wir waren doch mehrere Jahre hindurch Reichstagskollegen!« Der Posten schnauzte mich nun an: »Du hättest das Schwein lieber in den A... treten sollen!« und verfügte, daß ich an diesem Tage, weil ich einem befreundeten Genossen an diesem Morgen die Hand gegeben hatte, auf dem Marsch zur Arbeitsstätte den für die SA-Posten immer mitgeführten Kaffee zu tragen hatte, ebenso auf dem Rückweg den Mantel des betreffenden Postens.

Auf dem vorderen Hofe des Lagers war auf einem niedrigen Gebäude ein leichtes Maschinengewehr montiert worden, das Tag und Nacht von einem mit einer Maschinenpistole bewaffneten Posten bewacht wurde (für diejenigen Gefangenen, die beim Militär und im Felde gewesen waren, bot diese Einrichtung einen etwas grotesken Anblick). Die SA-Leute, die an dieser Stelle Posten standen, hatten natürlich von ihrem erhöhten Platz aus immer einen guten Überblick über den Verkehr auf dem vorderen Hofe, der sich zwischen den Schlafsälen, dem Tagesaufenthaltsraum, den Handwerksstuben und der Latrine abspielte. Sobald aus irgendeinem meist außerhalb des Lagers liegenden Grunde die Behandlung der Gefangenen besonders verschärft wurde, hatten diese Posten die Aufgabe, die Gefangenen über den Hof hin und her zu jagen. Während im allgemeinen Vorschrift war, daß eine Art von militärischer Ehrenbezeigung erst für die SA-Führer vom Sturmführer aufwärts geleistet werden mußte, maßten sich in solchen Situationen auch die einfachen SA-Posten das Recht an, von den Gefangenen gegrüßt zu werden, und jagten Gefangene, die darauf einmal nicht achteten, unweigerlich zurück oder mehrere Male hin und her. Es kam auch vor, daß man über den vorderen Hof des Lagers an diesem Posten vorbei überhaupt nicht in normalem Schritt gehen durfte, sondern nur im Laufschritt; wie oft ist nicht die erste Zeit der Abgeordnete Heilmann, obwohl ihm die Folgen der erlittenen Mißhandlungen schon das normale langsame Gehen schwer machten, über den Hof gejagt worden!

Vom Augenblick des Schlafengehens bis zum morgendlichen Wecken patrouillierten zwei SA-Posten in dem Gang auf und ab, an dem die Schlafsäle lagen. Bei diesen Posten mußten sich die Gefangenen melden, wenn sie des Nachts zur Verrichtung eines Bedürfnisses den Schlafsaal verlassen wollten, und es ist natürlich gar nicht zu zählen, wie oft die SA-Posten solche Gelegenheiten zum Schikanieren der Gefangenen benutzt haben. Ist es an sich schon eine unerträgliche Demütigung, daß ein erwachsener Mensch einen solchen Jungen fragen muß, ob er ein unabweisbares körperliches Bedürfnis befriedigen darf, so wird diese Demütigung zur moralischen, ja zuweilen sogar körperlichen Mißhandlung, wenn niederträchtige Posten, wie das leider sehr oft geschah, ihren Übermut oder ihre Gemeinheit an den Gefangenen ausließen, die nach den ersten Erfahrungen dieser Art ohnehin nachts ihren Schlafsaal nur verließen, wenn es gar nicht anders ging.

Der Tagesaufenthaltsraum der Gefangenen, ein früherer Maschinensaal, liegt mit der Front seiner Fenster an dem vorderen Hofe des Lagers, so daß man von den Fenstern aus das Tor des Lagers und das Wachgebäude sehen und die Ankunft neuer Transporte beobachten konnte. Daß die Gefangenen das häufig taten, versteht sich von selbst; denn schon die Möglichkeit, unter den neuankommenden Gefangenen Bekannte zu sehen, aber auch die Abwechslung, die in dem eintönigen Dasein des Gefangenen im Lager selbst in der Einlieferung neuer Leidensgenossen lag, führten dazu, daß bei solchen Gelegenheiten die Fenster des Tagesaufenthaltsraumes belagert waren. Zuweilen ließ das die SA zu, ohne irgend etwas zu sagen oder zu tun; es ist aber auch vorgekommen, daß die Gefangenen beim Eintreffen neuer Transporte nicht nur rücksichtslos vom Hofe heruntergejagt, sondern auch von den Fenstern ihres Aufenthaltsraumes vertrieben wurden, ja, die SA kam auch einmal in einer Stärke von dreißig Mann in den Tagesraum hereingestürzt und hieb wie verrückt mit den Gummiknüppeln auf uns los, so daß die Gefangenen über Tische und Bänke klettern mußten, um sich der sinnlosen Prügelei zu entziehen.

Vom vorderen Hofe des Lagers zum hinteren, der in der ersten Frühsommerzeit noch eine Wiese gewesen war, später aber zu einem staubigen Sandplatz wurde, führte ein etwa zwei Meter breiter, etwa zehn Meter langer Gang, der sich auch noch im rechten Winkel hinzog. Wenn Hunderte von Gefangenen aus den Schlafräumen, aus dem Tagesraum und überhaupt von den Räumen des vorderen Hofes zum Appell oder zu anderen Gelegenheiten nach dem hinteren Hofe gingen, vollzog sich dieser Verkehr naturgemäß sehr langsam, denn in dem engen Schlauch dieses winkligen Ganges war für eine größere Anzahl Menschen nur schwer vorwärts kommen. Kein Wunder, daß es daher ein beliebtes Gesellschaftsspiel der SA war, die Menschen durch diesen Gang hindurchzujagen, und wiederholt ist von hinten sinnlos und wahllos auf die Gefangenen eingeschlagen worden.

Am vorderen Eingang des Lagers im Zuge der Straßenfront (Berliner Straße, Oranienburg) liegt ein kleines Wachthaus, das den Eingang ins Lager für Fußgänger enthält und zwei nebeneinanderliegende kleine Wachstuben, in denen der Wachhabende und die Posten sich aufhalten. Hier gab es für manchen neueingelieferten Gefangenen die ersten Schläge, ebenso war es bei der SA ein beliebtes Mittel, die Wache von Gefangenen säubern zu lassen und sie dabei zu schlagen, zu treten, zu stoßen. Auch der unglückliche Abgeordnete Heilmann hat mehr als einmal diesen »Dienst« verrichten müssen.

Als in den letzten Tagen des Monats Juni ein größerer Transport neueingelieferter Gefangener aus Brandenburg kam, morgens gegen acht Uhr, mußte dieser ganze Transport von morgens um 8 bis abends um 6 Uhr, also volle zehn Stunden, in zwei Gliedern angetreten stehen bleiben; erst auf dem Hofe, dann, als es regnete, in der damals noch nicht zum Aufenthaltsraum hergerichteten Maschinenhalle. Nur während des Empfanges und des Einnehmens des Mittagessens durften sich die neuangekommenen Gefangenen setzen, dann mußten sie wieder stehen. Was geht im Innern eines Menschen vor, der in einer solchen Situation zehn Stunden lang an einem Platze steht, von Zeit zu Zeit von ausgesuchten, besonders üblen SA-Leuten angeflegelt, um sich herum die dauernde moralische und körperliche Mißhandlung der anderen Gefangenen beobachtend? Das Grauen ist in einem schon lebendig, wenn die bloße Ankündigung kommt: Du wirst nach Oranienburg überführt. Nun steht man da; eine Stunde verstreicht, eine zweite Stunde verrinnt, eine dritte, eine vierte... Das Grauen wächst, die Abscheu regt sich immer stärker – daß so etwas wie diese Konzentrationslager möglich sind, daß Menschen anderen Menschen so etwas zufügen können! Die fünfte, die sechste, die siebente, die achte Stunde – kein Ende. Die ihr hier eintretet, lasset alle Hoffnung fahren! Die neunte Stunde, die zehnte Stunde – die Knie zittern, der ganze Körper schmerzt, bis zum Halse herauf steigt der Ekel. Empfang in Oranienburg!

An einem Augusttage wurde ein größerer Transport von Gefangenen eingeliefert, die bei einer Razzia in Berlin verhaftet worden waren. Von der Einlieferung selbst haben wir nichts gesehen, denn plötzlich wurden mit der üblichen Brutalität sowohl der Tagesaufenthaltsraum als auch die beiden Höfe des Lagers von den Gefangenen gesäubert und alles in die Schlafsäle getrieben. Aber auch in den Schlafsälen selbst durfte sich nicht jeder da aufhalten, wo er wollte, sondern alle Gefangenen wurden in die Schlafsäle links vom Gang getrieben, weil die Schlafsäle rechts vom Gang Fenster haben, von denen aus man auf den hinteren Hof des Lagers sehen kann. Alles mußte in den Schlafsälen links vom Gang mit dem Rücken zum Gang sitzen oder stehen bleiben, damit kein Gefangener einen noch so flüchtigen Blick auf den hinteren Hof des Lagers hätte werfen können. Auf dem hinteren Hof des Lagers befindet sich die noch zu erwähnende Hindernisbahn mit der Eskaladierwand, über die die Neuangekommenen, wir wissen nicht, wie oft, gejagt und dabei geschlagen wurden. Dann wurde der ganze neue Transport in einen besonderen kleineren Schlafsaal getrieben und bekam drei Tage lang nichts zu essen.

Manche SA-Leute benutzten aber auch ihre Stellung als Posten auf den Außenkommandos, um sich an ihnen mißliebigen Gefangenen zu vergreifen. Ein Beispiel für viele:

Zu dem Arbeitskommando »Ziegelei«, das täglich von der Zweigstelle des Oranienburger Lagers Blumberg bei Bernau ausmarschierte, gehörte ein 50jähriger Mann namens Spangenberg, den eine Herzkrankheit und seine im Krieg erlittene Gehirnerschütterung hinderten, so schnell und anhaltend die körperlich schwere Arbeit zu leisten, wie sich das einer der SA-Posten, der besonders üble Scharführer Kulawig, vorstellte. Dieser Scharführer trieb den herzkranken Mann auf die ihm eigene niederträchtige Weise wiederholt an, schneller zu arbeiten, obwohl der Gefangene, wie von all seinen Kameraden bezeugt wurde, stets sein Möglichstes tat; als er auf die Antreibereien hin aber den Scharführer einmal auf sein Alter und seinen Zustand aufmerksam machte, wurde er von dem SA-Mann Kulawig kurzerhand geohrfeigt. Außerdem mußte er eine schwere metallene 20-Liter-Kanne, die morgens von zwei Leuten mit Kaffee hinausgetragen wurde, auf dem ganzen Rückmarsch allein zurücktragen, voll Wasser gefüllt und mit einem Stein beschwert. Solche SA-Männer wie diesen Kulawig, die sich derartig auch an älteren und kranken Gefangenen vergingen, gab es eine ganze Anzahl.

X. Wenn uns unsere Frauen besuchten

Besuchsregelung – Besuchssperre – Hunderte von Frauen und Kindern vor verschlossenen Toren – Ein Sadist jagt meine Frau fort – Zwei Monate Besuchs- und Briefsperre.

Die Regelung der Besuchszeit für Angehörige hat sich im Laufe der Zeit im Konzentrationslager Oranienburg wiederholt verändert. Bevor unser erster anhaltischer Transport Mitte Juni eingeliefert wurde, hatte es, so war uns berichtet worden, Wochen gegeben, wo man die Angehörigen an den Sonntagnachmittagen mehrere Stunden lang zu den Gefangenen ins Lager hereinließ und auch die Gespräche nicht besonders streng überwachte.

Dann kamen Sonntage, an denen nur für die Berliner, andere Sonntage, an denen allgemeine Besuchssperre für alle Gefangenen war. Das wurde zuweilen, je nach Laune des despotischen Kommandanten, so kurz vor dem betreffenden Sonntag verfügt, daß nur bemittelte Gefangene ihre Angehörigen noch telegrafisch benachrichtigen konnten; Hunderte von armen Frauen standen an solchen Sonntagen vor dem geschlossenen Tor des Lagers und fanden nichts als das Plakat: »Besuchssperre«. Welche Szenen haben sich da abgespielt; Frauen schluchzten, Kinder weinten und schrien nach ihrem Vater – das alles hat aber weder den Kommandanten gerührt noch die SA, die an solchen Tagen den Befehl bekam und prompt ausführte, die Angehörigen der Gefangenen von der Straße vor dem Lager wegzujagen.

Im Juli wurde eine neue Regelung eingeführt, die sich der Sturmführer Ewe ausgedacht hatte. Es sollte zwar nun für jeden Besuchszeit geben, aber für jeden Zug jeder Gefangenenkompanie nur eine halbe Stunde; mit dem An- und Abmarsch jedes Zuges von Gefangenen und jedes gleicherweise drillmäßig behandelten Zuges der entsprechenden Angehörigen bedeutete das praktisch, daß etwa 20 Minuten reine Sprechzeit übrigblieben. Man saß an langen Tischen im Tagesaufenthaltsraum des Lagers, auf der einen Längsseite die Gefangenen, auf der anderen die Angehörigen, an jedem Kopfende des Tisches saß je ein überwachender SA-Mann, außerdem gingen der SA-»Offizier« und »Unteroffizier« vom Dienst und mehrere SA-Leute dauernd beobachtend im Saal herum. Die Gefangenen, die Besuch aus ihrer von Berlin weiter entfernt liegenden Heimat erhielten, also z. B. Anhaltiner und Mecklenburger, hatten in diesen Wochen erfreulicherweise zwei Stunden Besuchszeit, da sie schon wegen der Kosten der Bahnfahrt naturgemäß nur in mehrwöchigem Abstand Besuch bekamen. Aber auch diese verlängerte Besuchszeit für uns Anhaltiner stieß zuerst auf den Widerstand des Sturmführers Ewe. Als dieser degenerierte Sadist eines Sonntags »Offizier« vom Dienst war, pfiff er die Besuchszeit nach einer knappen halben Stunde ab, auch für die Frauen, die acht Stunden und länger mit der Bahn unterwegs gewesen waren. Selbst der SA-Führer von der Wache mischte sich zu unseren Gunsten ein und wies den Sturmführer Ewe darauf hin, daß doch durch allgemeine Anordnung die anhaltischen Gefangenen längere Besuchserlaubnis hätten. Als der Wachhabende dies tat, standen wir auf dem vorderen Lagerhof; wenige Meter von mir entfernt meine Frau, zwischen uns der Sturmführer Ewe; meine Frau und ich mit Herzklopfen – würden wir noch miteinander sprechen können? Man wußte in diesem Lager doch nie, wann und ob überhaupt man sich wiedersah. Vergebens. Auch die Freundlichkeit des Wachhabenden nützte nichts. Meine Frau wurde von Ewe weggejagt, ich sehe es noch vor mir, wie sie zögernden Fußes ging, alles an ihr zitterte, so niederträchtig konnte doch kein Mensch sein, auch kein SA-Mann. Oh, wie wenig Ahnung hatten so viele gutherzige Frauen, wessen ein Mensch gewordener Teufel wie der Sadist Ewe fähig sein konnte! In solchen Augenblicken fiel mir dann ein, was Hitler so alles in schönen Reden über die von ihm beabsichtigte Wiederherstellung des deutschen Familienlebens versprochen hat.

Besuchssperre für zwei Sonntage Ende August gab es, als die Hindenburgeiche auf dem Tempelhofer Feld beseitigt worden war. Es war zwar absolut sicher, daß diese Tat von keinem Insassen des Oranienburger Lagers verübt worden war; aber den oder die Täter hatte man nicht, uns dagegen hatten die Nazis in ihrer Gewalt, also hielten sie sich im Sinne der neuen deutschen »Gerechtigkeit« an Unschuldige. Zwei Wochen Besuchssperre, drei Tage kein warmes Mittagessen.

Die meisten Gefangenen hatten nach dieser Besuchssperre von ihren Angehörigen gerade die Ankündigung des nächsten Besuches erhalten, da kam eine neue Besuchsperre; diesmal nicht für zwei Wochen, sondern für zwei Monate, verbunden mit zwei Monaten Postsperre, so daß wir zwei Monate lang vom Schicksal unserer Familien nichts erfuhren und sie nichts von unserem. Kann sich ein Leser vorstellen, welch unendlich lange Zeit zwei Monate sein können? Für die gefangenen Männer, die nicht wissen, ob ihre Frauen noch Unterstützung bekommen, ob sie und die Kinder noch etwas zum Leben haben; für die Frauen aber erst, die Tag und Nacht das Höllenbild dieses Lagers vor Augen haben, die nicht wissen, ob nicht ihr Mann inzwischen halbtot geschlagen worden ist?

XI. Der 12. November im Lager

Wahl und Volksabstimmung hinter Stacheldraht und unter SA-Terror – Wie die vielen Ja-Stimmen zustande kamen – Die Wahlrede eines Sturmbannführers – Vorher: »Deutsche Volksgenossen«, nachher: »Ihr Schweine …«

Manche Leser der deutschen und ausländischen Presse werden sich gewiß über die Wahlergebnisse gewundert haben, die nach dem 12. November aus einigen Konzentrationslagern bekannt geworden sind. Im Lager Oranienburg haben (damals war die Belegschaft vorübergehend gering) von 368 abstimmenden Gefangenen bei der Volksabstimmung 338 mit Ja gestimmt, der Rest mit Nein oder mit ungültig gemachten Zetteln; in der Zweigstelle Blumberg, in der ich mich damals befand, wurden 73 Stimmen abgegeben, 61 Ja, 9 Nein, 3 ungültig. Da ein ähnlich hoher Prozentsatz Ja-Stimmen auch aus anderen Lagern, wie z. B. Brandenburg und Dachau, gemeldet wurde, kann ich daraus nur schließen, daß von den Gefangenen dort die gleiche taktische Überlegung angestellt worden war wie bei uns; eine möglichst geschlossene Abgabe von Ja-Stimmen mußte für alle Welt offenkundig machen, daß es sich um reine Terrorwahlen handelte. Daß gerade die Insassen von Konzentrationslagern nicht einer Regierung das Vertrauen aussprechen würden, die sie so menschenunwürdig behandelte, die sie derart peinigen ließ, war wohl für jeden klar. Die Zahl derer, die durch die Abgabe von Ja-Stimmen ihre Entlassung zu beschleunigen hofften, war verschwindend klein; es überwog unter den Lagerinsassen bei weitem die Meinung, daß durch die Abgabe von Ja-Stimmen der Hinweis auf den unverfälscht terroristischen Charakter der »Volksabstimmung« am augenfälligsten zu geben sei, und daraus erklärt sich das Ergebnis der Wahl, jedenfalls in Oranienburg, wahrscheinlich auch das anderer Lager. Die Veranstaltung der Wahl in den Lagern – obwohl sie sich technisch in der üblichen Weise in Wahlzellen vollzog – war angesichts des grenzenlosen, unmenschlichen Terrors, unter dem die politischen Gefangenen leiden, nichts anderes als eine Farce. Dies Thema darf aber nicht verlassen werden, ohne einer Episode zu gedenken, die sich bei der Wahl in der Blumberger Zweigstelle des Oranienburger Lagers abspielte.

Nachdem die Gefangenen am Freitag vor der Wahl von ihrem Quartier, dem Rittergutsvorwerk Elisenau, in das Dorf Blumberg in einen Gasthof geführt worden waren, wo eine Rundfunkübertragung der Rede Hitlers im Berliner Siemenswerk stattfand, wurde am Sonnabendabend vor der Wahl im Aufenthaltsraum der Gefangenen die Ansprache Hindenburgs übertragen. Daran anschließend hielt der Blumberger Kommandoführer, Sturmbannführer Maue, eine überaus charakteristische Rede. Ihrer Wiedergabe sei die Bemerkung vorausgeschickt, daß der Sturmbannführer Maue, ein dicker, trinkfroher Landsknecht, noch keiner von den schlechtesten SA-Leuten war; im übrigen ein Mann, der sich mit einem erstaunlichen Minimum an Geistesgaben durchs Leben schlug. Dieser Sturmbannführer Maue begann:

»Deutsche Volksgenossen!«

Allgemeine Verblüffung. – Eine solche Anrede hatten wir Gefangenen im Konzentrationslager noch nicht gehört; aber na ja, es war der Vorabend der Wahl. Also:

»Deutsche Volksgenossen! Morgen werdet ihr zur Wahl gehen. Ihr habt ja euer Staatsbürgerrecht nicht verloren, ihr seid eingesperrt, weil ihr unsere politischen Gegner wart, aber ihr seid doch keine Verbrecher – deshalb geht ihr morgen zur Wahl.

Unser Führer ist aus dem Völkerbund ausgetreten, damit werdet ihr doch alle einverstanden sein. Es war doch nicht mehr mit anzusehen, wie die in Genf für unser deutsches Geld gefressen und gesoffen, wie sie in Sekt und Kaviar geschlemmt haben. Da werdet ihr sicher mit Ja stimmen, daß wir das nicht mehr mitmachen.

Ich habe gehört, daß unter euch erzählt wird, ihr müßtet unter Druck wählen – das ist natürlich Quatsch. Niemand schreibt euch vor, wie ihr abstimmen sollt. Ihr habt eben morgen Gelegenheit zu zeigen, ob ihr die Konzentrationslager noch nötig habt oder nicht. Und nun macht mir hier in Blumberg keine Schande, damit wir nicht schlechter abschneiden als Oranienburg!«

Nach dieser Rede waren wir im Zweifel, ob wir am meisten die – höflich gesagt – überwältigend kindliche Vorstellung bewundern sollten, die sich der Kommandoführer von Deutschlands Beziehungen zu Genf machte, oder die nicht minder naive Dreistigkeit, mit der er in einem Atemzuge bestritt, daß wir unter Druck wählten, und gleichzeitig unverkennbar mit dem Zaunpfahl verlängerten Konzentrationslagers winkte.

Als am Montag nach der Wahl frühmorgens die Außenkommandos Blumberg angetreten waren, holte Sturmbannführer Maue zu einer neuen, diesmal aber kürzeren Rede aus. Das Wahlergebnis hatte gezeigt, daß der Prozentsatz der Nein-Stimmen in der Zweigstelle Blumberg um ein geringes höher war als im Hauptlager Oranienburg. Danach ließ sich der Sturmbannführer wörtlich also vernehmen:

»95 Prozent des deutschen Volkes haben sich für die Regierung Hitler erklärt. Oranienburg hat viel besser gewählt, ihr Schweine habt gezeigt, daß ihr die Konzentrationslager noch zwanzig Jahre nötig habt. Abrücken!«

Am Sonnabend vor der Wahl: Deutsche Volksgenossen!, am Montag nach der Wahl: Ihr Schweine …

XII. Die Steinsärge von Oranienburg

Die Disziplinarstrafen im Konzentrationslager – Die Hindernisbahn – Die Dunkelarrestzellen – Die stehenden Steinsärge – 192 Stunden lebend begraben.

Auf dem hinteren Hofe des Lagers befand sich die schon einmal erwähnte Hindernisbahn. Die Gefangenen, die darüber gejagt wurden, mußten zuerst zwischen zwei reckähnlichen Stangen hindurchspringen, dann über eine drei Meter hohe senkrechte Eskaladierwand klettern, natürlich ohne jedes Hilfsmittel, dann über einen breiten Graben springen, dann ein etwa 10 Meter langes, 80 Zentimeter hohes Gestell durchkriechen, in dem abwechselnd ein Brett quer von unten und eines von oben angebracht war, so daß sich ein Mensch wie eine Schlange hindurchwinden mußte, und zum Schluß über einen schmalen Balken, der über eine Grube gelegt war, balancieren. Über diese Hindernisbahn sind die Gefangenen in einer gar nicht wiederzugebenden Zahl gejagt worden, ohne Rücksicht auf ihr Alter, ohne Rücksicht auf körperliches Gebrechen, und das nicht nur einmal, sondern beliebig oft, bis manche vor körperlicher Erschöpfung auf dem Platze zusammenbrachen; mehr als ein Gefangener ist von der Hindernisbahn weggetragen worden. Selbstverständlich wurde dabei auch geschlagen, es war eine beliebte Gelegenheit für die SA, sich auszutoben, und wer z. B. den Sturmführer Stahlkopf an der Hindernisbahn entlanggehen sah, wenn er Angehörige der Judenkompanie darüberjagte, der wußte, wie ein Sadist in den Augenblicken seiner Befriedigung aussieht.

Bei der militaristischen Verfassung der SA ist es naheliegend, daß die Mißhandlung von Gefangenen auch durch militärisches Strafexerzieren betrieben wurde. Indessen muß beinahe zur Ehre des preußischen Kommiß gesagt werden, daß bei ihm das Strafexerzieren eine humane Einrichtung war, wenn man es mit der Gemeinheit der entsprechenden SA-Veranstaltungen vergleicht.

Es genügten ganz geringfügige Anlässe, um die Gefangenen einem derartigen Exerzitium auszuliefern. So hatte z. B. im Juli der in Abschnitt III erwähnte Revierförster Pohl-Behrensbrück die Gefangenen des Forstkommandos Behrensbrück bei der Lagerleitung denunziert, unerlaubte politische Gespräche geführt zu haben. Als die Gefangenen nach der schweren Forstarbeit am Abend zurückkamen, mußten sie, ohne vorher essen zu können oder ohne sich auch nur ein paar Minuten ausruhen zu dürfen, auf dem hinteren Hof des Lagers antreten und wurden dort schwer geschunden. Es wurden »Freiübungen« gemacht, aber wie! Zum Beispiel eine Kniebeuge, nicht wie beim Militär, wo die Strafe in der Anzahl der befohlenen Kniebeugen bestand, verschärft allenfalls durch Vorstrecken des Gewehrs, sondern Kniebeuge in mehreren Zeiten: auf das Kommando eins die Beine nur ganz wenig beugen, auf zwei etwas tiefer gehen, auf drei noch tiefer, auf vier wieder tiefer und so fort. Dabei mußten die Gefangenen in den einzelnen Kommandohaltungen nicht nur sekunden-, sondern minutenlang verbleiben, während die Folterknechte durch die Reihen gingen und die Haltung der einzelnen mit den ekelhaftesten Schimpfereien kritisierten. Je länger das im einzelnen Fall dauerte, desto mehr schmerzten den

Gefangenen die Sehnen, die Gelenke zitterten, das Herz arbeitete pochend – kurzum, es war eine infame Menschenschinderei. Diese Art von Strafexerzieren war bei der SA im Lager Oranienburg sehr beliebt, und unter der Wache befanden sich viele Landsknechte, die sich an solchen Abenden hemmungslos in ihrem legalisierten Sadismus austobten.

Der Sturmbannführer Krüger und der Sturmführer Ewe begannen, um wieder einmal etwas Neues zu erfinden, plötzlich einmal ganz genau darauf zu achten, ob sie auch von allen Gefangenen vorschriftsmäßig gegrüßt wurden. Fanden sie welche, bei denen ihnen an dem Gruß etwas auszusetzen schien (und wie leicht war ihnen das!), so bestellten sie diese Unglücklichen auf den gleichen Abend zu einer bestimmten Stunde vor die Sanitätswache. Dort sammelten sich dann je nach der Ausbeute des Tages zehn oder mehr Gefangene, die während ihrer abendlichen Freizeit strafexerzieren würden, in der oben beschriebenen Weise, durch Jagen über die Hindernisbahn und ähnliches mehr.

Neben dem Zimmer 16 war das Schlimmste in Oranienburg die Einrichtung der Dunkelarrestzellen. Die am häufigsten benutzten waren zwei ehemalige Trockenkammern der Gießerei, noch von ihrer früheren Verwendung her mit schwarz angestrichenen Wänden, auf deren Zementfußboden nur ein wenig Stroh lag. »Licht« und »Luft« kamen in diese Zellen nur durch einige in den eisernen Türen befindliche Löcher von wenigen Zentimetern Durchmesser. Zur Not hatten in diesen Zellen je drei bis vier Mann Platz, es haben aber tage- und nächtelang bis zu vierzehn Mann darin gelegen. Die Insassen der Arrestzellen wurden nur zu den Mahlzeiten morgens, mittags und abends für kurze Zeit herausgelassen, einmal nachts und einmal am Tage zum Austreten und zu einer kurzen, im Kreislauf auf dem vorderen Hof zu absolvierenden Freistunde.

Diesen Dunkelarrest verhängte der Kommandant bei jeder Gelegenheit, meist ohne im Falle einer Anschuldigung den betreffenden Gefangenen zu hören und, je nach Laune, mit ganz verschiedener Dauer. Es haben Gefangene bis zu viereinhalb Wochen ununterbrochen in diesem Dunkelarrest gesessen, z. B. hat der älteste der vier Friedrichsthaler Arbeiter, die man zu dem 17stündigen Marsch gezwungen hatte, im Anschluß an diese Schinderei noch 28 Tage im Dunkelarrest verbringen müssen.

Diese Art von Arrestzellen reichte aber für den Sadismus des Lagerkommandanten nicht aus, denn wenn die Zellen nicht gerade überfüllt waren, konnten sich die zu Arrest Verurteilten immer noch nachts auf dem Fußboden langlegen. Das war noch zu viel der Humanität. Deshalb ließ der Kommandant im Oktober Dunkelarrestzellen bauen, die, völlig aus Stein, eine Bodenfläche von 60 zu 80 Zentimetern hatten, so daß also ein Mensch darin gerade aufrecht stehen konnte. So mancher Gefangene ist gleich nach seiner Einlieferung und ersten Verprügelung in eine dieser Stehzellen gewandert und mit wunden Füßen wieder herausgekommen.

Tatsächlich war diese grauenhafte Erfindung des Lagerkommandanten nichts anderes als eine Art aufrechtstehender Sarg. Ein Raum mit einer Bodenfläche von 60 zu 80 Zentimetern erlaubt gerade das Stehen; keine noch so geringe Beugung der schon nach kurzer Zeit erstarrenden Glieder ist möglich. Diese Steh-Bunker sind die Ausgeburt einer geradezu mittelalterlichen Folterknechtsphantasie. Die Gefangenen, die da hineingepfercht wurden, haben entsetzliche Stunden, unsagbar qualvolle Nächte. In einen Zementsarg eingeschlossen zu sein, kein Glied rühren zu können, fühlen, wie die Glieder von unten her starr werden, zu schmerzen beginnen, wie die Knie durchsacken und an die Wand stoßen, nicht wissen, wohin mit den Armen, wie noch länger stehen, und dazu die nicht geringere seelische Folter – das fürchterliche Bohren der Gedanken, die nur einen Inhalt haben: heraus aus dem entsetzlichen Zementsarg, die wachsenden Schmerzen des ruhelos eingesperrten Körpers, die die Tränen der Wut, der Verzweiflung in die Augen pressen, den rasenden Druck im Kopfe vermehrend, den das in den Schläfen hämmernde Blut erzeugt – es ist eine Hölle, und der sie erfand, ist kein Mensch, sondern ein Vieh.

Viele Stunden lang wurden die Menschen in diese Steinsärge eingeschlossen. Ein Gefangener wird ins Lager eingeliefert, weil er draußen etwas Kritisches über Herrn Hitler gesagt haben soll. Er wird verprügelt, daß noch Tage danach die blutunterlaufenen Stellen neben seinen Augen zu sehen sind, und er kommt 14 Stunden – vierzehn Stunden! – in einen dieser stehenden Steinsärge. Nach 2 Stunden tastet er, so weit er sich überhaupt zu bewegen vermag, die Wände ab, ob er nicht einen Halt für seine beiden Taschentücher findet, aus denen er eine Schlinge dreht... Vierzehn Stunden aufrecht stehend, um den Körper herum in wenigen Handbreiten Abstand die Mauern – das bringt einen Menschen auf den Weg zum Wahnsinn.

Aber vierzehn Stunden sind noch zu wenig. Der Schutzhaftgefangene Neumann wurde acht Tage und acht Nächte, 192 Stunden! 192 Stunden! im Stehsarg eingeschlossen. Er kam mit wahnsinnig schmerzenden, geschwollenen Füßen wieder heraus, die Knie waren wund vom Anprall an die Wand – grauenhaft.

Das ist eine »Disziplinarstrafe« in Oranienburg, die aus geringstem Anlaß vom Kommandanten völlig willkürlich verhängt wird.

Und nun bitte ich den Leser, sich all das vom Oranienburger Lager Geschilderte noch einmal vorzustellen, um es mit dem entscheidenden Gedanken zu verbinden, den allerdings zu Ende zu denken beinahe unmöglich ist: alles, was uns im Oranienburger Lager geschah und was noch geschieht, wird unschuldigen Menschen, im Sinne des Gesetzes unschuldigen Menschen zugefügt! Wer sich auch nur geringfügig gegen Gesetze vergangen hat, gegen den wird ein Verfahren eingeleitet und durchgeführt, und die Justiz des Dritten Reiches spart gewiß nicht mit drakonischen Urteilen. Wer im Konzentrationslager ist, der ist dort außerhalb der Strafverfahren, und vielen unter uns Gefangenen, so auch mir, haben die Nationalsozialisten zynisch versichert, gegen uns liege gar nichts vor, wir seien eben nur im Konzentrationslager, weil wir vor der Machtergreifung Hitlers eine dem Nationalsozialismus entgegengesetzte Gesinnung gehabt hätten.

Aber nicht nur diesen wahrhaft grauenerregenden Gedanken, daß alle die Torturen unschuldigen Menschen zugefügt werden, muß der Leser sich vor Augen führen, sondern auch einen zweiten, nicht minder entsetzlichen Gedanken: Was hier wahrheitsgemäß geschildert worden ist, sind Einrichtungen und Ereignisse aus einem einzigen Konzentrationslager in Deutschland, nur aus einem!

XIII. Die Flucht aus der Hölle

Der Entschluß – Bei 16 Grad Kälte an der Kanalarbeit – Ich laufe weg – Wann fällt der erste Schuß? – Der Marsch nach Oranienburg – Im Auto durch Oranienburg – Ich erreiche Berlin – Seit neun Monaten das erste warme Bad – Ich verlasse Berlin und steige neunmal um – Ein achtstündiger Nachtmarsch – Die rettende Grenze überschritten – Nach 22stündiger Flucht das erste Bett – Im Exil, aber in Freiheit.

Den Entschluß, aus dem Konzentrationslager Oranienburg zu fliehen, habe ich gefaßt, als ich mich in einem Zustand befand, in dem ich nur noch die Wahl zwischen Selbstmord und Flucht sah. Für manchen Gefangenen ist ja auch die Wahl der Flucht mit der Wahl des Selbstmordes gleichbedeutend gewesen, da die SA-Posten in den Konzentrationslagern generell die Anweisung haben, auf jeden Fliehenden sofort und ohne Anruf scharf zu schießen.

Ich befand mich vom Oranienburger Lager aus auf einem Außenkommando, das den nordwestlich von Oranienburg verlaufenden Murgraben auszuschachten hatte. Diese Arbeit wurde übrigens trotz der Anfang Dezember einsetzenden Kälte auch dann noch fortgesetzt, als wir schon mit dem Spaten die gefrorene Erde aufhacken mußten. Die Arbeitsstätte liegt in einiger Entfernung von der Chausee Oranienburg–Nauen, zwischen Oranienburg und Germendorf, auf freiem Felde, es ist weit und breit kein Wald oder Buschwerk oder eine andere Deckungsmöglichkeit.

Am Morgen des 4. Dezember marschierten wir wieder bei klingendem Frost von Oranienburg eine knappe Stunde weit die Germendorfer Chaussee bis zu einem einsamen Bauernhof, wo in einer Scheune die Spaten, Schaufeln und anderen Werkzeuge aufbewahrt wurden. Es war morgens um 7 Uhr. Kurz nach 8 Uhr kamen wir mit den Werkzeugen an der Arbeitsstätte an. Auf der einen Seite des schnurgerade verlaufenden Grabens war die aufgeworfene Erde zu einer etwa zwei Meter hohen und etwa 20 Meter langen Böschung aufgetürmt worden, und diese Böschung, so schien es mir, konnte wohl für die ersten paar hundert Meter Querfeldeinlaufens eine gewisse Deckung bieten. Das Kommando bestand aus achtzig Gefangenen und war von sechs SA-Leuten bewacht, die sich über die ganze Arbeitsstrecke am Kanal verteilten. Ich trug, wie ein Teil der übrigen Gefangenen, noch eigene Kleidung. (Für diejenigen Gefangenen, die keine eigene Kleidung mehr hatten oder tragen wollten, lieferte das Lager aus den Restbeständen der preußischen Polizeiverwaltung ausgediente Uniformhosen, Röcke und Mäntel.)

Schon auf dem Marsch an diesem Montagmorgen vom Lager bis zum Kanal dachte ich unaufhörlich darüber nach, ob es mir an dem Tage gelingen werde zu entkommen. Mein Blick streifte immer wieder das Gewehr, das der in der Marschkolonne zufällig gerade neben mir marschierende SA-Posten über seiner Schulter trug: würde mich aus seinem Lauf die Kugel treffen, die allem ein Ende machte?

Aber nicht nur vor den sechs SA-Posten mußte ich mich in acht nehmen, sondern ebensosehr vor den Mitgefangenen. Da wären eine ganze Anzahl ohne weiteres bereit gewesen, einen fliehenden Schicksalsgenossen zu verraten, die SA darauf aufmerksam zu machen, um sich selbst einen kleinen Vorteil zu sichern. Ich mußte also nicht nur darauf achten, von den sechs SA-Posten nicht gesehen zu werden, sondern auch versuchen, der Aufmerksamkeit der Gefangenen dieses Kommandos zu entgehen.

Ich befand mich in einer fieberhaften Spannung. Alles, was ich in den sechs Monaten Oranienburg selbst erlebt und was ich an anderen gesehen hatte, drängte sich wie ein rasender Film vor meinem inneren Auge zusammen, so daß mich, trotz der unmittelbar drohenden Gefahr, erschossen zu werden, der Wille, dieser Hölle zu entkommen, geradezu körperlich packte.

Nachdem wir aus der Scheune nahe dem Kanal unser Werkzeug geholt hatten und die Gefangenen unter Aufsicht der Posten an die Arbeitsplätze gestellt wurden, sprang ich, nach einer ganz kurzen Überlegung weniger Sekunden, hinter die erwähnte Böschung, an deren einem Ende ich zwei Tage zuvor gearbeitet hatte. Hätte mich in diesem Augenblick ein Posten gefragt, was ich an der Böschung wollte, so konnte ich mich ausreden: ich hätte bei meiner Arbeit zwei Tage zuvor dort etwas verloren und wolle nachsehen. Ein kurzer Blick zurück zeigte mir aber, daß mein Verschwinden von der allgemeinen Gruppe der Gefangenen zunächst unbemerkt geblieben war. Nun lief ich mit langen Sätzen rasch bis in die Mitte der Böschung, so daß ich weder von den Gefangenen noch von den Posten gesehen werden konnte. Meine Füße schienen mir wie von Blei, das Herz schlug mir bis zum Halse hinauf, mit keuchendem Atem stand ich an die Böschung gelehnt; trotz der Kälte war mir am ganzen Körper glühend heiß, und ich hatte das Gefühl, als ob meine Glieder den Dienst versagen wollten. Ich habe sicher nur eine halbe Minute hinter der Böschung gestanden, aber die Zeit schien mir endlos. Noch konnte ich zurück – noch konnte ich beim Arbeitskommando mit einer einigermaßen glaubwürdigen Ausrede wieder auftauchen – aber nein. Aufs neue nach Oranienburg? Nein! Sollten sie schießen, dann hatte eben alles ein Ende. Mitten in diesem sinnverwirrenden Jagen der Gedanken überkam mich ein so übermächtiges Sehnen nach Ruhe, nach einem Ausgelöschtsein aller Gedanken, aller Empfindungen, daß mir der Entschluß, die Flucht nun zu beginnen, mit einem Male federleicht schien.

Mit einem letzten Blick übersah ich noch einmal rechts und links die Silhouette der Böschung, nirgends zeigte sich ein Posten oder ein Gefangener.

Also los!

Querfeldein raste ich nach der Chaussee zu, über einen gefrorenen Sturzacker; jeden Augenblick gewärtig, einen Schuß pfeifen zu hören, der mich niedergestreckt hätte. Ich stolperte über eine Furche und verhielt einen Moment – nichts war zu hören, rings um mich eine unheimliche, lastende Stille.

Ich wagte nicht, mich umzusehen. Jetzt war ich schon einige hundert Meter entfernt, die Deckung der Böschung reichte sicher nicht mehr aus, um mich den Blicken der SA-Posten und der übrigen Gefangenen zu entziehen, jetzt mußte ich wohl für die Leute am Kanal eine dunkle Gestalt sein, die sich in der Richtung vom Arbeitsplatz weg auf die Landstraße zubewegte – schoß denn immer noch keiner? Vor Erregung am ganzen Körper fliegend, strebte ich weiter auf die Chaussee zu – ein Wunder, es fiel kein Schuß.

Jetzt wagte ich mich zum ersten Mal umzudrehen, ich sah die Posten auf und ab gehen, ich sah die Bewegungen der Gefangenen, es schien, daß meine Flucht noch nicht beobachtet worden war.

Nun verfolgte ich die Straße nach Oranienburg, die wir eine Stunde zuvor herausmarschiert waren. Mit jagendem Atem und pochenden Pulsen eilte ich der Stadt zu und mußte mich doch zwingen, nicht zu schnell zu rennen, um nicht Verdacht zu erregen. Ein Kohlenwagen überholte mich, zwei Männer auf dem Kutschbock blickten zu mir herunter: konnte man mir denn ansehen, auf was für einem Wege ich mich befand? Auf der anderen Straßenseite kam mir ein Mann entgegen; als er noch zwanzig Meter von mir entfernt war, wechselte er plötzlich die Straßenseite und kam schräg über die Breite der Chaussee auf mich zu – was will der von mir? Nichts. Warum soll ein Fußgänger nicht einmal von der rechten auf die linke Straßenseite herüberwechseln?

Auf halbem Wege zur Stadt bog ich in einen Feldweg ein, der mich zu einer anderen, ebenfalls nach Oranienburg hineinführenden Landstraße brachte. Ich hatte mir meine Flucht in vier Etappen eingeteilt: Wegkommen von der Arbeitsstelle, Durchkommen durch Oranienburg nach Berlin, aus Berlin Herauskommen in Richtung Landesgrenze und Überschreiten der Landesgrenze. Dabei hatte ich mir fest vorgenommen, immer nur die Durchführung der jeweiligen Etappe im Auge zu behalten, alle Gedanken und alle Willenskraft nur auf das unmittelbare Vorhaben zu konzentrieren. Das Wegkommen von der Arbeitsstelle war offenbar gelungen; sooft ich mich umwandte, konnte ich an dem nun schon beinahe zwei Kilometer entfernten Kanal nur den dunklen Fleck sehen, den die dort arbeitende Gruppe bildete, ohne daß sich einzelne Figuren daraus losgelöst hätten. Es lief mir niemand hinterher.

Plötzlich durchzuckte mich siedendheiß der Gedanke: Wie nun, wenn meine Flucht inzwischen bemerkt worden war, SA-Leute nach dem nahegelegenen Germendorf gerannt und von dort aus telefonisch die SA-Wache des Lagers alarmiert hatten? Dann fuhren sicher einige 50, 60 SA-Leute, die mich alle dem Ansehen nach kannten, auf alle Landstraßen um Oranienburg herum hinaus, jeden Augenblick konnte mir auf meinem Wege ein Radfahrer oder Motorradfahrer begegnen, und dann war es aus.

So marschierte ich – im Rücken das verlassene Kommando mit den SA-Posten –, und je kräftiger ich ausschritt, um so rascher und weiter entfernte ich mich davon. Vor mir aber tauchten drohend und immer drohender die Umrisse von Oranienburg auf, aus deren blaugrauen Flächen sich unverhofft eine SA-Gruppe lösen konnte, die mir entgegenkam – und unwillkürlich wurde mein Schritt langsamer, als wollten die Beine von selber sich weigern, der neuen Gefahr entgegenzulaufen. Aber was blieb übrig? Wieder beschleunigte ich meinen Marsch.

Nun konnte ich schon die Kanalbrücke sehen, über die ich unmittelbar vor der Stadt gehen und hinter der ich die ersten Häuser erreichen würde. Weit und breit keine Menschenseele, obwohl ich auf einer Landstraße lief, die zu den Ausfallstraßen Oranienburgs gehört. Ein neuer Verdacht stieg in mir auf, und trotz der Kälte, es brach mir der Schweiß aus allen Poren: waren die Straßen am Rande von Oranienburg etwa schon abgesperrt? Lief ich mit langen Schritten in eine offene Falle, lief ich in den sicheren Tod hinein?

Aber nichts dergleichen war zu sehen. Die Straße lag zwar auch zwischen den ersten Häusern wie ausgestorben da, aber keinerlei Absperrung war weit und breit zu sehen. Ich ging an den Häusern entlang, ganz dicht an der Mauer, als könnte ich dadurch weniger zu sehen sein, und gab mir Mühe, nicht so laut aufzutreten, als ob man in dem von mir jetzt keine Viertelstunde weit entfernten Lager meine Schritten hören könnte!

Plötzlich – ich ergriff an dem Hause, an dem ich gerade vorbeiging, eine Türklinke und hielt mich fest – am anderen Ende der Straße tauchte die braune Uniform eines SA-Mannes auf. Merkwürdigerweise ging er in ganz normalem Schritt, es sah nicht aus, als ob er eilig jemandem entgegenginge. Ich blickte mich schon nach einer Nebenstraße um, in die ich einbiegen konnte, da sah ich auf der linken Straßenseite ein kleines Restaurant. Ich ging quer über die Straße auf die Tür des Restaurants zu – eigenartig, wie schwer es sein kann, eine Straße zu überqueren. Ich hatte das Gefühl, als ob ich mich nun auf einer weithin sichtbaren Bühne befände, losgelöst von dem schützenden Schatten der Häuserwände, als ob ein greller Scheinwerfer meine Figur für den immer näher kommenden SA-Mann, neben dem ich jetzt noch eine zweite Gestalt unterschied, beleuchtete. Aber einmal nahm auch dieser Weg quer über die Straße ein Ende, und ich erreichte das Restaurant. Draußen ging der SA-Mann Arm in Arm mit einem Mädchen vorbei. Er hatte keine Ahnung, was für Minuten seine Erscheinung mir bereitet hatte!

In dem Restaurant begegnete ich einem, wie mir schien, sehr erstaunten Blick der auf einen so frühen Gast offenbar nicht vorbereiteten Wirtin, aber die Bestellung von einem großen Cognac beruhigte sie, und noch begreiflicher wurde ihr mein Erscheinen durch die Bitte, telefonisch ein Mietauto herbeizurufen.

Da saß ich nun in der von kaltem Tabakrauch erfüllten Luft des kleinen Restaurants, gab mir den Anschein äußerer Ruhe, um nur ja keinen Verdacht zu erregen, obwohl an meinem Körper jeder Muskel sich dagegen sträubte, in dieser unnatürlichen Ruhe verharren zu müssen. Halb geistesabwesend und ohne etwas zu erkennen, betrachtete ich mir die Fotografien und Reklamebilder an den Wänden der kleinen Gaststube, während ich mit zitternder Ungeduld auf das Auto wartete. Es hat sicher nicht länger als fünf Minuten gedauert, aber es schienen mir Stunden zu sein.

Endlich kam der Wagen. Ich stieg ein und fragte den Chauffeur, ob er Benzin für eine längere Fahrt habe. Antwort: »Nein, aber wir können ja in der Stadt tanken!« Das hatte mir gerade noch gefehlt. Wie viele SA-Leute gingen jeden Tag in der Stadt herum, wie groß wurde aufs neue die Gefahr, entdeckt zu werden! Aber was half's, wir fuhren in die Stadt hinein, und der Chauffeur tankte in der Hauptgeschäftsstraße von Oranienburg, in der Bernauer Straße.

Ich saß nicht auf dem Sitzkissen des Autos, sondern ich schwebte halb auf der Kante, als ob das Polster mit Nägeln gespickt gewesen wäre. Solange der Chauffeur hielt, bestand mein einziger Schutz in dem Eis, das die große Kälte an den Fenstern des Wagens gebildet hatte und neugierige Blicke ins Innere des Autos abwehrte, und in dem Glück, mit dem ich die erste Etappe der Flucht hinter mich gebracht hatte. Langsam, entsetzlich langsam lief das Benzin in den Tank, als wäre es kein Benzin, sondern ein zäher, dickflüssiger Brei. Es dauert doch eine beträchtliche Zeit, bis in einen Autotank 20 Liter Benzin hineingelaufen sind!

Endlich ging es weiter. Ich hatte als Fahrtziel zunächst einen Ort zwischen Oranienburg und Bernau angegeben, als mir mit einem Male einfiel, daß die Straße, auf der wir nun fuhren, der sehr häufig benutzte Verbindungsweg zwischen dem Oranienburger Lager und der Blumberger Zweigstelle war. Bei jedem Auto, das uns entgegenkam, bei jedem Auto, das uns verfolgte – und es kam mir so vor, als würden wir unaufhörlich verfolgt –, hauchte ich ein kleines Loch in das Eis an den Wagenfenstern, jeden Augenblick fürchtend, es könne ein Wagen aus Oranienburg sein. Aber die Fahrt ging unangefochten vonstatten, bis wir den angegebenen Ort erreichten. Hier änderte ich die Fahrtrichtung nach Süden und ließ mich bis an den Rand von Berlin bringen. Die zweite Etappe hatte ich hinter mich gebracht!

Am Rande von Berlin stieg ich auf die Straßenbahn. Die ersten paar Haltestellen weit hatte ich ein seltsames Gefühl der Geborgenheit, niemand sah mich an, jeder schien mit sich beschäftigt, der Schaffner wunderte sich nicht darüber, oder gab es wenigstens nicht zu erkennen, daß ich den Fahrschein mit einer vor Erregung heiseren, beinahe versagenden Stimme verlangte, und zum ersten Mal seit drei Stunden ließ die Anspannung der Nerven nach. Die Straßenbahn durchfuhr einen längeren Teil ihrer Strecke, ohne zu halten, und ich war schon in neue Gedanken über den weiteren Verlauf meiner Flucht eingesponnen, da hielt der Wagen mit plötzlichem Ruck, und auf den vorderen Perron stiegen drei SA-Leute auf. Mit einem Schlage wachte in mir die Erregung wieder auf. Der erste Impuls war, auszusteigen und einen anderen Straßenbahnwagen zu nehmen, aber dann sagte ich mir, daß auf der Berliner Straßenbahn wahrscheinlich sehr häufig SA-Leute mitfahren, und blieb sitzen. Sitzen? Körperlich ausgedrückt, saß ich, ich lehnte mich sogar an, aber innerlich? Es war eine Art von Schweben; jede Weiche, jede Schienenkreuzung, über die die Straßenbahn fuhr, spürte ich bis ins Gehirn und bis in die Fingerspitzen. Jahrelang war ich auf der Berliner Straßenbahn gefahren und hatte nie gewußt, was das für ein aufreibendes Verkehrsmittel sein kann!

Im Zentrum von Berlin unterbrach ich meine Fahrt, veränderte durch einige Kleinigkeiten meine Kleidung und ging – in eine Badeanstalt! Sosehr mir der Boden unter den Füßen brannte, so unabweisbar dringend war das Bedürfnis, nach neun Monaten zum ersten Mal wieder warm baden zu können. Selbst auf der Flucht konnte ich mich nicht davon abbringen lassen, und als ich in dem unbeschreiblich köstlichen Bade saß, hatte ich das Gefühl, die ganze Konzentration abspülen zu können. Nicht nur im körperlichen Sinne, sondern dieses Bad war mir mehr: obwohl ich erst auf der Mitte des Fluchtweges war und zwei schwierige Etappen noch vor mir hatte, durchzog mich das erlösende Empfinden, als ob ich auch von all dem unausgesetzten seelischen Druck, von dem unausgesetzten Gefühl des Ekels der sechs Monate Oranienburg einiges loswürde.

Mit einer anderen Straßenbahn setzte ich meinen Weg fort, an ihrer Endstation stieg ich in einen Vorortzug, an dessen Endstation wiederum in einen Fernzug. Den Fernzug verließ ich vor meiner Ankunft am Ziel, stieg in einen Omnibus, vom Omnibus wieder in eine Straßenbahn, von der Straßenbahn wieder in einen Vorortzug, von dem Vorortzug wieder in einen Fernzug, von diesem Fernzug wieder in einen anderen Fernzug, bis ich in später Abendstunde in dem Ort ankam, von dem aus ich die vierte Etappe, die Überschreitung der Landesgrenze, durchführen wollte. Das gelang mir auch in einem achtstündigen Nachtmarsch.

Es war eine eiskalte, mondhelle Nacht. Schneebeladen ragten die schweigenden Wände des Waldes, die rechts und links die Straße begrenzten, in die klare Luft empor. Der hart gewordene Schnee knirschte unter meinen Schritten, der Atem gefror einem fast vor Mund und Nase, und je näher ich der Grenze kam, um so heftiger schlug mein Herz. Würde die Grenze an der Stelle, die ich mir zum Überschreiten ausgesucht hatte, bewacht sein? Die ersten sechs Stunden dieses Nachtmarsches – und sechs Stunden sind eine sehr, sehr lange Zeit! – lief ich immer mit der erwartungsvollen Furcht, um die nächste Wegbiegung könnte ein Gendarm, könnten SA-Leute auftauchen und alle Anstrengung wäre umsonst gewesen. Sechs Stunden lang vermied ich sorgfältig, auf einen knackenden Zweig zu treten, sechs Stunden lang marschierte ich mit schmerzenden Muskeln, mit überwachen Sinnen, die jedes Geräusch des nächtlichen Waldes auffingen, mit bebenden Nerven, die bis zum Zerreißen gespannt waren.

Es war ein so unscheinbarer Stein, der da verlassen im Walde, von einer Schneekruste bedeckt und vom Vollmond beschienen, vor mir lag, und doch trennte er zwei Welten voneinander: der Grenzstein. Einen Schritt tat ich an ihm vorbei, dann blieb ich einige Augenblicke stehen, und eine Fülle der Gesichte tauchte in mir auf: die Kindheit, die Schulzeit, der Krieg, die Berufsarbeit, ein schwingendes Band von Bildern aus drei Jahrzehnten vergangenen Lebens, dann ging ich weiter.

Zwei Stunden später, nachdem ich 22 Stunden auf der Flucht unterwegs gewesen war, kam ich in einem Orte an, und nun ließ endlich die Anspannung der Nerven nach. Nach neun Monaten sank ich zum ersten Mal in ein richtiges weißbezogenes Bett, ich konnte die Tür hinter mir zumachen, ich war allein.

Es war nicht meine Heimat, in der ich nun war, es war nicht das Land, für das ich im Felde gestanden und dessen Reichsparlament ich angehört hatte. Aber es war eine Welt, in die ich zurückkehrte, in der der Mensch dem Menschen als Mensch gilt, in der keiner so grenzenlos, so abscheulich, so viehisch gequält wird wie im Deutschland Hitlers. Mit dem Überschreiten der tschechoslowakischen Landesgrenze war ich zurückgekehrt in die Welt der Kultur, in das Reich der Zivilisation, ich war aus dem Gefangenen eines Konzentrationslagers wieder zu einem freien Menschen geworden.

XIV. Nachtrag

Wie die Flucht entdeckt wurde – der Reichsstatthalter von Anhalt ohrfeigt den Kommandanten des Oranienburger Lagers – Der Kommandant des Lagers muß ein Entlastungsbuch für sich selbst schreiben – Wo bleibt die Sühne für die SA-Verbrechen?

Kein Stacheldraht, keine noch so scharfe Kontrolle kann verhindern, daß die Vorgänge in den deutschen Konzentrationslagern draußen in der Welt bekannt werden. So habe ich denn auch nach meiner Ankunft im Ausland noch aus Oranienburg erfahren, was sich unmittelbar nach meiner Flucht ereignet hat. Ich vermag diese Vorkommnisse freilich nur außerhalb der dieser Schrift vorangestellten Eidesformel wiederzugeben, da ich sie nicht aus eigenem bezeugen kann; aber die Quelle der mir übermittelten Nachrichten ist so zuverlässig, daß sie hier nachgetragen werden mögen.

Am Montag, dem 4. Dezember, habe ich morgens 8.15 Uhr von der Zwangsarbeit am Murgraben nordwestlich von Oranienburg weg meine Flucht begonnen. 8.45 Uhr, nur eine halbe Stunde später, wurde die Arbeit am Murgraben auf Anordnung der SA-Wache wegen der großen Kälte eingestellt. »Alles in drei Gliedern antreten! – Stillgestanden! – Richt euch! – Augen geradeaus! – Rührt euch! – Durchzählen!«

Die vordere der drei Reihen Gefangenen zählte: »Eins, zwei, drei, vier...« Der letzte der zu dreien hintereinander stehenden Gefangenen zählte: »Sechsundzwanzig voll«, das heißt, daß die Dreierreihe hinter ihm voll war. Sechsundzwanzig mal drei, so rechnete der SA-Kommandoführer, macht achtundsiebzig – Gefangenenzugführer (der wie immer vor der ersten Reihe der Gefangenen stand) dazu, macht neunundsiebzig – achtzig müssen es sein, da fehlt doch einer? – Verdammte Schweinerei!

»Alles noch mal durchzählen!«

Die Gefangenen: »Eins, zwei, drei, vier, fünf … sechsundzwanzig voll!«

Der SA-Wachthabende: »Macht achtundsiebzig, euer Zugführer neunundsiebzig, also fehlt einer. Wer fehlt?«

Schweigen. Die Gefangenen sehen einander an, aber das Arbeitskommando Murgraben bestand Anfang Dezember aus so vielen Neuangekommenen aus Zugang von anderen Konzentrationslagern, daß zunächst keiner den Fehlenden namhaft machen konnte. Alles Fluchen der SA-Posten half nichts – es blieb nur übrig, den Rückmarsch zum Lager anzutreten.

Stumm wurde die Marschkolonne formiert, stumm ging es durch die schneidende Kälte auf der Landstraße nach Oranienburg zurück. Im Lager angekommen, wurde festgestellt, wer von den achtzig Gefangenen der Murgrabenkolonne fehlte; der Reichstagsabgeordnete Seger – Dessau. Donnerwetter!

Sofort wurde die gesamte SA des Lagers alarmiert. Motorräder knatterten, Radfahrkolonnen schwärmten aus, und SA-Leute zu Fuß begannen in der nächsten Nähe des Lagers ihre Suche. Fieberhaft wurden die Stadt Oranienburg und ihre Umgebung gestreift, alle Straßen durchgekämmt – vergeblich. Der Gesuchte war verschwunden.

Ich hatte also meine Flucht, ohne es zu ahnen, mit nur dreißig Minuten Vorsprung ausgeführt, und als die SA des Lagers nach dem Alarm die Stadt Oranienburg und die Ausfallstraßen mit Autos, Motorrädern und Fahrrädern durchraste, muß ich in dem Mietauto gerade entwischt sein; eine Flucht, die sozusagen nur um Haaresbreite gelungen war!

Ein zweiter Vorgang, der sich danach in Oranienburg abgespielt hat, verdient ebenfalls, wiedergegeben zu werden, wobei aber zuvor die handelnde Person dieses charakteristischen Ereignisses vorgestellt werden muß.

Ich war im Lager Oranienburg als Schutzhaftgefangener des Landes Anhalt. Der Nazi-Gewaltige dieses Landes ist der Reichsstatthalter Wilhelm Loeper, Dessau, Hauptmann a. D., Reichstagsabgeordneter, Gauleiter der Nazipartei, Landesinspekteur der SA, ein, wie man aus der Fülle dieser Ämter sieht, Großverdiener, ein Revolutionsgewinnler des 30. Januar. Diesen Loeper kennzeichnet ein ebenso großes Maß von Eitelkeit und Roheit wie ein sogar im Nazilager nicht alltägliches, ungewöhnlich geringes Maß von Verstandeskräften und politischen Kenntnissen.

Der Herr Reichsstatthalter ist in einen wahren Tobsuchtsausbruch verfallen, als er von meiner Flucht erfuhr, denn es war von ihm – nicht zuletzt zur Befriedigung seiner persönlichen Rachebedürfnisse – vorgesehen, daß ich (als einzige politische Geisel des Landes Anhalt) auf unabsehbare Zeit in »Schutzhaft« festgehalten werden sollte. Um seiner außerordentlichen Wut eine Auslösung zu verschaffen, fuhr Herr Loeper nach Oranienburg ins Lager und – versetzte dem Lagerkommandanten öffentlich auf dem Hofe des Lagers eigenhändig ein paar Ohrfeigen.

Diese Ohrfeigen hat der Lagerkommandant, der sie empfing, gewiß redlich verdient, aber sie kennzeichnen doch auch den Herrn Reichsstatthalter, der sie erteilte.

Außer den Ohrfeigen für den Kommandanten des Konzentrationslagers Oranienburg hat meine Flucht noch eine andere Folge gehabt, wie sich aus einer Veröffentlichung der »Prager Presse« ergibt.

Die Tatsache, daß der aus dem Lager Entflohene als Journalist von Beruf in der Lage war, vor der Öffentlichkeit der Welt eine wahrheitsgemäße Darstellung der ganzen Scheußlichkeiten des Konzentrationslagers Oranienburg zu geben, hat offenbar auch die Propagandazentrale des Herrn Goebbels beunruhigt. Der hier vorliegenden Schrift über das Lager Oranienburg sollte daher vorgebeugt werden, und so erhielt der Lagerkommandant Sturmbannführer Schäfer den Auftrag, seinerseits ein Buch über das von ihm geleitete und so berüchtigte Konzentrationslager zu schreiben. Dieses Buch, dessen Inhalt alle gegen das Konzentrationslager Oranienburg erhobenen Vorwürfe »entkräften« soll, wird durch eine der Goebbelsschen Propagandazentrale dienstbare Firma zum Vorabdruck der ausländischen Presse angeboten, wobei man aber, wie das Beispiel der »Prager Presse« zeigt, auf wenig Gegenliebe stößt; die »Prager Presse« hat das verlockende Angebot abgelehnt.

Das schriftstellerische Bemühen des Lagerkommandanten, der sich bei dieser ungewohnten Tätigkeit zweifellos fremder Hilfe bedienen mußte, ist vergeblich. Keine noch so eifrige Propaganda der Goebbelszentrale schafft die Toten aus der Welt, die im Oranienburger Lager unter der Oberleitung des Kommandanten Schäfer ihr Leben ausgehaucht haben! Keine noch so eifrige Propaganda gibt den vielen Gefangenen ihre Gesundheit wieder, die sie in den Kühlkellern des Oranienburger Lagers, in den vom

Kommandanten Schäfer eingerichteten stehenden Steinsärgen, in den Dunkelarrestzellen und in der Folterkammer, Zimmer 16, verloren haben! Keine noch so eifrige Propaganda schafft die Tatsachen aus der Welt, die auf den vorhergehenden Seiten dieser Schrift unter gewissenhafter Wahrung der vorangestellten Eidesformel wiedergegeben worden sind.

Die Ohrfeigen des Reichsstatthalters hat der Lagerkommandant redlich verdient – sein Buch aber wird er umsonst geschrieben haben. Die Wahrheit über das Konzentrationslager Oranienburg wird ihren Siegeszug durch die Welt antreten, unbekümmert um diesen Versuch brauner Propaganda, mit dem der Lagerkommandant aus der Welt schriftstellern soll, was seine Roheit und die seiner Landsknechte Tausenden von Menschen zugefügt haben.

Indes wird alles nichts nützen. Gewiß, es haben nur sehr wenige aus den Konzentrationslagern Entlassene den Mut, über ihre Erlebnisse, ihre schrecklichen Leiden und Erfahrungen zu sprechen. Die Furcht davor, aufs neue verhaftet und nach der zweiten Einlieferung noch ärger mißhandelt zu werden, verschließt den meisten Entlassenen den Mund, und man kann ihnen keinen Vorwurf daraus machen. Tausende von Angehörigen, Freunden und Bekannten solcher aus einem Konzentrationslager Entlassenen haben auf ihre ebenso teilnahmsvolle wie gespannte Frage, wie es denn nun im Lager gewesen sei, die immer gleiche, ausweichende Antwort gehört: »Bei Muttern ist es natürlich schöner!« – mehr sagen die meisten nicht, mehr wagen sie nicht zu sagen.

Denn ein einziges unvorsichtiges Wort, ein kleiner Dienst nur an der Wahrheit, und sie spüren wieder, wie ihnen die Haut unter den Hieben des Gummiknüppels brennt, wie ihnen die Muskeln schmerzen, wie ihnen das Blut des gepeinigten Körpers in den Ohren saust, das ganze Grauen des Konzentrationslagers steht unaufhörlich vor ihren Augen, vor den Augen, die die unsagbarste Schändung des Menschengeschlechts mit ansehen mußten.

Aber auf die Dauer wird doch kein Stacheldraht, kein Terror, keine Goebbelspropaganda verhindern, daß allmählich die Wahrheit über das grauenhafte Hunnensystem Hitlers in alle

Welt dringt, und diesem unausbleiblichen Siegeszug der Wahrheit dient der vorliegende Bericht über sechs Monate Oranienburg.

Da die nationalsozialistische Partei und die deutschen Behörden jede Mitteilung über die Vorgänge in den Konzentrationslagern als »Greuelpropaganda« abzutun pflegen und wiederholt erklärt haben, alle Ungesetzlichkeiten würden verfolgt, ist den maßgebenden Justizbehörden Gelegenheit gegeben worden, dies durch die Praxis zu beweisen. Das Manuskript der vorliegenden Schrift wurde an folgende Amtsstellen in Deutschland gesandt: an den Reichsminister der Justiz, an den Oberreichsanwalt Dr. Werner, an den Generalstaatsanwalt I Berlin, an den Oberstaatsanwalt Anhalt und an den Stabschef der SA, Ernst Röhm (an diesen mit Rücksicht auf die Tatsache, daß die SA und SS nach Angaben aus Deutschland besonders scharfer Disziplinargerichtsbarkeit unterstellt worden sind). Die Übersendung des Manuskripts erfolgte als Strafanzeige mit Hinweis auf die in der Schrift genau angegebenen in Oranienburg verübten Verbrechen gegen das Leben und die Gesundheit Gefangener. Als Beispiel der Strafanzeigen sei der Brief an den Reichsminister der Justiz wiedergegeben:

Gerhart Seger Prag, den 27. Januar 1934

An den Reichsminister der Justiz
Berlin W 8
Voßstraße

Ich überreiche Ihnen gleichzeitig das Manuskript meiner Schrift:

»Oranienburg. Erster authentischer Bericht eines aus dem Konzentrationslager Geflüchteten«.

In dieser Schrift werde ich über Verbrechen gegen das Leben und die Gesundheit Gefangener im Konzentrationslager Oranienburg berichten. Die Namen der Beschuldigten sind genau bezeichnet. Dadurch wird ihre strafrechtliche Verfolgung möglich.

Das Manuskript meiner Schrift »Oranienburg« sende ich gleichzeitig an den Oberreichsanwalt beim Reichsgericht Dr. Werner, an den Generalstaatsanwalt I Berlin, an den Oberstaatsanwalt Anhalt in Dessau. Ferner sende ich das Manuskript dem Stabschef der SA, Röhm, in München zur weiteren Verfolgung, da mir aus der Presse bekannt wurde, daß SA und SS einer besonders strengen Gerichtsbarkeit unterstehen sollen.

Ich ersuche alle diese Stellen, meine Mitteilungen als Strafanzeige zu behandeln. Sie werden sich dieser Pflicht nicht entziehen können, ohne gegen den § 346 des Strafgesetzbuches zu verstoßen, der Justizbeamten Zuchthausstrafe bis zu 5 Jahren androht, wenn sie die Verfolgung ihnen bekannt gewordener strafbarer Handlungen unterlassen.

Gez. Gerhart Seger.

Und nun hat die Rechtspflege des Dritten Reiches das Wort!

Gerhart SEGER
Ancien député au Reichstag

ORANIENBOURG

Sinistre geôle de l'Enfer Hitlérien

Témoignage authentique d'un fugitif sur la grande persécution Hitlérienne dans un Camp de concentration

---

PARIS	**LAUSANNE**
ÉDITIONS JEAN CRÈS	**ÉDITIONS SPES S. A.**
41, Rue de Vaugirard	**4, Place de la Riponne**

1934

Titelblatt der französischen Ausgabe von Segers Bericht

Werner Schäfer

Konzentrationslager Oranienburg Das Anti-Braunbuch über das erste deutsche Konzentrationslager (Auszüge)

Werner Schäfer, von März 1933 bis März 1934 Lagerkommandant des Konzentrationslagers der SA-Standarte 208 Oranienburg, wurde 1904 in Straßburg geboren. Nach verschiedenen Beschäftigungen trat er 1926 der Schutzpolizei bei, schied aber bereits 1928 wieder aus. In der Folgezeit war er Angestellter bei der Kreissparkasse Niederbarnim und wurde im September 1928 Vorsteher der neu eingerichteten Nebenkasse in Klosterfelde. 1932 gab er die Stellung auf und wurde nach kurzer Zeit der Erwerbslosigkeit Fahrer bei der nationalsozialistischen Zeitung »Angriff«. Von 1921 bis 1925 gehörte er dem völkischen Verband »Olympia« an. Am 1. 11. 1928 wurde er Mitglied der NSDAP. Er gründete die Ortsgruppe Klosterfelde und war zwei Jahre deren Leiter. 1932 wurde er Führer des SA-Sturmbanns V/207. Danach begann sein Weg als KZ-Kommandant. Als die Weltöffentlichkeit auf die Zustände im Konzentrationslager Oranienburg aufmerksam wurde und die Protestwelle nicht nachließ, erhielt er von der Naziführung den Auftrag, in einem Buch dazu Stellung zu nehmen. Es war das einzige Mal, daß die Nazis in einem Buch die Existenz von Konzentrationslagern beschrieben. Bereits im März 1934 erschien das Buch.

Von 1934 bis 1942 war der inzwischen zum Oberregierungsrat beförderte Schäfer Leiter bzw. Kommandeur der Strafgefangenenlager im Emsland. Obwohl 1938 ein Dienstverfahren wegen Korruption und Gefangenenmißhandlung gegen ihn geführt wurde, beförderte Hitler ihn zum SA-Oberführer. 1942 wurde er zur Wehrmacht eingezogen.

Im September 1945 wurde Schäfer von der britischen Militärregierung verhaftet. Von Neuengamme aus wurde er nach Oldenburg gebracht und dort inhaftiert. 1949 wurde er wegen

»Haftunfähigkeit« entlassen. 1950 erkannte das Schwurgericht beim Landgericht Osnabrück für Recht: »Regierungsdirektor a. D. Schäfer wird wegen Verbrechen gegen die Menschlichkeit in Tateinheit mit Körperverletzung im Amt … zu einer Gefängnisstrafe von vier Jahren verurteilt. Die bisherige Internierungs- und Untersuchungshaft wird in voller Höhe angerechnet.«

1953 wird er vom Vorwurf des »Verbrechens gegen die Menschlichkeit« freigesprochen.

Wegen seiner Tätigkeit als KZ-Kommandant wurde Schäfer nie zur Rechenschaft gezogen.

Der folgende Abdruck kann nicht der Verherrlichung und Verbreitung nationalsozialistischer Ideologie dienen. Deshalb wurden alle als dazu geeignet erscheinenden Stellen, ohne sie extra zu kennzeichnen, vor Drucklegung herausgenommen. Publiziert werden hingegen alle »Fakten«, die Schäfer aus seiner Sicht und der seiner Auftraggeber über das Konzentrationslager Oranienburg berichtet.

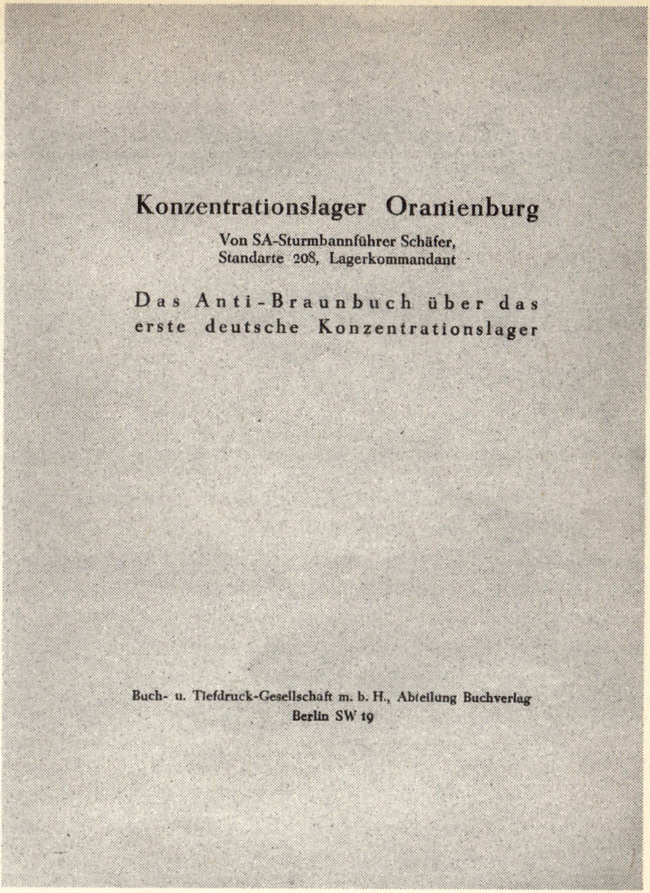

Konzentrationslager Oranienburg

Von SA-Sturmbannführer Schäfer,
Standarte 208, Lagerkommandant

Das Anti-Braunbuch über das erste deutsche Konzentrationslager

Buch- u. Tiefdruck-Gesellschaft m. b. H., Abteilung Buchverlag
Berlin SW 19

Titelblatt von Schäfers »Anti-Braunbuch«

… weil die nationalsozialistische Revolution, beseelt von unerhörter noch nie dagewesener Disziplin, nicht abgleiten sollte in die gefährlichen Situationen gewaltiger, bewaffneter Auseinandersetzungen innerhalb des eigenen Volkes, wurden spontan, ohne daß hierzu besondere Befehle der Regierung vorlagen, Konzentrationslager errichtet.

Die nunmehr folgende Aufzeichnung, die ich die Geschichte des in der Welt am meisten genannten und – leider – verleumdeten Lagers Oranienburg nennen darf, soll dazu beitragen, unter absoluter und rücksichtsloser Anerkennung von Licht und Schatten Klarheit zu schaffen, wo durch die wohlbekannte Unterminier- und Dunkelmannsarbeit hätte unendlicher Schaden angerichtet werden können.

Es liegt uns jungen Deutschen, die wir das Elend und die gesellschaftliche Verwirrung der ersten Hälfte des zwanzigsten Jahrhunderts ganz und gar ausgekostet haben, nichts daran, manchmal eine unverständliche oder harte Beurteilung durch unsere Nachbarvölker zu erfahren.

Woran wir aber, da wir eine ehrliche Verständigung zwischen den kommenden Generationen der Völker wünschen, Interesse haben, ist die sachliche Auseinandersetzung, der keine fehlerhafte oder gar lügenhafte Berichterstattung verantwortungs- und vaterlandsloser Gesellen zugrunde liegen darf.

Diesem Ziel dient das vorliegende Buch, in dem ich mich mit dem Sinn und Zweck des Konzentrationslagers im Dritten Reich, dem nationalsozialistischen Reich Adolf Hitlers, auseinandersetzen werde.

Geschichte und Aufbau des Lagers

Am Ausgang der kleinen märkischen Stadt Oranienburg, dort, wo die Straße nach Berlin führt, liegen die roten Backsteingebäude, in denen das im In- und Ausland so bekannt gewordene und leider so oft ungerecht beurteilte Konzentrationslager untergebracht ist. Sehr bewegt ist die Geschichte und Vergangenheit dieser alten Fabrik – und wenn Steine – Bausteine – zu uns sprechen könnten, die Mauern der ehemaligen Brauerei und nachmaligen Elektrofabrik könnten viel, sehr viel erzählen.

Lange bevor ich sie kennenlernte, die alte Brauerei, mit ihren Gewölben, weiten Hallen und dem Verwaltungsgebäude, dem an der lärmenden Straße hingeduckten Pförtnerhäuschen, hatte das Schicksal, das deutsche Wirtschaftsschicksal der Nachkriegszeit, an die Gittertore gepocht.

Auf dem weiten vorgelagerten Hof begann zwischen den Steinen Gras und Moos zu wachsen, und wäre nicht der alte Pförtner zurückgeblieben, dessen Hand noch manchmal versuchte, sichtbar werdende Schäden zu beheben, wer weiß, um wieviel schneller der nagende Zerfall sich mit der Einsamkeit verbunden hätte.

Zu Beginn des Jahres 1933 hatte die Not im deutschen Vaterland gigantische Höhen erreicht. Mit riesenhaften Schritten ging es dem Abgrund entgegen. Hatte es vorher in der SA geheißen »Die Helme fester gebunden« – nun hieß es »Hände gefaßt«, damit keiner, von der drohenden Sturzsee des Schicksals erfaßt, über Bord gespült werde. Abend für Abend trafen die Führer der SA zusammen, denn die Stunde, das wußten wir alle, war nicht mehr fern, wo die Entscheidung zwischen einem bolschewistischen oder nationalsozialistischen Deutschland fallen würde.

An der Spitze der Standarte 208 stand ein Führer, der wie die ihm anvertrauten SA-Männer die Segnungen des marxistischen Systems am eigenen Leibe zu verspüren bekommen hatte.

Gefängnis oder Flucht vor den greifenden Händen der Systemjustiz – das waren Etappen in dem bewegten Leben dieses jungen, im Kampf für seinen Führer und die Freiheitsbewegung gehärteten Nationalsozialisten, als ihn das Vertrauen des Führers der SA-Gruppe Berlin-Brandenburg an die Spitze der jungen märkischen Standarte 208 Niederbarnim berief. Die Not unserer SA-Männer hatte uns wieder einmal, wie so oft, zusammengebracht, und die Möglichkeiten, wie geholfen werden könnte, wurden lebhaft besprochen. Durch Zufall war einer der SA-Führer mit dem Direktor einer Berliner Bank bekannt geworden, und im Verlaufe des Gespräches hatte sich ergeben, daß die Bank im Bereich der Standarte 208, in Oranienburg, eine alte Fabrik vor Jahren hatte übernehmen müssen, die man uns zwecks Unterbringung unserer erwerbs- und obdachlos gewordenen SA-Männer unentgeltlich anbot.

So bekam die alte Brauerei in Oranienburg ihren ersten Besuch nach langjähriger Einsamkeit. Die politischen Ereignisse überstürzten sich. Am 29. Januar noch hatte Graf Helldorf zu der im Schnee vor dem Schützenhaus in Oranienburg angetretenen Standarte 208 von den kommenden Ereignissen gesprochen.. Und nun war der 30. Januar, der Tag der Erfüllung, gekommen.

Am Abend traten in ganz Deutschlad die Sturmsoldaten Adolf Hitlers an, um in riesigen Fackelzügen den Führer zu ehren und die Befreiungsstunde des Vaterlandes zu feiern. Am Abend dröhnte der Marschschritt der braunen Bataillone durch die Straßen, und – zum letztenmal bäumte sich voller Verzweiflung das Untermenschentum auf.

Am Nachmittag des 21. März erreichte mich die Nachricht, daß im Gebiet der Standarte 208 Verhaftungen von Marxisten stattgefunden hätten. Trotz ständiger Ermahnung, sich endlich von Gewalttaten fernzuhalten, hatten sich gefährliche Elemente zusammengefunden, die es sich zur Aufgabe gemacht hatten, mit brachialer Gewalt die nationale Revolution in eine bolschewistische zu verwandeln.

Einig in ihren verbrecherischen Zielen, waren verantwortungslose Führer der sonst feindlichen SPD und KPD übereingekommen, den deutschen Arbeiter in letzter Stunde für die marxistische Idee mit Gewalt zurückzugewinnen. Dank der jahrelang geübten Unterordnung, die in dem einfachsten SA-Mann genauso wach wie in seinen Führern war, wurde hier – zur kritischsten Stunde – ein Blutbad, das unabwendbar schien, vermieden. Die Schuldigen – Hetzer und Verhetzte – wurden verhaftet und in einzelnen Orten, die besondere Brennpunkte im Kreise Niederbarnim, dem politisch gefährlichsten Randkreise Berlins waren, festgehalten, bis der Standartenführer 208 ihre Überführung nach Oranienburg anordnete.

Die erste Sorge, die an mich herangetragen wurde, war die, wie die politischen Gefangenen, die am Abend eintreffen sollten, unterzubringen seien.

Mit einigen meiner ältesten SA-Männer fuhr ich auf einem alten Lastwagen nach dem in der Nähe Oranienburgs gelegenen kleinen Flecken Germendorf, wo bei den Bauern Stroh entliehen wurde. Die Bauern, die uns SA-Männer so manchesmal treu unterstützt hatten, versagten auch hier nicht. Allerdings hatte ich das Empfinden, daß ich den wahren Zweck unseres Kommens nicht voreilig enthüllen durfte, denn der Haß gegen die Marxisten und ihren Anhang war in den ersten Stunden der nationalsozialistischen Erhebung so groß, daß es mich nicht Wunder genommen hätte, wenn mir das Stroh für den eigentlichen Zweck, dem es dienen sollte, vorenthalten worden wäre. Es mögen einige zwanzig Bündel Stroh gewesen sein, als der Lastwagen polternd das Dorf in Richtung Oranienburg wieder verließ. Unterwegs zermarterte ich meinen Kopf, welcher Raum in der alten Brauerei wohl der geeignete für die Unterbringung der Häftlinge sein könnte. Die Fabrik war von mir nur oberflächlich besichtigt worden, und für mich als Quartiermacher in derart seltener Mission stand sie, was Unterkunftsmöglichkeiten anbelangt, nicht in bester Erinnerung.

An diesem Abend, dem 21. März, war für Oranienburg im Hinblick auf die bevorstehende, durch den Führer gewollte Reichstagswahl, ein großer Fackelzug für SA und die Anhänger der Partei befohlen. In noch nie dagewesener Einmütigkeit hatte sich weit über unser aller Erwarten die Bevölkerung zu dieser Demonstration eingefunden. Endlos schien der Zug, dem, von bengalischen Fackeln gespenstisch beleuchtet, die alten Sturmfahnen vorangetragen wurden. Endlos leuchteten und flackerten die Fackelbrände längs der Straßenzeilen. Der Anbruch einer neuen Zeit war da – wurde von Tausenden und aber Tausenden, die Wochen vorher noch in stiller Verbissenheit aneinander vorbeigelaufen und gehastet waren, erlebt. – Gläubig legten Hände sich ineinander, während das Lied Horst Wessels gegen den nachtdunklen Himmel anbrandete.

Als die Fackeln langsam verlöschten, da waren die Gefangenen, begleitet von SA-Männern des SA-Sturmbannes III/208 auf Lastautomobilen herangekommen. Stumm ergriffen von der Größe des soeben erlebten geschichtlichen Augenblicks, blickten die Tausende hinüber zu dem Lastwagentransport. Kein

Schrei der Empörung, daß dort Menschen vorbeigefahren wurden, die wenig vorher noch bereit gewesen waren, mitzuhelfen, den Keim der Einigung zu ersticken.

Das war die Erziehung des nationalen Sozialismus, der in Tausenden und aber Tausenden von Versammlungen tiefer in die Seele des Volkes eingedrungen war, als wir selber ahnten.

In der alten Fabrik wurde inzwischen in einem Raum des ehemaligen Verwaltungsgebäudes, in dem vor Jahren einmal fleißige Hände die Federhalter über die Buchseiten hatten eilen lassen, eine – der Einsamkeit entrissene, noch einigermaßen brauchbare – Petroleumlampe entzündet. Stur, in das Halbdunkel des enggewordenen Raumes stierend, verbissen, gleichgültig ihrem Schicksal ergeben, hockten die Neuangekommenen auf der Strohschütte, fast alle durchweg Angehörige der Arbeiterklasse.

Zu verschweigen, daß einige der Verhafteten keine allzu sanfte Behandlung inzwischen erfahren hatten, wäre töricht und auch völlig unverständlich. Unverständlich insofern, als eine derartige Behandlung einer dringenden Notwendigkeit entsprach.

Inzwischen, ich hatte ordnend in das Durcheinander der ersten Einlieferung eingegriffen, füllte sich der schlecht beleuchtete Raum. Bekannte Gesichter Oranienburger Marxisten tauchten im Halbdunkel auf. Gewohnt, ihre Verachtung mit echt lümmelhafter Gebärde und Straßengeste uns zu zollen, kamen sie – Hände bis zu den Ellenbogen in den Hosentaschen, Mütze im Genick oder tief in das Gesicht gedrückt – und – lernten im Augenblick um. Selten habe ich so fabelhafte Erzieher gesehen wie meine alten SA-Männer, die selbst zum Teil dem proletarischen Milieu entstammten, mit außerordentlicher Hingabe sich dieser besonders flegelhaft auftretenden kommunistischen Radauhelden annahmen. Soweit will ich nicht gehen und annehmen, daß verschiedene jener echt Bassermannschen Gestalten durch diese kurzen Unterrichtsminuten andere Menschen geworden sind, aber – wo der innere Mensch umgestaltet, gleichsam zur geistigen Disziplin geführt werden soll, muß beim äußeren Menschen begonnen werden. Das ist eine jener Erfahrungen, die man sich nicht so ohne weiteres aneignet, wie man Vokabeln einer fremden Sprache lernt.

Die erste Nacht verlief den Umständen entsprechend absolut ruhig. Freiwillig hatten sich die SA-Männer als Posten aufgestellt. Die altgedienten Soldaten unter ihnen waren von mir als Wachhabende eingeteilt worden und hatten das Pförtnerhäuschen bezogen. So kam der 22. März, der eigentlich der Gründungstag des Konzentrationslagers wurde. Bei der Überstürzung und allzu raschen Folge der Ereignisse war uns eigentlich noch gar nicht so recht klar geworden, was denn nun noch kommen und werden sollte. Bezeichnend für den SA-Führer war bei mir wieder einmal die Sorge um das leibliche Wohl meiner Männer – derer im Braunhemd – und jener, die unruhevoll auf Stroh dem kommenden Tag als Häftlinge entgegensahen.

Auf der einen Seite kämpfte der gute, besser gesagt, der gutmütige – ewig gutmütige Deutsche mit dem um seinen Barrikadenkampf gekommenen Revolutionär. Wenn im Innern die aus den Verhältnissen absolut verständliche Ansicht die Oberhand gewann, das Wohl und Wehe der Marxisten da drinnen auf ihrem Stroh komme erst in allerletzter Linie – was wäre aus uns geworden, wenn es anders gekommen wäre –, so klang im selben Augenblick ein versöhnlicher Akkord mit: »Es sind ja Brüder, die nur vergessen haben, daß sie Deutsche sind!« Was ich darüber geschrieben habe, erhebt den Anspruch, und das darf ich sagen, ohne überheblich zu sein, echt deutsch, fast zu deutsch empfunden zu sein!

Beginn des 22. März mit verzweifelter Suche nach einer Verpflegungsmöglichkeit. Rettung – wie so oft – das SA-Sturmlokal und seine Wirtin. Über Nacht verantwortlicher Leiter eines »Unternehmens« zu werden, das aus Sturm geboren, jeder Grundlage bar ist, die man wirtschaftlich oder sagen wir, materiell nennen könnte, gehört gerade zu jenen Positionen, um die man von vornherein einen Menschen beneiden darf.

Bis dahin hatte ich in diesem Umfange noch nicht erkannt, daß eine Morgensuppe für vierzig Mann – ein hierfür notwendiger Kessel und Feuerplatz – Probleme sein können, die ernste Sorgen bereiten. Das Problem um die Suppe und ihre Herstellung wurde durch die Genialität der Wirtin des Sturmlokals glänzend gelöst, und das hieraus resultierende Problem der Bezahlung durch einen SA-Mann, der bisher schon die undankbare, aufreibende Tätigkeit eines SA-Sturmbann-Geldverwalters ausgeübt hatte.

Während des Vormittags trafen immer mehr Verhaftete ein. Der Raummangel wurde bedrohlich. Stroh fehlte, es mußte noch beschafft werden und konnte erst gegen Abend von den unermüdlichen SA-Männern zusammengetragen werden.

Gegen Nachmittag trafen der Führer der Standarte 208 mit seinem Adjutanten und der Kreisleiter der Landjägerei, ein Landjägeroberleutnant, ein. Sofort wurde an die Vernehmung der in Haft Genommenen gegangen. Das nannten wir auch Revolution! – Mit preußischer Gewissenhaftigkeit nahm der Polizeioffizier an einem alten, halbzerfallenen Tisch Platz, und nun ging es der Reihe nach. Draußen auf dem Hofe hatten die Häftlinge unter Anleitung von SA-Männern einen großen Kreis gebildet und marschierten so, eine große Gemeinschaft, über den gras- und moosüberwachsenen Hof.

Beim Aufruf der ersten Häftlinge fielen die Namen bekannter Marxisten, bekannt durch ihre politische zersetzende Tätigkeit im Kreise Niederbarnim. Schon beim Eintreten in den Aufenthaltsraum, der zum Tribunal verwandelt worden war, erkannte man, wie staatsnotwendig der Zugriff der SA gewesen war. Dieser Erkenntnis verdankt das Konzentrationslager Oranienburg seine Entstehung.

Verbissen, anmaßend und verstockt, das waren die Eindrücke, die man sofort nach den Beantwortungen der ersten, absolut sachlich gestellten Frage des Polizeioffiziers hatte. Hier harrte schwere, sehr schwere Erziehungsarbeit, wenn eine solche überhaupt noch möglich war. Mit nicht wiederzugebender Ruhe und Sachlichkeit wurden die einzelnen verhört. Wenn der anwesende Führer der Standarte und auch ich manchmal über die Art und Weise des Vernehmenden und der Vernommenen entsetzt dazwischen donnerte – weiß Gott, es war kein Wunder.

Hier hatten wir ein menschliches Verständnis, als wir die Tore ihnen selber öffneten; denn solche Gegner, wenn sie auch als männliche Weiber böse Zungen gehabt hatten, brauchte man nicht mehr niederzuringen, die hatten vor lauter langjähriger Barrikadenstürmerei in tabakverqualmten SPD-Bezirksgeldniederlagen den letzten Rest von Widerstandskraft mit Beitragszahlungen beglichen. Ein vernichtendes, aber gerechtes Urteil, gegen das jeder Widerspruch der davon Betroffenen gegenstandslos sein dürfte. Schneller habe ich kaum jemand die Waffen strecken sehen als jene kleinen SPD-Funktionäre, wie sie den von uns entworfenen Revers unterschrieben, niemals gegen den neuen nationalsozialistischen Staat in Wort oder Schrift sich zu wenden. Glückliche Entlassene, die gierig die Freiheitsluft im Dritten Reich vor den Toren des nunmehr konstituierten Konzentrationslagers Oranienburg tranken. Die alte Brauerei erwachte zu neuem Leben. Oben am Blitzableiter des hohen Fabrikschornsteins in schwindelnder Höhe flatterte eine Hakenkreuzfahne, die dort von einem der SA-Männer nach waghalsiger Kletterpartie angebracht worden war. Fanal des Sieges! Gleichsam, als sollte hiermit der Welt der Sieg des Nationalsozialismus über die Einsamkeit jener vielen, allzuvielen stillgelegten Fabrikgebäude weithin angezeigt werden. –

Verrostete Türen und Tore quietschten in ihren Angeln. Dumpf schlug uns die Luft der verstaubten Hallen entgegen. Ein widerlicher Geruch von altem Maschinenöl und rostigen Maschinen. Im Halbdunkel der ausgedehnten Fabrikräume standen die einstmals wertvollsten Metallbearbeitungsmaschinen. Von den Transmissionen hingen die Riemen – ein Bild, das uns wie kein anderes die Not der durch den Wirtschaftswahnsinn zugrunde gerichteten deutschen Industrie grauenhaft vor Augen führte.

Vorerst wollten wir noch abwarten; denn so feste Formen hatte das Konzentrationslager noch keineswegs angenommen, wie es hier erscheinen mag. Unser Ruf mußte weithin über die unmittelbaren Grenzen der näheren Umgebung Oranienburgs gedrungen sein. Jeder Tag brachte neue Gesichter, stumpfe Physiognomien, Spiegel ihrer Seelen. Jetzt erst sahen wir, welche Verwüstung die Lehre vom Kampf – Klasse gegen Klasse – bei unseren Volksgenossen angerichtet hatte. Es fiel uns aufrichtig schwer, von Volksgenossen zu sprechen. Jeder Tag zeigte, wie unverhohlen der Gegner an der Unterminierung der Auferstehung Deutschlands arbeitete. Raffiniert wußte man sich auf der Gegenseite zu tarnen. Die Reichstagswahl ergab eine sichere Mehrheit für die hinter unserem Führer stehenden Kräfte. Aber der Marxismus gab noch lange nicht sein Spiel verloren.

Hatte man vorher das Prinzip der Souveränität des Volkes angebetet, hier brach man mit diesem Prinzip, weil es den bisherigen Machthabern, die in der Minderheit geblieben waren, nichts mehr half. Immer wieder brachen die unterirdischen Quellen auf. Sofort griff die SA zu und brachte sie zum Versiegen. Der Kampf gegen den unsichtbaren Gegner begann. –

Im Lager hatte sich inzwischen eine bunte Gesellschaft zusammengefunden. Neben den kommunistischen Radauhelden, deren Traum von Krakeel und Chaos so gegenteilig in Erfüllung gegangen war, liefen – hier eigenartigerweise abgesondert, gleichsam als »bessere Herren« – einige geknickte Spitzengrößen Oranienburgs umher. Wieder ein ehemaliger Bürgermeister, über dessen Leben ein Unstern zu stehen schien. Hier handelte es sich um einen ausgesprochenen Intriganten, der seinen Genossen von der SPD, durch Zeitungsartikel, die er niemals als ehrlicher Mensch verantworten konnte, Liebesdienste erwiesen hatte. Über diesen Mann war das Urteil aller anständigen Menschen gefällt, bevor er die Tore des Lagers passierte.

In seiner Vernehmung fanden sich die Landjäger der in der Nähe Oranienburgs gelegenen Stationen ein. Kaum einer von ihnen war von diesem Skribenten verschont geblieben. Wer die ehrlichen, aufrichtigen Soldatenseelen dieser Beamten, denen ihr Dienst fast bis zur Unmöglichkeit vorher erschwert worden war, so genau kennt wie ich, kann allein nur verstehen, wie groß die Empörung über das ihnen durch diesen Mann zuteil gewordene Unrecht war. Die Verantwortungslosigkeit dieses, zu allem Überfluß noch mit dem Doktortitel der Rechte ausgestatteten »Edelmannes« läßt sich so einfach nicht beschreiben.

Als Berichterstatter für eine sozialdemokratische Zeitung des Kreises Niederbarnim hatte dieser »Journalist« die ihm zum Teil kaum oder gar nicht bekannten Beamten in einer Form angegriffen, die geradezu als phantastisch bezeichnet werden muß.

Eine Frage und ihre Beantwortung vermeine ich heute noch zu hören, vielleicht deshalb so nachhaltig, als hierdurch die ganze Infamie der verhetzten und verhetzenden marxistischen Seele zum Ausdruck kam. Der alte Oberlandjägermeister N., einer von jenen Beamten, um die draußen die Welt uns mit Recht beneiden darf, war besonders von diesem »doctor juris« angegriffen worden und richtete nun an ihn in meiner Gegenwart folgende Frage:

»Herr Dr. W., Sie kennen mich nun schon lange, was hat Sie veranlaßt, mich in der Ihnen nahestehenden Presse anzugreifen?«

Antwort: »Ich habe Sie immer hochgeschätzt, Herr N., aber Dritte trugen mir Klagen über Sie zu.«

Frage: »Warum haben Sie sich nicht vergewissert, ob Sie falsche Anschuldigungen aussprechen?«

Antwort: »Weil mir meine Genossen einwandfrei erschienen. Ich habe ihnen ja manchmal auch nicht geglaubt; aber die Redaktion verlangte von mir derartige Artikel – und ich mußte doch schließlich auch Geld verdienen.«

Ich darf offen gestehen, daß ich erschlagen war. Das war nun Jahre hindurch die geistige Einstellung eines Mannes, der als Akademiker zu den »Bevorzugten seines Vaterlandes« gehören sollte.

Als ich im Jahre 1932 zum erstenmal nach Oranienburg als Sturmführer zu meinen SA-Männern kam, erzählte man im Sturmlokal oftmals von einem Mann mit dem Beinamen »Knochenkarl«. Er hatte durch Kraft und Heimtücke bei »Rotfront« sich immerhin im Kampfe gegen die SA einen unrühmlichen Namen gemacht.

Ein Jahr später – Konzentrationslager –, und »Knochenkarl« war auch da. Groß, ungelenk, vierschrötig, in geistlosem Gesicht eine spitze, nichtssagende Nase zwischen kleinen, stechenden Augen und vorstehende Backenknochen – das war »Knochenkarl«.

Ich mußte einige der markantesten Erscheinungen meines Lagers verhören. Plötzlich war der Mann mit dem schönen Beinamen da. Er sollte sich äußern über einen am Abend jenes denkwürdigen 21. März geplant gewesenen Überfall auf die SA. Wie immer – wußte er von nichts. Er zögerte, er wich aus, er versuchte zu schwören, dann überlegte er wieder, der Weg schien doch zu riskant – also – er weinte. Und als man ihm auch das nicht glaubte, da – wälzte er alles von sich ab, und dann kam der Verrat. Und nun komme ich zu denen, die in diesem Buche oftmals noch Erwähnung finden werden; denn das Konzentrationslager wurde für mich zur Schule. Hier lernte ich die Taktik kennen, wie man am besten solchen Spießgesellen hinter die Schliche kommt. Einer nach dem anderen erschien, die durch den Verrat ihres Genossen aus dem Stroh geholt worden waren.

Keiner wollte etwas wissen; doch als sie merkten, wie weich der gewaltige Genosse geworden war, da wußten sie alle – alles. Bezeichnend für die verflossene Periode der Unaufrichtigkeit und elenden Gesinnung war diese erste Vernehmung.

Ein junger, unbeholfener Kommunist, dem irgend jemand einmal etwas gesagt haben mußte, daß er in kritischen Situationen sich auf eine Kopfverletzung, die er einmal in der Fabrik erlitten, berufen solle, machte zum Erstaunen aller – eine Liste der an jenem Abend sich zu »löblichem Tun« draußen am Kanal versammelten Marxisten aus dem Gedächtnis auf. Am nächsten Tag leugnete er die Liste wieder ab. Auch von Pistolen wollte er nichts wissen. Wir gingen seinen Angaben nach – und trotz angeblicher Irrung und Gedächtnisschwäche erfuhr sein Gedächtnis eine glänzende Rehabilitierung.

Die Liste stimmte! Und als wir zugriffen, machten alle Beteiligten die Wahrnehmung, daß der eigentliche Führer – fehlte! Wie im großen, so im kleinen. Einer der seinerzeit prominenten SPD-Führer hatte sich mit den Genossen vom proletarischen Selbstschutz, genannt »Knochenkarl«, in Verbindung gesetzt, und man war auf folgende schlaue Idee verfallen:

Unter dem Vorwand, die Nationalsozialisten planten im Anschluß an ihren Fackelzug am 21. März ein Haderfeldtreiben größeren Ausmaßes gegen die bekannten, ortsansässigen Marxisten, hatte man junge Aktivisten in die einsame Gegend am Kanal gelockt, angeblich, um sie vor dem »Furchtbaren«, was ihnen drohte, zu bewahren. Draußen hatte man dann »zum eigenen Schutz« Posten ausgestellt, die das Herannahen einzelner, nach Hause gehender Nationalsozialisten melden sollten. Einer dieser Posten gab bei seiner Vernehmung an, bei dieser Gelegenheit »Knochenkarl« im Besitz einer Pistole gesehen zu haben. Dieser rächte sich nun und wußte von dem angeblichen Verräter (der tatsächlich noch ein harmloser Junge war) auch etwas. Leider war der spiritus rector jener Selbstschutzorganisation auf und davon. Das war das gute Gewissen – und die Solidarität im Ernstfall.

Ein Tag folgte dem anderen. Die Frage der Verpflegung war gelöst. In der Küche eines größeren Restaurants in unmittelbarer Nähe des Lagers wurde gekocht. Damals waren es Frauen, die die Mittagsmahlzeit und das Abendbrot der Häftlinge und Wachmannschaften herrichteten. Wie wir später zu einer eigenen Küche kamen, werde ich noch schildern.

Inzwischen hatte sich in der Wachmannschaft ein fester Kern gebildet. Da das Lager mich ganz und gar vom frühen Morgen bis zum späten Abend in Anspruch nahm, wurde ich von der Führung meines Verbandes beurlaubt und ging nun, von meinem Adjutanten und einem alten Truppführer unterstützt, an die Organisation des Konzentrationslagers heran.

Das ist nun leichter geschrieben und gesagt, als diese Aufgabe in Wirklichkeit aussah.

Vor uns eine alte Fabrik, deren Räume mit Maschinen aller Art vollgestopft waren. Kein Handwerkszeug – nichts. Und hinter uns, um die Situation der tausend Hindernisse ganz zu erfahren, kein Geld.

Hier hätte mein Buch bereits sein Ende erreicht, wenn wir damals in der sich uns immer mehr aufdrängenden Erkenntnis steckengeblieben wären – »was nun?« –

Also – Inhaftierte waren genug da. Unordnung, wie ich eingangs erwähnte, noch mehr als genug – und Ideen, tausend mal tausend.

Hier war mein alter Truppführer Ruf, ein Mann am Anfang der fünfziger Jahre, am Platz wie keiner. Von Beruf Fotograf und Schriftsteller, Former und Globetrotter, Abenteurer und Praktiker, englisch, chinesisch, malaiisch und weiß Gott, welche sonstige Südseesprache kauderwelschend.

Fünf Jahre hatte er in einem der »Camps« in Australien als »prisonner of war« zugebracht. Als er dann endlich heimkehrte, waren seine Frau und die Söhne, die er vor Jahren verlassen hatte, Kommunisten geworden. Eine Welt stand zwischen ihm und den Seinen. Die Familie war durch die Politik zerstört. Heimkehrerschicksal, wie es in seiner Art vielleicht nur wenige gibt. So führte ihn sein Weg zu Adolf Hitler und seinen braunen Soldaten. Ruf wurde SA-Mann.

Diesem Mann übertrug ich die schwere Aufgabe, die Unterkunft der politischen Häftlinge so auszubauen und einzurichten, daß sie den einfachsten Ansprüchen genügen konnte. Geld – wie gesagt – gab es nicht. Vom Kommandanten angefangen, bis zum letzten Posten – arbeitslos, ohne Ausnahme, das war das einzige, was wir mit den Häftlingen gemeinsam hatten. Dieses wirtschaftliche Schicksal. Zaungäste des Lebens zu sein. Jene hatte die materialistische Weltanschauung des Marxismus gefangen, uns die Idee des nationalen Sozialismus. Dort herrschte die Anschauung: »Wo mein Brot, da mein Vaterland«. Uns beherrschte ein Glaube, und der hieß Vaterland und nur Vaterland, wenn auch in Not.

An einem Morgen, Anfang April, standen ungefähr 50 politische Häftlinge angetreten. Das erste Arbeitskommando des Konzentrationslages Oranienburg. Jahrelang hatten die meisten von ihnen nur den Weg zur Stempelstelle oder zu politischen Versammlungen gekannt. Nun sollten sie Pioniere werden. Pioniere am Aufbau einer alten Fabrik. Und was ihnen, wenigstens dem größten Teil, zum Segen gereichte, das war die Überwindung der inneren Scheu vor Arbeit, die sie durch die Disziplin, die sofort als oberstes Gesetz über ihnen stand, kennenlernten. Arbeiter der Faust.

Mit der Festigung der nationalen Revolution hatte auch das Konzentrationslager Oranienburg bestimmtere Form erhalten. Die Häftlinge, die nunmehr dem Lager zu einem kürzeren oder längeren Zwangsaufenthalt, je nach Schwere der vorliegenden, gegen den neuen Staat gerichteten Straftaten, zugeführt wurden, waren aufgrund besonderer staatlicher Verfügungen festgenommen worden. Man hat draußen in der Welt versucht, diese Maßnahmen der Regierung in oftmals recht unsachlicher Form, die meist den Stempel des »Emigrantenstandpunktes« trug, zu kritisieren.

Soweit es sich um das berüchtigte Braunbuch handelt, verlohnt es nicht der Mühe, diesem Buch, geschrieben von Haß und niedrigem Rachegefühl, besondere Ehre anzutun.

Das Braunbuch kenne ich und habe es selbst im Besitz. Gelesen habe ich dieses Buch des »Hitler-Terrors« auch recht eingehend und darf sagen – zum Teil recht belustigt, wenn ich mein Lager darin beschrieben fand. Einige, mein Lager betreffende

Abschnitte und Fotografien werde ich allerdings in einem der nächsten Kapitel würdigen und dann den Gegenbeweis, der unerläßlich ist, führen.

Ich habe solche Menschen kennengelernt, die zu Beginn ihres Lageraufenthaltes verbissen und fremd waren, dann aber langsam erwachten und als völlig neue Menschen Oranienburg verließen.

Und nun soll das Lager entstehen, mit seinen Mängeln, die ihm anhafteten, bis zur heutigen Vollendung, einer Vollendung, die nur der Erfolg zielbewußter, nationalsozialistischer Erziehungsarbeit ist.

Die ersten Arbeiten galten der Herrichtung von Schlaf- und Unterkunftsräumen sowie der Säuberung des großen Hofes von Gras und Moos. Nirgends durften irgendwelche Kosten entstehen; denn wir hatten es uns zur besonderen Aufgabe gestellt, keinen Menschen, auch nicht die mit tausend anderen, wichtigeren Dingen beschäftigte Regierung, zur Hilfe aufzufordern. Hier organisierte eine Jugend, die Not und Entsagung gewöhnt war, und genau wußte, daß zu einem Taler 30 Groschen gehören.

Die einzigen Gelder, die uns zuflossen, kamen von den Heimat- und Gemeindebehörden der Häftlinge, zur Beköstigung der Häftlinge bestimmt.

Eine alte Zange, ich glaube, es war die Urgroßmutter aller existierenden Zangen, erlebte ihre Wiederauferstehung. Tausende von Nägeln, die in den Fabrikhallen und -räumen in den Wänden saßen, wurden mit ihrer Hilfe gezogen und einem besonderen, mit den bereits beschriebenen Hämmern ausgerüsteten Kommando übergeben, damit sie wieder Rückgrat erhielten.

In den Stuben des Verwaltungsgebäudes platschte das Wasser, und die alten Tücher saugten den jahrealten Staub von den Dielen – und bald kam »Grund« in die für die Häftlinge bestimmten Schlaf- und Unterkunftsräume.

Diese Arbeit wird im Braunbuch als unsinnig bezeichnet. Ob der Schreiber und Beurteiler jemals etwas von einem Aufbau gehört hat? – Und als die warmen Maitage kamen, als am Feierabend die Häftlinge auf der hinter der Fabrik gelegenen Wiese lagerten, erklang eines Tages eine Geige und eine Gitarre; deutsche Volksweisen, deutsche Lieder ertönten.

In ihren Stuben, in den sauberen Strohschütten, schliefen die Schutzhäftlinge einem neuen Arbeitstag entgegen. So entstand das Lager in mühseligem Aufbau, als Konzentrationslager immer mehr an Bedeutung zunehmend.

Die in das Lager Oranienburg eingelieferten politischen Häftlinge setzten sich aus Angehörigen aller Volkskreise zusammen. Einig – und das hatten sie bewiesen, waren sie alle in der Ablehnung des nationalsozialistischen Staates. Hier galt es nun, scharfe Unterscheidungsgrenzen in der staatspolitischen Erziehung der Häftlinge abzustecken. Es lag uns überzeugten Kämpfern nichts daran, alle unterschiedslos als Menschen zweiter Klasse zu behandeln; denn fraglos kam so mancher in das Konzentrationslager, der unter richtiger Anleitung noch ein unbedingt brauchbarer Volksgenosse zu werden versprach.

Während die Tore des Oranienburger Lagers sich öffneten, um sich für Wochen hinter dem politischen Akteur, vielfach dem Verführten, zu schließen, saßen in vollster Sicherheit, draußen im Ausland, die Drahtzieher und hängten nur an den leergewordenen Draht eine neue Marionette. Während die letzten »Getreuen« ihre Haut zu Markte trugen, verfertigten im schönsten Bewußtsein ihrer Sicherheit die »Führer« mitleiderregende Geschichten über das traurige Los der Häftlinge im Konzentrationslager.

Der sogenannte kleine Mann hat nämlich die Gabe, in solchen Situationen treffende Vergleiche zwischen sich und dem »Führer« zu ziehen. Ich denke gerade hierbei an einen ganz großen Führer der SPD, der nicht mehr rechtzeitig das rettende Ausland erreicht hatte. Eines Tages landete auch er, der einer der übelsten Hetzer der verflossenen Jahre gewesen war – in Oranienburg. Ihm zu Ehren hatten die Häftlinge des Lagers Aufstellung genommen. Für viele eine Genugtuung – ... einer der wirklichen Drahtzieher. In seiner Gesellschaft befand sich gleichfalls ein recht bekannter SPD-Führer, der Jahre hindurch eines der übelsten Hetzblätter Brandenburgs als Redakteur verantwortlich gezeichnet hatte. Diese beiden »Führer« haben in den wenigen Augenblicken ihres Eintreffens – schon allein in ihrem Äußern – einen derart verheerenden Eindruck gemacht, daß allein ihr Beispiel gewirkt hat. Viele ehemalige Häftlinge werden sicherlich mit Interesse dieses Buch lesen – und wenn ich im Augenblick es unter meiner Würde halte, hier die Namen von Männern zu nennen, die einstmals die würdelosesten Repräsentanten einer würdelosen Zeit waren –, die »Ehemaligen« wissen genau, wer mit den beiden »Führern« hier skizziert wird.

Eine Welt hatte sich zwischen ihnen aufgetan.

Eingeteilt in die gleiche Kompanie der Schutzhäftlinge, die einstmals für sie und ihre Parolen bereit gewesen waren, ihr Blut hinzugeben, vollzog sich die menschliche Tragikomödie. Der intellektuelle Führer – der »Führer« – fühlte sich bei den bisher Geführten nicht mehr wohl.

Seit dem Eintreffen dieser Männer lag eine besondere Stimmung über dem Lager.

Unter den Häftlingen hatte eine gewisse Beruhigung, eine Genugtuung eigener Art Platz gegriffen. Ausgerüstet mit derselben Drillichhose, demselben Arbeitsstiefel und -rock, mußten sie ihre Arbeit verrichten.

Bevor ich an die Beschreibung derer gehe, die ich in der Kategorie der Durchschnittsmenschen untergebracht habe, will ich versuchen, über das Lager in seinem weiteren Werden, die sich uns entgegengestellten Schwierigkeiten und wie wir gemeinsam alle Nöte überwanden zu berichten.

Inzwischen waren mit den selbstgefertigten Handwerkszeugen Wunderdinge verrichtet worden. Ein eigener Eßraum war geschaffen, aus vorgefundenem Holz waren rohe Bänke und Tische gezimmert worden, und während wir gezwungen waren, das Wasser für das Lager von einem zum Lager noch gehörenden Grundstück zu entnehmen, waren bereits Häftlinge dabei, eine eigene Wasserstelle herzurichten.

In der ganzen Fabrik war keine Wasserleitung mehr brauchbar. Infolge der nassen und kalten Winter, die ihre merklichen Spuren hinterlassen hatten, waren die Rohre geplatzt, ausgelaufen, und das Wasser, das durch die Wände gesickert war, hatte den Bodenbelag zum Faulen gebracht.

Also Zimmerleute, Tischler an die Arbeit. Überall wandten wir uns hilfeheischend an die Handwerker im Ort, um wenigstens das dringlichste Handwerkszeug uns für Stunden auszuleihen. Vom frühen Morgen bis zum späten Abend kreischte eine kleine Handsäge, schlugen die selbstgefertigten Hämmer die wieder gradegerichteten Nägel in neue Bretter und Bohlen, die wir an einer anderen Stelle der Fabrik, die wir nicht mit in Betrieb zu nehmen brauchten, freigemacht hatten. Überall das Schalten und Walten eines Mannes, der, auf jahrelange Erfahrungen aufbauend, gewöhnt war, aus nichts – etwas zu machen.

Daß er seine Tropenerfahrungen in seiner Heimat wieder nutzbringend verwerten sollte, hatte er nicht geahnt. Oftmals, wenn die Situationen in der Beschaffung geeigneter Mittel bedrohlich wurden, habe ich die Genialität bewundern müssen, mit der aus unscheinbaren Gegenständen das zusammengehämmert wurde, was dann als das Gewünschte seinen Dienst versehen konnte.

Wenn wir in den langen Monaten der Aufbauarbeit einmal Besuch erhielten und dann mit Stolz das gezeigt wurde, was zähe Energie zustande gebracht hatte, begegneten wir einem zweifelnden Kopfschütteln.

Eines Tages war der Brunnen fertig. Es war eine Flügelpumpe, die für die vorläufigen Bedürfnisse voll ausreichte. Um so kein Wasser unnötig zu verschwenden, war ein kleiner Kessel unter das Wasserrohr gestellt worden, in dem ein gebogenes Rohr drehbar war, um bei Gebrauch heruntergedreht zu werden, so daß ein Fließen des Wassers ohne Pumpen möglich war.

Der Hof strotzte vor Sauberkeit. Konnten wir auch kein Lager, das den modernen Ansprüchen etwa eines Gefängnisses entsprach, zeigen, so doch ein Lager, das in seiner Bescheidenheit alles enthielt, was rein preußische Sauberkeit von ihm verlangte.

Jeden Tag rückte ein Kommando, das sich aus körperlich behinderten und älteren Häftlingen zusammensetzte, zum Kartoffelschälen in das gegenüberliegende Restaurant ab. Mittags wurde in Kesseln die von den Frauen zubereitete Mahlzeit herübergeschafft, und dann wurde während einer zweistündigen Pause in dem hierzu besonders geschaffenen Eßraum gemeinsam gegessen.

Im Eßraum, der sich damals noch im zweiten Stock der heutigen Wachunterkunft befand, waren einige ebenfalls ältere Häftlinge damit beschäftigt, Eßnäpfe, Teller, Kaffeekannen und wer weiß was für nützliche Dinge noch abzuwaschen und alles wieder in Ordnung zu bringen.

Woher stammten nun diese Gebrauchsgegenstände? Ein Teil gehörte dem Lokal, das wir für die Zubereitung der Mahlzeiten gemietet hatten, und ein großer Teil gehörte uns, der SA. Waren wir auch bettelarm – Einrichtung unserer SA-Heime, das verstanden wir. Was wohltätige alte Nationalsozialisten uns früher zur würdigen Ausstaffierung unseres Oranienburger SA-Heimes gespendet hatten, hier fand es erst seine richtige Verwertung. –

Und über allem wachte mein alter Truppführer. Treu, wie es einem SA-Mann zukommt, polternd, wie es dem zum »Feldwebel« chargierten zustand, und umsichtig – wie es eben nur einer sein konnte, dessen Horizont nicht mit dem Rand einer Untertasse identisch ist.

Ich sprach vorhin von der Wache, die unter Gewehr trat, wenn der Truppführer des Abends blies. Die SA besaß keine Gewehre. Dafür hatten die Regierungen der SPD und KPD schon gesorgt. Waffen besaßen lediglich die marxistischen Verbände. Die nahmen wir ihnen jetzt ab.

Dabei darf ich jetzt schon vorwegnehmen, daß sie nie zu ihrem Recht gekommen sind, die Karabiner, die in der ehemaligen Portierloge eigentlich mehr als Staffage standen. Sie haben, wie unser Standartenführer in seiner Sprache, die er die Sprache der SA nennt, sagt, nicht »gebellt« oder »gepustet«, nein! – Armer Leopold, der dich ein hinreichendes Schicksal dunkel anzeigend »Schwarzschild« nennt.

Zu einem der eigensten Einfälle des »Feldwebel« gehörten die jeden Morgen nach dem Wecken veranstalteten Körperübungen. Auch ihnen unterzog er sich selber. Unter der Umkehrung des Wortes: »Es ist der Geist, der sich den Körper schafft« standen sie alle, die durch die Ertüchtigung ihres Körpers jener seelischen Disziplinlosigkeit entwöhnt werden sollten, unter der sie alle litten.

Wenn im Braunbuch von »grausamen Übungen« gesprochen wird, dann kennzeichnet das rein rassisch den Schreiber.

Das, was jeder Mensch zur Aufrechterhaltung seiner Gesundheit unternimmt, wir als wohlerwogene Ergänzung zum Arbeitsdienst nur den körperlich gesunden Schutzhäftlingen zumuten, das ist laut Braunbuch »grausam«. Wie es euch gefällt.

Die Journalistin, die leider verschämt ihren Anteil verschweigt, der dem Braunbuch einen ... übergeben, der sich nur mit diesen grausamen Übungen befaßt. Ich kann mich einer Journalistin beim besten Wissen nicht entsinnen. Wohl hatte die Regierung einigen Schweizer Herren, in deren Begleitung sich eine Dame befand, die Erlaubnis zur Besichtigung erteilt.

Nachdem wir ihnen die von Marxisten beschlagnahmten Mordwaffen, die damals schon ein ganzes Zimmer füllten, gezeigt hatten, wurde der Dame auf besonderen Wunsch die Genehmigung erteilt, mit einigen Häftlingen zu sprechen.

Das geschah, und sie äußerte sich recht befriedigt. Zum Schluß überreichte ihr der sich auch zum Überfluß noch als Kavalier entpuppende »Feldwebel«, SA-Truppführer R. einen Fliederstrauß –, und – das war der einzigste Damenbesuch, außer dem Besuch einer Engländerin, der später seine besondere Erwähnung finden soll. Dieser Bericht an das Braunbuch, wenn er auch teilweise richtig die Platzverhältnisse schildert, ist in seiner Abfassung eine jener journalistischen Tollheiten, wie sie nur aus der Feder von Skribenten von wohlbekannter Prägung oder einem verschrobenen Denkvermögen entstammen können.

Daß man einen französischen Sportarzt, Herrn Doktor Bellin du Coteau in Paris, auch noch mit dieser Angelegenheit behelligte, um ein Gutachten über die grausamen Übungen zu erhalten, sei der Kuriosität halber berichtet.

Eigentlich sollte diese Begebenheit einem folgenden Kapitel vorenthalten bleiben, aber ich sprach von den Leibesübungen –, und der ... schloß sich vorwitzigerweise an.

Eines schönen Tages waren wir uns darüber schlüssig geworden, die Küche und Verpflegung in eigene Regie zu übernehmen.

Dazu berechtigte uns eine kühne Kalkulation, die uns die Möglichkeit in Aussicht stellte, von den uns für die Verpflegung der Häftlinge überwiesenen Geldern soviel einzusparen, daß die Einrichtung der Küche bald herausgewirtschaftet werden konnte. Und als dieser Gedanke feste Form erkannt hatte – dazu gehörten keine vierundzwanzig Stunden –, klopften in einem uns geeignet erscheinenden Raum wieder die selbstgebauten Hämmer und Meißel. Steil steigt der gelbe Fabrikschornstein über die Dächer der alten Brauerei. Oben am Blitzableiter das flatternde Freiheitsfanal. Bald sollte er wieder rauchen, Kunde geben vom »Leben im Gemäuer«. Also – »Maurer an die Arbeit!«, »Tischler links heraus!« – »Zimmerleute links heraus!« – »Hoffeger links heraus!« – »Maurer links heraus!« Der »Feldwebel« verstand sich darauf.

Knapp acht Tage danach standen mit Hilfe eines Oranienburger Ofensetzers, der im alten SA-Heim den qualmenden Ofen so manchesmal mit großer Sachkenntnis am Leben erhalten und daher unsere Freundschaft hatte, fünf Kessel fein säuberlich ummauert! Hierdurch war die Möglichkeit geschaffen, 2000 Portionen zu je ein Liter mit einemmal zu kochen.

Ein langgedienter SA-Mann, der bishin treu und brav seinen Dienst als Wachhabender versehen hatte, konnte nun seine Versetzung als Koch zur Küche erhalten. Ein anderer SA-Mann, der als überzeugter Nationalsozialist ein Hotel als Unterpfand für seine treue Gesinnung hatte lassen müssen, schien uns der geeignete »Chef« der Küche. Also – es konnte losgehen.

Als überall im Reich zugegriffen wurde und die Konzentrationslager sich füllten, kam das Erwachen. Das, was wie ein Alpdruck auf ihrem Gewissen gelastet hatte, schwand wie ein böser Spuk.

Nun hieß es von uns aus handeln!

Es galt, an und für sich wertvolles Menschenmaterial zu retten. Was uns in jahrelangem geistigem Ringen nicht möglich war, mußte ihnen mit vieler Geduld, aber hartnäckiger Zielstrebigkeit beigebracht werden. Für den SA-Führer im Konzentrationslager hieß es Psychologe sein.

Die Gemeinschaftserziehung erwies sich hier als das einzig Gegebene. Strenger Manneszucht und Lagerdisziplin unterstellt, eingeteilt in geschlossene Abteilungen, mußten sich die Häftlinge umwandeln. Während sie draußen den Einflüssen von Menschen unterlegen waren, die ohne jede Verantwortung sie nur als Figuren auf dem Schachbrett der Politik hin- und hergeschoben hatten, galt hier das durch den Nationalsozialismus geforderte und erfüllte Führerprinzip.

Es war gewiß verständlich, daß so mancher von uns, wenn er sich einem ehemals gefährlichen Gegner jetzt gegenübersah, sich viel Selbstüberwindung auferlegen mußte. Nach dem, was jeder von uns kennengelernt hatte, stand uns immer wieder die Frage vor Augen: »Was wäre wohl geschehen, wenn es umgekehrt gekommen wäre?« Diese Frage, die oftmals wiederkehrte, lag im Schatten der Ereignisse – und das war gut so. Es fehlte uns an Zeit, um das alles weiter auszudenken und auszumalen, nachdem die Revolution für uns siegreich verlaufen war.

Jeden Tag wurde die SA, die von den verschiedenen Stürmen zur Bewachung des Lagers abkommandiert war, durch den Lagerkommandanten instruiert. Gewaltsame Übergriffe an Häftlingen innerhalb des Lagers waren streng verboten. Unnachsichtlich wurde gegen diejenigen vorgegangen, die versuchten oder versuchen wollten, diese Anordnung zu umgehen oder zu durchbrechen. Dort, wo es unser Ansehen und die Sicherheit des Lagers verlangte, rücksichtslos gegen renitente Häftlinge oder noch im Lager hetzende Marxisten vorzugehen, wurde Einzelhaft angeordnet. Diese Einzelhaft war nicht etwa raffiniert ausgeklügelt, wie man das so gern draußen gegen uns ins Feld führt, sondern sie war angemessen und nur in ganz vereinzelten Fällen dadurch verschärft, daß eine Mahlzeit ausfiel. Also der Häftling bekam sein Frühstück und sein Mittagbrot, und es fiel die Abendbeköstigung aus, oder eine der ersten beiden Mahlzeiten wurde gestrichen. Das aber nur für höchstens zwei bis drei Tage.

Das Frühjahr ging zu Ende. Noch immer waren wir SA-Führer und -Männer, die zur Sicherung der Revolution das Konzentrationslager Oranienburg errichtet hatten, ohne feste Stellung. Keiner von uns hatte die Sehnsucht, als Unbekannter irgendwo in einer festen Privatstellung unterzutauchen und den anderen die Sicherung der genommenen Stellungen zu überlassen. In uns lebte der heilige Ehrgeiz, allen leuchtendes Beispiel an selbstloser, nationalsozialistischer Arbeit auch weiterhin zu sein.

Viel war noch zu tun und der Aufbau des Lagers noch lange nicht beendet. Einige unserer treuen Kampfgenossen, die verheiratet waren und für mehrere Kinder sorgen mußten, gelangten zu dem selbstverständlichen Vorrecht, das die Regierung den Vorkämpfern für die nationalsozialistische Revolution eingeräumt hatte, an ihre Arbeitsplätze zurückzukehren, die ihnen vielfach wegen ihrer Zugehörigkeit zur SA oder zur Partei verlorengegangen waren. Dadurch mußte von uns Rücksicht auf die Stürme genommen werden, die sich Tag für Tag im Wachdienst abwechselten. Die zuverlässigsten, ältesten SA-Männer wurden ausgesucht, um als ständige Lagerbewachung im Lager Wohnung zu beziehen.

So schafften wir uns einen Stamm von erfahrenen und stets einsatzbereiten Wachmännern. Die SA-Männer wurden in einem besonders geeigneten Gebäude der alten Fabrik untergebracht und die dort eingerichtet gewesenen Häftlingsräume aufgehoben. In der Zwischenzeit hatte sich viel im Lager geändert.

Vom frühen Morgen bis in den späten Nachmittag schallte das »Hauruck« der Kommandos durch die Hallen. Kein Mensch dachte mehr an sein Schicksal. Alles stand unter dem Eindruck der Arbeit, die sie verrichteten. Aus dem Amtsgerichtsgefängnis Oranienburg waren inzwischen einige bekannte Kommunisten eingeliefert worden, die dort zu Beginn der Revolution inhaftiert worden waren. Ohne aufgefordert zu sein, meldeten sie sich bei dem Führer des Kommandos.

Nichts zu tun zu haben ist eine schwere Strafe.

Hier lag, das erkannten wir sofort, der große erzieherische Wert der Arbeit.

So entwickelte sich aus der Notwendigkeit unserer Aufbauarbeit die Arbeitsbeschaffungsabteilung des Konzentrationslagers Oranienburg, über die an anderer Stelle eingehend berichtet werden soll. Nachdem die Maschinen mittels eines alten Flaschenzuges auf Pferdefuhrwerke verladen worden waren, um in einem zum Lager gehörenden Schuppen untergestellt zu werden, ging es an die Reinigung der Räume. Die Decken, durch die der Regen im Laufe der Jahre seinen Weg gesucht und gefunden hatte, mußten vermauert werden. Auf den Dächern waren hiermit besonders vertraute Häftlinge damit beschäftigt, Dachpappe zu legen. Über alte Leitern, die in einer provisorisch angesetzten Tischlerei ausgesuchte Tischler- und Zimmerleute zusammengebaut hatten, stiegen, in Kesseln kochenden Teer tragend, die Dachdecker auf, und wenige Tage darauf nach einem schweren Gewitterregen konnten wir feststellen, daß alles wunderbar dichtgehalten hatte.

Hier sollten die Häftlinge untergebracht werden. Um die Hallen auszutrocknen, brannten in Kokskörben, die wir in irgendeinem Winkel der Fabrik gefunden hatten, Kohlenfeuer. Fenster wurden verkittet und neu eingesetzt. Maurer waren dabei, Risse in den Böden zu beseitigen, und in einer Halle, die vollkommen dunkel war, stemmten die selbsthergestellten Meißel eine Mauer von gut einem Meter Dicke durch, damit ein Fabrikfenster von zwei bis drei Meter Höhe und Breite Aufnahme finden und Licht spenden konnte.

So enstanden aus alten, verrosteten Eisenteilen und aufgefundenen Stahlstücken alle jene Werkzeuge, die zum Aufbau notwendig waren.

Bis jetzt waren wir ohne jegliche finanzielle Hilfe geblieben. Da die Ersparnisse, die von den überwiesenen Haftunkosten gemacht wurden, für unsere Pläne bezüglich der baulichen Umänderungen nicht ausreichten, traten wir an die Stadt Oranienburg mit einem Kreditgesuch heran. Geschickte Verhandlungsführung durch den Standartenführer und das Entgegenkommen der Stadtväter ließen das zur Wirklichkeit werden, was ich in wohlberechtigtem Kleinmut nicht zu hoffen gewagt hatte. Der Kredit wurde bewilligt, und nun sollten die Häftlinge nicht mehr auf Strohschütten liegen.

Strohsäcke wurden gekauft, die Hallen vermessen und in einem Oranienburger Zimmereigeschäft das zugeschnittene Holz für 800 Betten bestellt. Das Zimmereigeschäft gab einen Vorarbeiter mit zur Hilfe, und wieder in wenigen Tagen standen, von Schutzhäftlingen zusammengebaut, in sämtlichen Hallen dreietagige Bettzüge, mit sauberen Strohsäcken belegt. Jeder Häftling bekam seine Decke, die wir ebenfalls gekauft hatten, und nun war die erste Etappe, die ich wohl als die schwerste nennen darf, überwunden. Jetzt erst war eine straffe Einteilung der Häftlingsabteilungen möglich.

Jeder Saal wurde eine für sich abgeschlossene Abteilung, die Kompanie genannt und mit einer Nummer versehen wurde. In sieben Sälen war für sieben Kompanien Platz.

Nun hieß es, für Wasser und Elektrizität sorgen. Die Anlegung des elektrischen Stromnetzes beanspruchte am wenigsten Kosten. Alle überflüssigen Leitungen, die in unbenutzten Räumen lagen, wurden von Häftlingen, die Facharbeiter waren, ausgebaut und in die Häftlingsschlafräume sowie auch in die Unterkunftsräume der SA eingebaut. Die Ersparnisse, die wir durch ausgeklügelte kaufmännische Berechnung mit Stolz auf der Habenseite unseres ersten, primitiven Verwaltungsbuches verzeichnen konnten, ermöglichten die Anschaffung der nötigsten Handwerkszeuge und Materialien.

Ein sozialdemokratischer Führer, der wohlweislich Oranienburg zu Beginn der Revolution mit unbekanntem Ziel verlassen hatte, dann aber, in Berlin ausfindig gemacht, dem Lager zugeführt worden war, wurde, da er Elektriker war, mit der Zusammenstellung eines besonderen Arbeitskommandos beauftragt. Irgendwo, in einer verstaubten Kiste, die ihr verträumtes Dasein in einer bisher unentdeckten Ecke der Fabrik gefristet hatte, entdeckte der rührige »Feldwebel« elektrische Birnen – die brauchbar waren.

Wir müssen also doch unter einem recht günstigen Stern gestanden haben, als wir mit dem Plan umgingen, die Fabrik zu einem gebrauchfähigen Konzentrationslager auszubauen. Der Lichtanschluß wurde angemeldet, Rohre und Drähte gezogen, alte Schalter abmontiert und wieder neu angebracht – und eines schönen Tages brannten in den verschiedenen Räumen elektrische Lampen.

Langsam und allmählich von Halle zu Halle, von Zimmer zu Zimmer, von Haus zu Haus führte der Wunderdraht. Licht!

Der Vorhof, seines märchenhaften Graswuchses beraubt, der Sportplatz hinter dem Fabrikgebäude – überall, wenn die Nacht hereingebrochen war und das Signal vom Schlafengehen aus metallenem Munde über das Lager, hinüber zur Havel verklungen war, leuchteten die Lichter auf.

Wir wurden im stillen, ganz im stillen etwas stolz. Was fast unüberwindlich erschienen, begann feste Formen anzunehmen. Nun fehlte noch die Wasserleitung.

Einer meiner SA-Männer war draußen als selbständiger Klempner in Not geraten. Wir überrechneten unser »Vermögen« und stellten fest, daß ihm und uns geholfen werden konnte. Alte Wasserleitungsrohre wurden ausgebrochen und unter seiner sachkundigen Leitung überholt. In einer Halle, die noch unbelegt war, sollte das entstehen, was bisher mein größter Wunsch war, – ein Duschraum. Es lag auf der Hand, daß in dieser Hinsicht alles geschehen mußte, um Krankheiten vorzubeugen, wie sie in Lagern vorkommen können, wenn nicht alles zur Aufrechterhaltung der Sauberkeit unternommen wird.

Es wurden deshalb Wasserleitungsrohre an den Wänden der Halle entlang gelegt. Hähne mußten gekauft werden. Das Handwerkszeug brachte unser SA-Kamerad aus seiner Werkstatt mit. Wenige Tage darauf standen, von Tischlern gebaut, Waschbänke und darauf hundert von uns gekaufte, neue Waschschüsseln. In der Mitte der Halle waren Maurer damit beschäftigt, eine Wasserrinne in den Betonboden zu schlagen, während in der inzwischen gegründeten Lagertischlerei bereits von Ersparnissen gekaufte Hobel über Latten glitten und neue Hämmer Nägel in die bereits gehobelten Latten trieben.

So entstand ein Lattenrost, der den ganzen Hallenboden bedeckte. Nachdem so ein großzügig angelegter Waschraum entstanden war, gingen wir an die Herstellung der Duschanlage.

Heute blitzen 45 Duschenkörper in drei nebeneinanderliegenden Wasserbahnen von der Decke. Fertig ist diese Anlage im Juni 1933 gewesen. Die größte und für mich sorgenvollste Frage muß nunmehr geklärt werden. Die alten Fabriktoiletten bildeten bei dem starken Anwachsen der Lagerbelegschaft und dem warmen Sommer, der mittlerweile herangekommen war, eine bedeutende Gefahr. Hier mußte sofort Abhilfe geschaffen werden.

Tagelang wurde vermessen, gerechnet und wieder vermessen. Dann wurde von einem SA-Truppführer, der inzwischen auch schon zum Stammpersonal des Lagers gehörte und seines Zeichens Maurermeister war, eine Zeichnung angefertigt, die eine Anlage größeren Ausmaßes, für volle Belegungsstärke des Lagers ausreichend, vorsah. Bald waren die Fundamente gelegt, und vierzehn Tage darauf war Richtetag. Wieder acht Tage später war ein den modernsten Ansprüchen genügendes »Haus« mit automatischer Wasserzufuhr fertig. Hygienisch in jeder Beziehung einwandfrei, entsprach dieser Neubau den Wünschen, die mein ehemaliger SA-Sturmbannarzt, der nunmehr ständiger Lagerarzt geworden war, so oft und vollauf berechtigt geäußert hatte.

Die Arbeitsbeschaffungsabteilung, zu deren Leiter ich meinen Adjutanten D. befohlen hatte, stand vor einer schwer zu lösenden Aufgabe. Die Regierung kämpfte Tag und Nacht um die Arbeitsplätze, die seit Jahren durch die marxistische Mißwirtschaft verödet waren, um dem deutschen Arbeiter sein Recht auf Arbeit wiederzugeben. Alle Möglichkeiten waren in Erwägung gezogen. Die jungen deutschen Männer, die im Freiwilligen Arbeitsdienst, jener großen Erziehungsgemeinschaft, Aufnahme gefunden hatten, sollten dort angesetzt werden, wo, ohne den freien Arbeiter zu gefährden, zusätzliche Arbeiten zu leisten waren.

Also – für uns im Konzentrationslager waren nur ganz geringe Aussichten auf die Durchführung unseres Erziehungswerkes geboten. Trotzdem gelang es meinem Adjutanten, in zäher, zielbewußter Arbeit Pläne ausfindig zu machen, wo wir unsere Häftlinge zwecks Arbeitsleistung hinschicken konnten, ohne gegen die Richtlinien der Regierung des Arbeitsdienstes und daher des Gemeinnutzes zu verstoßen.

Dort, wo Not und finanzielle Schwäche Arbeiten hatte unterbleiben lassen, die unbedingt erledigt werden mußten, schlossen wir Verträge mit notleidenden Bauerngenossenschaften. Aus Ödland sollte wieder fruchtbringendes Land werden. Siedlerstellen sollten für rückwandernde Landarbeiter, die in früheren Jahren gehofft hatten, in der Stadt ihr Glück zu machen, geschaffen werden. In umittelbarer Nähe der Stadt Oranienburg galt es, Wiesen, die unter dem Wasserstand der Havel zu leiden hatten, zu entwässern, um die Ernten darauf ertragreicher zu gestalten. Jeden Morgen standen, in Reih und Glied ausgerichtet, die einzelnen Arbeitskommandos, um an ihre Arbeitsplätze zu rücken. Es muß gesagt werden, daß der größte Teil es von ihnen verdiente, dem Nachdenken um ihr Schicksal und der Enge des Konzentrationslagers entrissen zu werden. Später werde ich Gelegenheit nehmen, die Erfolge, die wir dadurch hatten, zu würdigen.

Neuholland, ein Dorf in der Nähe der Stadt Liebenwalde im Kreise Niederbarnim, war der erste große Arbeitsplatz und ist es auch bis heute geblieben. Hier galt es, Wiesen und Moor zu übersanden. Tag für Tag fuhr ein Kommando von etwa 100 bis 150 Schutzhäftlingen, die von uns teilweise mit Schuhwerk und Arbeitsanzügen versehen worden waren, mit einem Lastwagenzug zur zwölf Kilometer abgelegenen Arbeitsstelle.

Schienen wurden gelegt, und nun ging es an die Abtragung von Hügeln, die das zu nivellierende Gelände durchzogen.

Jedes Kommando, das auf Arbeit rückt, erhält nach dem Morgenkaffee seine Tagesportion an gestrichenen Broten und Kaffee mit, um nach Rückkehr mit warmem Mittagessen versehen zu werden. Jeder Mann erhält als Mittagsbeköstigung ein Liter Essen und 125 Gramm Fleisch. Zu jedem Arbeitskommando gehörte gleich zu Anfang ein Sanitäter, der mit einem vollständig ausgerüsteten Sanitätskasten bei eventuellen Unfällen an der Arbeitsstelle erste Hilfe leisten konnte.

So bauten wir die Arbeitsbeschaffungsabteilung zu einem lebenswichtigen Betrieb für das Konzentrationslager aus.

Ein Arbeitskommando kam zum anderen.

Um den Kredit der Stadt Oranienburg schneller tilgen zu können, verpflichteten wir uns, zusätzliche Arbeiten zu leisten, die von freien Arbeitern nicht verrichtet werden konnten. Kleine Kommandos wurden an verschiedenen Stellen der Stadt angesetzt.

Auf einer Havelinsel am Rande der Stadt, unweit vom Lager, hatten die Häftlinge Vorarbeiten zur Anlage eines Parkes für die Stadt zu leisten.

Später, wenn im Verlaufe der Jahre alles überwunden sein wird, wenn Sträucher dort blühen und duften, wenn eine schmale Brücke sich über den stillen Havelarm wölben wird, dann wird auch so mancher der »Ehemaligen« dort seinen Feierabend der Arbeit verbringen können.

Nachdem die Arbeitsbeschaffungsabteilung straff durchorganisiert worden war, ergab sich hieraus die Notwendigkeit anderer Arbeitsabteilungen innerhalb des Lagers. Zuerst erfuhr die Gefangenenabteilung, die die Gesamtheit der Schutzhäftlinge einmal organisatorisch und dann erzieherisch zu erfassen hatte, eine wohldurchdachte Disziplinierung. Zum Leiter wurde ein SA-Sturmführer ernannt, der als alter Frontsoldat und ehemaliger Offizier der alten Schule gewöhnt war, sich energisch und zielbewußt durchzusetzen. Ihm wurden der »Feldwebel« und einige zuverlässige SA-Männer zugeteilt.

Über die Organisation der Häftlingsabteilung hatten wir lange und eingehend nachgedacht und glaubten uns auf dem richtigen Wege, als wir jede Häftlingskompanie in zwei Züge einteilten und Häftlinge, die ehemals gediente Soldaten waren, als Zugführer einsetzten.

Ein großer Teil der Verantwortung innerhalb des Lagers ging so auf diese Zugführer über, und die Häftlinge ersahen aus dieser Maßnahme, daß man sie nicht als zweitklassige Volksgenossen behandelte, sondern ihnen eine gewisse Selbstverantwortung mit übertrug.

Der Zugführer hatte als Häftling Befehlsgewalt über die Angehörigen seines Zuges. Er war verpflichtet, von sich aus den Reinigungsdienst innerhalb seines Zuges zu bestimmen. Er führte den Rapportzettel, den er morgens beim Antreten als genauen Stärkenachweis dem Leiter der Gefangenenabteilung zu überreichen hatte. Er hatte als erster aufzustehen, und als letzter schlafen zu gehen. Jeder Vorfall innerhalb seines Zuges war durch ihn zu melden, und heute kann ich rückblickend feststellen, daß selten so einwandfrei und ungezwungen Menschen, die man ihrer politischen Vergehen wegen für einige Zeit aus dem öffentlichen Leben ausgeschaltet hatte, in Disziplin und Ordnung hineingewachsen sind als hier im Konzentrationslager Oranienburg.

Zur damaligen Zeit gingen wir daran, eine eigene Schneiderei und Schusterwerkstatt einzurichten. Diese beiden neuen Abteilungen verdanken ihre Entstehung der Arbeitsbeschaffungsabteilung.

Es gab mittlerweile keinen Beruf, der nicht seinen Mann stellen mußte. Unter anderen Bedingungen saßen sie jetzt in einem hohen Fabrikraum an ihren Arbeitsplätzen. Schuster und Schneider durch besondere Verschläge voneinander getrennt, hämmerten und nähten alles wieder ganz, was auf den Arbeitskommandos draußen zu Bruch gekommen war.

Inzwischen begannen wir wieder zu bauen.

Für kurze Zeit mußten Tischler, Schneider, Schuster und Schlosser, die in der hohen Fabrikhalle Unterkunft gefunden hatten, in den hinteren Teil des für 500 Mann fertiggestellten großen Eßsaales übersiedeln. In die hohe Fabrikhalle zogen wir ein ganzes Stockwerk ein.

Im Verwaltungsgebäude waren alle Zimmer von eigenen Verwaltungsdienststellen besetzt worden. Bei marxistischen Funktionären beschlagnahmte Schreibmaschinen klapperten. Federhalte eilten über die Seiten kaufmännischer Bücher. Zahlen schwirrten. Kaufleute, Bäcker, Lieferanten aller Art kamen und gingen. Telefone, die neuerdings angelegt worden waren, klingelten und verbanden uns mit der weiten Welt. Oben in der Kommandantur liefen die Fäden zusammen, häuften sich die Papiere und Briefe zu Bergen. Aus entliehenem Stroh einer alten Brauerei, aus Tatkraft und Unternehmungslust, wie sie in dieser Zeit nur noch Menschen haben konnten, die mit Herz und Sinnen Nationalsozialisten waren, hatte sich ein Konzentrationslager, ein großer Wirtschafts- und Verwaltungsapparat entwickelt.

Am späten Nachmittag trug die sommerliche Luft die abgerissenen Melodien alter Märsche und Volkslieder zum Lager herüber. Das waren die Arbeitskommandos, die durch die Stadt marschierten. Singend rückten die Häftlinge des so »berüchtigten« Konzentrationslagers ein, und denjenigen, die es angeht, sei an dieser Stelle gesagt, daß die Häftlinge selbst den Wunsch geäußert haben, abends, wenn sie heimkehren, singen zu dürfen. Dieser Wunsch wurde ihnen auch erfüllt.

Für einen hieß es Abschied nehmen von dem Kommando vor der Front der Häftlinge, und dieser »eine« war der Feldwebel, der alte Truppführer. Die Entscheidung war für ihn sehr schwer, wurde ihm aber dann durch ein trauriges persönliches Erlebnis leichter gemacht. – Sein ältester Sohn, der kommunistischer Stadtverordneter in Oranienburg gewesen war, wurde als Häftling eingeliefert.

Der Sommer neigte sich seinem Ende zu. Mit Beginn des herbstlichen Wetters tauchte wieder eine schwere, bedenkliche Sorge auf. Die Beheizung des Lagers. Das war allerdings ein Problem, das nicht nur Kopfschmerzen bereiten konnte, sondern auch nach der geldlichen Seite hin keine angenehmen Aussichten hat. Da, eines Tages meldete sich ein alter Mitkämpfer, Dr. B. mit Besuch bei uns an. Der Besuch kam. In Begleitung des alten Bekannten, der eine besondere Stellung im Reichsrundfunk einnimmt, befand sich ein bekannter schwedischer Nationalsozialist, der im nächsten Kapitel eine besondere Würdigung erfahren soll, und ein Dr. F., der eine namhafte Stellung bei der Reichsbahn bekleidet. Dieser Dr. F., den uns ein freundlicher Zufall zugeführt hatte, sollte unser Retter werden. Wir unterhielten uns eingehend über das Heizungsproblem, und Dr. F., der tatsächlich nach dem Gesehenen uns allerhand zuzutrauen schien, machte uns den Vorschlag, mit Hilfe eines außer Dienst gestellten Lokomotivkessels die Heizungsfrage zu lösen. In wenigen Tagen waren die Verbindungen hergestellt. Wir hatten verschiedene Empfehlungen in der Tasche, die uns die Türen zu Männern öffen sollten, die über deratige Dampfkessel zu verfügen hatten.

Es klappte ganz ausgezeichnet.

Überall brachte man uns großes Interesse entgegen, und eines Tages wurden wir in Berlin in eine große Eisenbahnwerkstätte geführt, um den Kessel zu besichtigen, der uns zugedacht war. Es handelte sich um einen neun Meter langen Lokomotivkessel. Wir standen davor – und jeder von uns war von der Mächtigkeit dieses Kolosses, vor allem im Hinblick auf die uns noch bevorstehende Transportsorge, einfach erschlagen. Aber – man durfte uns mit unserem Wollen wirklich ernst nehmen, denn bereits 8 Wochen später lieferten wir den Beweis. Es bedarf wirklich keiner blühenden Phantasie, um sich das Erstaunen auszumalen, als wir eines Tages mit einem 480 Zentner schweren Lokomotivkessel durch Oranienburg zogen. Im Eßsaal mußten zwei Wände fallen, bis der Koloß neben dem Fabrikschornstein in einem von uns besonders hergerichteten Raum Aufstellung finden konnte. Allein, um den Kessel auf das bereits fertiggestellte Fundament zu setzen, benötigten wir acht Tage. Maschinenschlosser wurden ausgesucht, und nun ging es unter Anleitung des Marineingenieurs an die Arbeit.

Alles wurde überholt. Von Grund auf entstand ein völlig einwandfreier, betriebsfertiger Kessel. Zwei Kolonnen arbeiteten fieberhaft an der Fertigstellung der Heizanlage in sämtlichen Räumen des Lagers. Als der Kessel zum erstenmal beschickt wurde, war für uns der Tag gekommen, um nach achtmonatiger, aufreibender Arbeit gemeinsam mit unseren SA-Männern ein kleines Fest zu feiern. Ein Schwein, das wir im Laufe der Zeit mit Küchenabfällen herangemästet hatten, mußte daran glauben.

In den Schlafräumen, die im Mittelgang unterirdisch beheizt werden, hielt sich während der kältesten Tage vor Weihnachten 1933 eine Durchschnittswärme von 17 bis 18 Grad. In den großen Handwerkerräumen arbeiteten die Häftlinge zum Teil in Hemdsärmeln bei einer Zimmerwärme von 20 bis 21 Grad.

Tag für Tag rücken bei Tagesgrauen die Arbeitskommandos zu ihren Arbeitsplätzen, um beim sinkenden Abend singend heimzukehren. Gesund an Leib und Seele, sollen die Häftlinge eines Tages, wenn für sie die Stunde der Freiheit gekommen ist, Oranienburg verlassen, um draußen als vollwertige Arbeitskräfte (denn viele von ihnen haben bei uns arbeiten gelernt) ihrem Volk und Vaterland wieder dienen zu können. Von 5500 Schutzhäftlingen, die im Verlaufe des ersten Jahres der nationalen Erhebung im Konzentrationslager Oranienburg waren, sind inzwischen 4800 wieder zur Entlassung gelangt. Beweis für den Erfolg unserer Erziehung, auch wenn er zugegeben noch nicht so sein sollte,wie wir als Nationalssozialisten ihn uns wünschen, dürfte trotzdem die Tatsache sein, daß von 4800 Entlassenen nicht einer mehr nach Oranienburg zurückgeschickt zu werden brauchte.

Wer den Lügenfeldzug während des Krieges gegen Deutschland erlebt hat und dabei studieren konnte, welch primitive Mittel ausreichen, um die Völker aufeinander zu hetzen, der muß mir beipflichten, daß eine ernsthafte Auseinandersetzung mit jenen zersetzenden Kräften staatspolitisch unerläßlich ist.

Als die nationalsozialistische Erhebung begann, erwarteten wir keineswegs, daß das Ausland nun über den Triumph nationaler Wiedererstarkung in Deutschland frohlocken würde, obwohl es im Hinblick auf die von ihnen fürs erste abgewandte Gefahr des Bolschewismus hierzu genug Veranlassung gegeben hätte. Daß die weltanschaulichen Gegner in aller Welt Purzelbäume schlagen würden, damit war zu rechnen. Aber – womit wir nicht gerechnet hatten, wenigstens nicht in diesem Umfange, das war die bedingungslose Unterwerfung der öffentlichen Meinung in der Welt unter die verworfene und niederträchtige Emigrantenhetze.

Für uns Nationalsozialisten ist jeder Franzose, jeder Engländer, jeder Amerikaner ein Lump, wenn er sein Vaterland mit Dreck bewirft. Warum bringt man draußen dafür kein Verständnis auf? – Die Frage legten wir uns täglich, stündlich vor, wenn wir gewisse Zeitungen des Auslandes, die doch gewiß einen Namen in die Waagschale zu werfen hatten, vorgelegt bekamen und dann die unsinnigsten Märchen lesen mußten. Die Lüge nur deswegen zu unterstützen, weil es dem Nachbarvolke schaden soll, bedeutet doch eine unwürdige und zugleich lächerliche Nachahmung des wegen seiner Taktik weltbekannten Vogel Strauß.

Auf der einen Seite von Verständigungspolitik zu sprechen, während man systematisch auf der anderen Seite das Vertrauen erschüttern hilft – ja, das kann nur eine unehrliche und daher von jedem logisch und vernünftig denkenden Menschen abzulehnende Lösung schwebender Existenzfragen zwischen den Völkern sein.

Nachdem die große Fahnenflucht prominenter Marxisten erfolgreich gewesen war, sprach man von Emigranten. Der Staatsanwalt in Deutschland sprach vielfach von Verbrechern, die leider durch die Maschen des Gesetzes entwischt waren. Und während wir SA-Männer schon allein das stillschweigende Empfehlen vieler Prominenter über die Grenze lebhaft bedauerten, sprachen die Häftlinge in den Konzentrationslagern von Lumpen, denen sie einst gefolgt seien und die sie nun verraten hätten.

Draußen aber im sicheren Port – da druckten die Rotationsmaschinen und schrien die Zeitungen, Tagebücher und sonstigen Ablagen unkontrollierbarer Gerüchte – Greuel!! – – Greuel! – – – Greuel!

Wie nicht anders zu erwarten, spielte das Konzentrationslager Oranienburg, das in unmittelbarer Nähe Berlins und daher auch im Blickzentrum der Welt lag, eine besondere Rolle. Die deutschen Zeitungen traten an die Regierung heran, um Einblick in den bisher unbekannten Teil des Strafvollzuges zu gewinnen. Ohne Bedenken wurde weitestgehend von seiten der verantwortlichen Stellen entgegengekommen. Nicht nur im Ausland schwirrten die unglaublichsten Gerüchte über Oranienburg umher, sondern auch im eigenen Vaterland.

Unauffällig in der Straßenbahn oder in der Eisenbahn ließ der Geheimkurier der marxistischen Unterwelt die in Kellern manchmal auf primitivste Art hergestellte »Geschichte des Konzentrationslagers Oranienburg und anderer Lager« liegen. Was in diesen Heften stand, konnte einem ordentlich das Gruseln beibringen. In der Hand indifferenter Menschen – und dazu muß man leider recht, recht viele zählen – waren diese illegalen Flugschriften unbedingt eine Gefahr. So begrüßte ich als Lagerkommandant aufrichtig das Bestreben der Presse und das verständnisvolle Entgegenkommen der verantwortlichen Stellen, an der Klarstellung jener verbrecherischen Lügen, die oftmals völlig unkontrolliert vom Ausland übernommen worden waren, mitzuarbeiten.

Die Vertreter der deutschen Presse, die ohne jede Schwierigkeit von der Regierung die Erlaubnis erlangt hatten, unser Lager zu besichtigen, kamen und wurden in jeden Winkel des Lagers geführt, um ihnen dadurch weitgehenden Einblick zu gewähren.

Nachfolgend sollen die Vertreter deutscher Zeitungen zu Wort kommen.

Es handelt sich um Zeitungen, die wir besonders aufbewahrten und die heute in ihren Berichten das wieder aufleben lassen sollen, was der breiten deutschen Öffentlichkeit damals mitgeteilt wurde. Der »Angriff« vom 29. März 1933 schrieb:

Wie die gefangenen Kommunisten und Reichsbannerleute behandelt werden.

Die frechsten Berichte verbreiten die Juden in diesen Tagen über die Konzentrationslager. Es ist unglaublich, was für Greuelberichte erfunden werden. Wir haben deshalb sofort unseren R-H-Berichterstatter in das Konzentrationslager bei Oranienburg geschickt. Er berichtet hier über seine Erlebnisse.

Die Standarte 208 hat im Einvernehmen mit der Polizei im Kreise Niederbarnim zahlreiche Verhaftungen von Mitgliedern und Funktionären der KPD und der Eisernen Front vorgenommen. Die SA-Führung hat sich zu dieser Maßnahme entschlossen, nachdem in der näheren Umgebung Oranienburgs mehrere Brände angelegt worden waren, die nach den Feststellungen zweifellos auf das Schuldkonto der marxistischen Mordbrenner zu setzen sind.

Eine stillgelegte Bierbrauerei in Oranienburg ist von der Standarte 208 zu einem provisorischen Konzentrationslager hergerichtet worden, in das die verhafteten Terroristen eingeliefert werden. Augenblicklich kampieren 97 Mann in diesem Lager.

So leben die Gefangenen.

Vor dem Eingangstor steht ein SA-Doppelposten mit geschultertem Gewehr. Neugierige Passanten und Angehörige der Festgenommenen beleben das Straßenbild vor dem Konzentrationslager. Auf dem großen, gepflasterten Hof sind die Gefangenen tagsüber beschäftigt. Eine Gruppe hat mit der Zerkleinerung von Brennholz alle Hände voll zu tun, während eine zweite Schar Unkraut und Gras, das zwischen den Pflastersteinen wuchert, entfernt. In der Mitte des Hofes wird gerade ein Auto von einigen Leuten gesäubert. Als Putzlappen finden die beschlagnahmten roten Fahnen Verwendung.

Bei der Arbeit werden die Gefangenen scharf bewacht, doch sind ihnen große Freiheiten, wie z. B. Rauchen und Unterhaltung gestattet. Die SA bewegt sich durchaus sehr diszipliniert und äußerst korrekt, schikaniert werden die Inhaftierten nicht. Von Zeit zu Zeit dürfen sie sogar Besuche ihrer Angehörigen empfangen. Lebensmittel, Tabak, Zigaretten, Seife und Kleidungsstücke können ihnen von Hause geschickt werden.

Wie ist das Essen?

Eßgeschirre werden ausgeteilt. Die Mienen der Gefangenen erhellen sich; denn das Essen ist schmackhaft und gut zubereitet. Oft genug ist es vorgekommen, daß ein Inhaftierter sagte: »Ich bin seit Jahren erwerbslos; während dieser Zeit habe ich niemals ein derartig gutes Mittagessen gehabt.« Die diensthabende SA erhält dasselbe Essen wie die Gefangenen.

Hinter den Lagergebäuden befindet sich eine größere Grasfläche. Hier treiben die Gefangenen Sport; Barlauf und Drittenabschlagen sind die gebräuchlichsten Spiele. Die älteren Leute, die nicht mehr so beweglich sind, daß sie sich sportlich betätigen können, haben sich ein sonniges Plätzchen auf der Wiese ausgesucht und dreschen Skat. Einige spielen Schach.

»Ihr seid anständige Kerle!«

Einige leichter zu bewertende Fälle kommen zur Vernehmung. Da sich nichts Bedeutendes herausstellt, werden zwei von ihnen entlassen. Als sie das Tor passieren, gehen sie auf den dort stehenden Posten zu, drücken ihm die Hand und bedanken sich für gute Verpflegung und Behandlung ... »Ihr seid anständige Kerle«, sagt da der eine. – »Wir dachten, daß wir euch auf Gnade und Ungnade ausgeliefert waren, ihr habt uns, eure Gegner, als Menschen behandelt! Wir danken euch!«

Besichtigung des Konzentrationslagers.

Dieser dauernde Lügenfeldzug gegen Deutschland, der sich immer wieder besonders gern mit den Verhältnissen in den Konzentrationslagern beschäftigt, hat die Hauptschriftleitung und die Schriftleitung der Deutschen Postzeitung veranlaßt, das Konzentrationslager in Oranienburg aufzusuchen, um sich durch eigenen Augenschein von dem Leben und Treiben zu unterrichten. Uns hat nicht Neugier dazu bewogen, das Konzentrationslager in Oranienburg zu besichtigen, sondern der Wunsch, da unsere Zeitung auch viel im Auslande gelesen wird, weitestgehende Aufklärung über die wahren Zustände in Oranienburg zu verbreiten. Auch an dieser Stelle danken wir nochmals freundlichst dem Kommandanten des Lagers, Pg. Schäfer, und seinem Adjutanten, Pg. Daniels, die uns bereitwilligst mehrere Stunden durch das Lager geführt haben und allerseits aufschlußreiche Erklärungen gaben.

Oranienburg liegt an der Vorortstrecke Berlin – Oranienburg, die im Zuge der Nordbahn vom Stettiner Bahnhof ausgeht. Das märkische Städtchen ist von herrlichem Wald und von Seen umgeben, wie ja überhaupt die Umgebung von Berlin äußerst reizvoll ist. Morgens gegen 9 Uhr meldeten wir uns auf der Wache, die von SA-Leuten in Wachzeiten von 24 Stunden, unterteilt in eigentlichen Wach- und Bereitschaftsdienst, wahrgenommen wird, und wurden von dem Kommandanten des Lagers begrüßt, der uns mit seinem Adjutanten bekanntmachte. Das Konzentrationslager ist auf dem Gelände und in den Gebäuden einer früheren Brauerei errichtet, die später in eine Fabrik für elektrische Artikel umgewandelt wurde. Für die Lagerzwecke wird das Grundstück einer vollständigen Umgestaltung unterzogen. Auf dem großen Hof herrschte reges Leben und Treiben. Etwa zehn Häftlinge, die in Reih und Glied standen, waren soeben neu eingeliefert worden. Für jcden dieser Neueingelieferten wird ein Begleitzettel ausgefertigt.

Nach diesem Begleitzettel werden die einzelnen Formalitäten der Aufnahme erledigt. Der Häftling wird u. a. der Sanitätsabteilung zugeführt, einer ärztlichen Untersuchung unterzogen und gewogen. Kranke bleiben nicht im Lager, sondern werden in das Staatskrankenhaus übergeführt.

Unter der Führung des Adjutanten besichtigten wir dann das eigentliche Verwaltungsgebäude, in dem die einzelnen Dienststellen untergebracht sind. Die Dienststellenbezeichnungen des Lagers sind wie folgt eingeteilt:

1. Lagerkommandant

a) Vernehmungsabteilung;

b) Lichtbild, Fingerabdrücke.

2. Adjutant

a) Arbeitsbeschaffung.

3. Verwaltung

a) Kasse;

b) Kartei, Expedition, Archiv;

c) Post und Zensur

4. Gefangenenabteilung

a) Materialausgabe;

b) Bekleidungskammer.

5. Küchenverwaltung.

6. Wachabteilung.

7. Sanitätsabteilung.

Jeder Häftling wird nach seiner Einlieferung karteimäßig festgestellt. Die Kartei enthält die genaue Personalbeschreibung und ein Lichtbild jedes Häftlings. Von jedem Neueingelieferten werden Fingerabdrücke, und zwar von jedem Finger einzeln, hergestellt, die dem Polizeipräsidium zugeführt werden, um festzustellen, ob der Betreffende in krimineller Hinsicht etwas auf dem Kerbholz hat. Diese Maßnahme bezweckt vor allem, der Aufklärung solcher Verbrechen nachzuspüren, deren Aufdeckung bisher nicht möglich war, und den Täter der gerechten Strafe entgegenzuführen. An der Aufstellung der Karteien sind auch Häftlinge mitbeteiligt. Die daktyloskopischen Feststellungen werden von einem Polizeifachmann ausgeführt.

Wir besichtigen nunmehr die Postabteilung. Sämtliche ein- und ausgehenden Briefe werden der Postkontrolle des Lagers zugeführt, mit einem Stempelabdruck versehen und dann dem Postamt übermittelt. Das Postamt sendet die Briefe nur ab, wenn sie den Kontrollvermerk des Lagers tragen. Beanstandete Briefe werden dem Lagerkommandanten vorgelegt. Es steht den Häftlingen frei, auch Pakete mit schmutziger Wäsche den Anverwandten zu schicken, ebenso wie die von den Besuchern mitgebrachten Pakete den Häftlingen ausgehändigt werden, nachdem sie natürlich die Zensurabteilung passiert haben. Täglich gehen etwa 200 Briefe ein, und etwa ebenso viele verlassen das Lager. Die Behauptung, den Häftlingen wäre verboten, mit der Außenwelt schriftlich in Verbindung zu treten, ist also frei erfunden und erlogen. In der Kasse des Lagers wurde uns das Lagergeld, das wir in einer Serie von 1,65 RM erstanden, vorgelegt. Dieses Lagergeld wird gegen das Reichsgeld, das die Häftlinge von daheim in Briefen usw. erhalten, eingetauscht. Mit dem Lagergeld können sie dann in der Lagerkantine kleinere Einkäufe in zusätzlichen Lebens- und Genußmitteln tätigen. Alkohol wird selbstverständlich nicht verabfolgt. Das Lagergeld umfaßt Scheine zu 5, 10,. 50 Rpf. und 1 RM. Es trägt den Aufdruck: »Lagergeld des Konzentrationslagers Oranienburg« sowie den Vermerk, daß diese Gutscheine nur innerhalb des Lagers Geltung haben. Die Einführung des Lagergeldes ist eine Vorsichtsmaßnahme, die aber durchaus notwendig und am Platze ist.

Leben und Treiben im Lager.

Nach Führung durch die einzelnen Verwaltungsdienststellen besichtigten wir dann das eigentliche Lager. Das Leben im Lager spielt sich folgendermaßen ab. Um 5 Uhr 30 Minuten ist Wecken. Die Lagerinsassen begeben sich zunächst in die Wasch- und Brauseanlagen, die das Lager erst eingerichtet hat. Um 6 Uhr müssen die Leute antreten und werden dann zur eigentlichen Tagesarbeit eingeteilt. Entweder arbeiten sie im Lager oder außerhalb des Lagers. Innerhalb des Lagers werden sie mit baulichen Arbeiten beschäftigt, führen auch Tischlerarbeiten aus, schälen Kartoffeln usw., während sie außerhalb des Lagers zu Forst–, Wiesen- und Meliorationsarbeiten sowie Grabenregulierungen herangezogen werden. Sie nehmen damit anderen Kreisen keine Arbeit weg, denn sie verrichten im allgemeinen nur solche Arbeiten, die andere nicht übernehmen. Die Lagerinsassen, die nicht zur Arbeit eingeteilt werden, begeben sich auf einen Freiplatz, auf dem sie sich sonnen und sonstwie beschäftigen können. Bei unserer Besichtigung war ein Teil der Häftlinge gerade damit beschäftigt, Wäsche zu waschen und auszubessern. Gearbeitet wird täglich acht Stunden. Sonn- und Feiertage sind arbeitsfrei. An diesen Tagen hören die Insassen politische Vorträge, die sie in die Weltanschauung des Nationalsozialismus einführen. Eine Diskussion schließt sich selbstverständlicherweise diesen Vorträgen nicht an. Die Häftlinge sind in geräumigen Schlafsälen untergebracht. An jedem Bettgestell befindet sich ein Eßnapf und ein Trinkbecher, vor den Schlafräumen ist ein abgeteilter Raum, in dem die Zivilkleider der Leute untergebracht sind (allgemein sollen die Lagerinsassen Anstaltskleidung tragen, die aber erst nach und nach geliefert werden wird).

Weiter besichtigten wir die Handwerkerstube, in der wir Sattler und Schneider bei der Arbeit antrafen. In der Küche war das

Mittagessen nahezu fertiggestellt. An dem Tage der Besichtigung gab es Fischkotelett mit Senfsoße und Salzkartoffeln. Die einzelnen Fischportionen waren reichlich, so daß man nur immer wieder hervorheben muß, daß die im Ausland verbreiteten Meldungen über Hungerqualen in den Konzentrationslagern gemeine Lügen sind. Der Essenempfang ist genau geregelt, da in 1 1/2 Stunden nahezu 1000 Menschen abgefertigt werden müssen. Von der Küche gelangt man in den Speiseraum, der gleichzeitig auch Besuchsraum ist. Die beiden Seiten der Tische, an denen Besucher und Lagerinsassen sich gegenübersitzen, sind durch Bretter voneinander getrennt, um zu verhüten, daß die Besucher den Inhaftierten irgend etwas unter dem Tisch zustekken, was den Wachmannschaften der SA sonst vielleicht entgehen könnte.

Das Konzentrationslager Oranienburg, das am 20. März d. J. eingerichtet worden ist, hat jetzt etwa rund 1000 Insassen. Die Behauptung der Auslandspresse, daß sich Hunderttausende in den Konzentrationslagern befänden, ist vollkommen aus der Luft gegriffen, wenn man bedenkt, daß es in Deutschland nur wenige Konzentrationslager gibt. Das Konzentrationslager braucht keine Zuschüsse, sondern bestreitet seine Ausgaben von den Polizeizuschüssen, die es für seine Wachmannschaft erhält, und von den Einnahmen, die sich aus den Arbeiten der Lagerinsassen ergeben. In Oranienburg befindet sich kein ausgesprochenes Straflager, sondern die Leitung des Konzentrationslagers hat sich zur Aufgabe gestellt, die Insassen umzuformen, und zwar insbesondere durch politische Verträge und korrekte Behandlung. Während der Führung durch das Konzentrationslager haben wir selbst feststellen können, daß man die Leute nicht scharf anfährt, sondern sie in der Tat gut behandelt. Uns fiel auf, daß einige Leute im Bett frühstückten, was selbstverständlicherweise von dem Adjutanten nicht geduldet werden konnte. Andere rauchten Pfeife, Zigarren oder Zigaretten, obgleich das eigentlich bei der Arbeit nicht erlaubt ist. Es wurde ihnen jedoch nicht untersagt. Wer sich anständig führt und seine Pflicht tut, erfährt auch dementsprechende Behandlung.

Im Lager selbst herrscht militärische Ordnung, Zucht und Sauberkeit. Beim Betreten der Schlafsäle und Arbeitsräume ist jeder Stubenälteste verpflichtet, »Achtung« zu rufen und dem Lagerkommandanten oder seinem Vertreter Meldung zu erstatten.

Gesamteindruck

Der Gesamteindruck, den wir vom Lager gewonnen haben, läßt sich dahin zusammenfassen, daß das Lager keinesfalls mit einem Kriegsgefangenenlager zu vergleichen ist, wie es so gern von einer gewissen ausländischen Presse dargestellt wird. Zwar haben natürlicherweise Sicherheitsmaßnahmen getroffen werden müssen, schon um jeden Fluchtversuch im Keime zu erstikken. So ist das Lager von einem Drahtverhau umgeben und wird nachts von Scheinwerfern beleuchtet. Ein Fluchtversuch erscheint unmöglich. Selbst aber, wenn einmal eine Flucht gelänge, würde sich der seitherige Häftling der Freiheit nicht lange erfreuen; der sofort einsetzende Polizeiapparat, dem das Lichtbild und die genaue Personalbeschreibung des Flüchtigen bekannt ist, würde eine Wiederergreifung in kürzester Zeit ermöglichen. Ungeachtet dieser selbstverständlichen Sicherheitsmaßnahmen kann gesagt werden, daß sich die Lagerinsassen nicht wie Kriegsgefangene untergebracht und behandelt fühlen können. Die in dem Lager in erster Linie untergebrachten Feinde des Staates befinden sich in Oranienburg vielmehr in einer Erziehungsanstalt. So sind dort untergebracht: Oberbürgermeister, Bürgermeister, Amtsgerichtsräte – in letzter Zeit sind auch die aus dem Korruptionsskandal im Berliner Rundfunk bekannten Geschäftsführer, Intendanten, Regisseure und Direktoren eingeliefert worden, denen Gelegenheit gegeben werden soll, sich nach einer Periode als Großverdiener einmal wieder mit einfacheren Verhältnissen vertraut zu machen – und Arbeiter, die sich als ehemalige Mitglieder der »Eisernen Front«, des »Reichsbanners« und der »Roten Front« gegen den nationalsozialistischen Staat vergangen haben. Außerdem befinden sich im Lager einige Juden, die in gehässiger Weise die nationalsozialistische Regierung herabgesetzt haben. Aufgefallen ist uns der ausgesprochene kommunistische Typus vieler Lagerinsassen (vielfach tätowiert), die sich in einem gut genährten Zustand befanden und teils ein aufgeschlossenes Wesen zeigten, teils aber auch verbissene Mienen zur Schau trugen.

Der Anhalter Anzeiger vom 25. Juli 1933 schreibt:

Besuch bei den Schutzhäftlingen in Oranienburg

In der Kriegszeit nannte man Gerüchte, die aus einem Körnchen Wahrheit oder auch aus dem Nichts entstanden und bis zur Ungeheuerlichkeit anschwollen, Latrinengerüchte. Schlechte Angewohnheiten lassen sich schwer ausrotten. Latrinengerüchte gibt es auch heute noch in Menge. Die im In- und namentlich im Auslande verbreiteten Greuelmärchen sind ein entsprechender Beweis dafür.

Als Mitte März das Konzentrationslager Oranienburg zur Aufnahme von Schutzhäftlingen eingerichtet wurde, konnte es nicht ausbleiben, daß über die Zustände dort sehr bald wilde, den Tatsachen nicht entsprechende Gerüchte in Umlauf kamen. Die sanitären Verhältnisse dort sind in tadelloser Ordnung. Von einer Gesundheitsgefährdung ist keine Rede. Für ambulante Fälle ist eine gut eingerichtete Sanitätsstation mit kleinem Lazarett und Apotheke vorhanden. Schwerkranke werden sofort in ein Krankenhaus abgegeben. Selbstverständlich sind ein Lagerarzt und ausgebildetes Sanitätspersonal vorhanden.

Ein Konzentrationslager ohne Staatszuschuß

Arbeitskräfte aus allen handwerklichen Berufen waren in den Häftlingen vorhanden. Material wurde aus einem zunächst bei der Stadt Oranienburg aufgenommenen Darlehen beschafft. So konnte mit frischen Kräften ans Werk gegangen werden. Jeder erzielt in den ausgebauten Schlafsälen sein eigenes Lager, aus Strohsack und Decke bestehend. Die nächstwichtige Aufgabe war die Herstellung einer den Anforderungen genügenden Küchenanlage. Seit Wochen steht sie im Betriebe – mit großen Kesseln, aus denen es zur Kochzeit würzig duftet, groß, hell, lustig, ein Muster an Sauberkeit. Da körperliche Reinlichkeit ein Haupterfordernis für das Wohlbefinden ist, wurde eine große gewölbte Halle in jüngster Zeit als Wasch- und Brauseraum eingerichtet. 20 Mann können gleichzeitig brausen -»kalt, aber erfrischend« – wie der Lagerkommandant mit trockenem Humor bei der Führung sagte. Die bewachende SA hat zum Essen, Schlafen und Baden besondere Räume, die aber ebenfalls mit spartanischer Einfachheit ausgestattet sind. Ein freundlicher großer Raum für den Tagesaufenthalt geht der Vollendung entgegen. Überall herrscht frisches Leben und der bekannte »rauhe, aber herzliche Ton«. Die Häftlinge haben sich an Gehorsam und an militärischen Drill gewöhnen müssen, was den meisten sehr zum Vorteil gereicht. »Viele, die uns verkommen und verwahrlost eingeliefert wurden, sind im Lager ordentlich hübsch geworden«, sagte einer aus der Wachmannschaft. Der Drill geht nicht so weit, daß keiner mehr zu mucken wagt. Jeder, der dem Lagerkommandanten Wünsche und Fragen vorträgt, wird aufmerksam angehört und bekommt in freundlichem, entschiedenem Ton eine knappe und klare Antwort. Nicht jede Kleinigkeit wird dem Lagerkommandanten selber vorgetragen. Die Belegschaft ist in Hundertschaften eingeteilt. Jede Hundertschaft hat ihren aus der Mitte selbstgewählten Führer, jeder Zug seinen Unterführer, ebenfalls aus den Reihen der Häftlinge. Diese »Chargierten« haben zunächst die Aufgabe, alles in ihrem Bereiche Vorkommende zu ordnen, was sie selber ordnen können. Erst dann, wenn die Dinge über ihre Zuständigkeit hinausgehen, geben sie sie auf dem Instanzenwege weiter. So haben die Häftlinge das Gefühl einer beschränkten Selbstverwaltung. Auch bei den Arbeiten in den Werkstätten und bei den Bauten wird das selbständige Denken nicht über Gebühr eingeschränkt. In den Räumen und auf dem Hofe bewegen sich die Leute mit einer gewissen Freiheit. Den mündlichen Verkehr ganz zu unterbinden, würde gar nicht möglich sein. Darum werden ihm keine unnötigen Fesseln angelegt. Sehr streng wird aber darauf geachtet, daß kein Kassiberverkehr einreißt. Die Wachmannschaften entwickeln hierbei schnell kriminalistische Talente.

Die Arbeit der Häftlinge

Es wird allenthalben gebaut und gebessert. Das Lager soll ja unter Umständen noch zu Mehraufnahmen bereitstehen, und von den Arbeiten geht schließlich nichts verloren. Als Außenarbeit ist jetzt die Ausschilfung eines der Stadt Oranienburg gehörenden Sees übernommen worden, durch die das schwebende Darlehen ganz oder zum Teil abgearbeitet werden kann. Die Stadt Oranienburg hat ein großes wirtschaftliches Interesse an dem Lager. Denn der ganze Bedarf wird tunlichst am Platze gekauft. Die Brotlieferung zum Beispiel ist der Bäckerinnung zur solidarischen Lieferung und Haltung für Gleichmäßigkeit und gute Ware übergeben worden, und beide Teile stehen sich gut dabei. Hauptaufstrich ist Fett. Das Mittagessen ist kräftige Kasernenkost! Viele der Häftlinge werden vordem nicht so »gut gegessen« haben! In der Behandlung herrscht straffe Zucht. Sie ist aber in keiner Weise menschenunwürdig. Insbesondere muß betont werden, daß irgendwelche körperliche Mißhandlungen nicht in Frage kommen. Es wird niemand angefaßt, es sei denn, daß er selber durch sein Verhalten dazu Anlaß gebe. Erzieherische Maßnahmen für Bösartige sind ähnlich wie beim altpreußischen Militär eingerichet.

Der umfangreiche Lagerbetrieb erfordert bei einer gegenwärtigen Belegschaft von rund 800 Mann natürlich eine geordnete und übersichtliche Verwaltung. Deren Ausbau ist jetzt vollendet. Raum dazu war genug vorhanden. Er müßte nur entsprechend eingerichtet werden. Das ist nun geschehen. Äußerlich und dem Betriebe nach möchte man sie als ein Mittelding zwischen Behörde, Garnisonschreibstube und kaufmännischem Büro bezeichnen. Überall wird in hellen, freundlichen Räumen emsig gearbeitet. Das Wichtigste ist das Zimmer des Lagerkommandanten. Hier läuft alles zusammen, und hier befindet sich das Museum, eine Sehenswürdigkeit für sich. Und nicht das allein. Dieses Museum erweist wie nichts anderes die Notwendigkeit des Lagers. Fangen wir mit der Literatur an. Lange Bücherreihen zeigen, wie der Marxismus von teils überzeugt-fanatischen, teils gewissenlosen Literaten hochgezüchtet wurde. Einen großen Raum nimmt die beschlagnahmte Bibliothek der Klara Zetkin ein, die, wie bekannt, in dem vor den Toren von Oranienburg liegenden Birkenwerder ihr Proletarierheim in Gestalt einer luxuriösen Villa besaß. Ein folgerichtiges Bild von der geistigen Entwicklung dieses argen Weibes, das zu guter Letzt noch den Deutschen Reichstag vor seinem unseligen Sterben durch die bekannte Alterspräsidentenkomödie schändete. Auch der Doktorbrief ihres Sohnes Maxim Zetkin wurde in der Villa geschnappt und ist ein historisches Dokument. Endlich ein großes, in etwas klobigem russischen Farbendruck hergestelltes Bild einer Sowjetsitzung in Moskau, das aber in der Darstellung der Gesichter von starker Charakteristik ist. Das Bild steht ungerahmt auf einem Schrank. Während der Lagerkommandant seine Erklärungen gab, fiel uns Klara Zetkin, die auf dem Bilde gut zu sehen ist, in aller Form »auf den Kopf«. Sie erhielt aber alsbald ihren »Ehrenplatz« wieder. Zur literarischen Abteilung gehören auch Flugblätter und Handzettel in Massen. Die älteren mit ihrem bekannten Inhalt interessieren kaum noch. Desto mehr die neuen, die noch fortwährend, insbesondere durch Motorradstaffeln, abgeworfen werden und beweisen, daß der Kommunismus sich immer von neuem zu Wühlarbeiten aufzuraffen versucht.

Vervielfältigungsapparate sind schon viele beschlagnahmt und zieren das Museum. Es sind aber immer noch viele in Betrieb, und solche Dinger sind so schnell wiederbeschafft.

Im Museum der »geistigen« Waffen

Beachtenswert ist, daß auf den Flugzetteln oft betont wird, daß der Gegner mit »geistigen Waffen« geschlagen werden soll. Diese »geistigen Waffen« füllen einen großen, breiten Glasschrank für sich.

Die zuständigen Behörden halten es für ihre Pflicht, über das Wohl der Häftlinge zu wachen. Unangemeldete Besuche sind der beste Weg, von einer Sachlage das richtige Bild zu bekommen. So hatten sich denn vor einigen Tagen Vertreter der anhaltischen Staatsbehörden zu einem unangemeldeten Besuch nach Oranienburg begeben. Was sie dort gesehen und gehört haben, berechtigt zu der nachdrücklichen Feststellung, daß niemand um das leibliche Wohlergehen der dort untergebrachten Häftlinge Sorge zu tragen braucht. Im allgemeinen klagen die Leute auch nicht. Sie vermissen eigentlich nur die Freiheit, und sie kann ihnen nicht nach Wunsch wiedergegeben werden, weil die Staatssicherheit dem entgegensteht und vorgeht. Ihr Verkehr mit der Außenwelt ist keineswegs unterbunden. Es gehen massenhaft Briefe aus und ein, die freilich der Prüfung unterliegen. Außerdem haben die Angehörigen das Recht, die Häftlinge in gewissen Zeitabständen zu besuchen. Die Sprechzeit ist auf eine Stunde festgesetzt. Sie wird aber in durchaus menschlicher Weise bis zu zwei Stunden verlängert.

Der allgemeine Eindruck, den die Besucher von dem Lager davontrugen, war der, daß eine scharfe Zucht und das Bestreben herrschen, die Leute an unbedingten Gehorsam, an Ordnung,

Sauberkeit und Anständigkeit zu gewöhnen. Sie genießen eine Behandlung, die angemessen ist. Es besteht gar kein Zweifel, daß die strenge Zucht und die Gewöhnung der Insassen an Arbeit ihr Teil dazu beitragen, daß die Ziele der Staatsregierung bei der Einrichtung solcher Lager, wenigstens bei dem Hauptteil der Insassen, erreicht werden. Dem Lagerkommandanten und seiner SA muß man unbedingt große Anerkennung dafür zollen, was er in so kurzer Zeit mit beschränkten Mitteln geschaffen hat, und wie er den Innen- und Außenbetrieb leitet und beherrscht.
Bernhard Heese

Außerdem erhielten Besuchserlaubnis nachstehend aufgeführte Vertreter größerer Zeitungen oder einflußreiche Ausländer:

am 30. 3. 33: A. Groß, Illustrations-Verlag, Berlin;
am 1. 4. 33: Major Trygve Gran, Oslo, der über die skandinavischen Sender seine Erlebnisse in Oranienburg mitteilte,
am 5. 4. 33: Der Vertreter der New York Times;
am 7. 4. 33: Redakteur Sven Ludin, Stockholm;
am 8. 4. 33: Fa. Pressefoto, Berlin;
am 10. 4. 33: Fa. Krystone Wiew Co., Berlin;
am 11. 4. 33: Der Vertreter der Täglichen Rundschau, Berlin;
am 12. 4. 33: Der Vertreter der Associated Press GmbH, Berlin;
am 27. 4. 33: Redakteur Kunzendorf, DAZ, Berlin;
am 6. 5. 33: Der Vertreter einer Kasseler Zeitung;
am 24. 5. 33: Frau Baronin von Ropp (Honary Member of Amerikan League);
am 30. 5. 33: Zwei amerikanische Journalisten im Auftrage der Gestapo, Berlin;
am 13. 7. 33: Der Schriftleiter des Fridericus usw.

Ohne Einschränkung, weil eben nichts da war, was vertuscht oder bemäntelt werden mußte, wurden die Vertreter der Presse fast aller Länder mit ausdrücklicher Genehmigung der Regierungsstellen durch das Lager geführt. Mit großem Interesse verfolgten alle die Aufbauarbeit innerhalb des Lagers und konnten sich davon überzeugen, daß den Häftlingen – außer ihrer Freiheit – nichts fehlte. Wenn ich anschließend gezwungen bin, die Berichterstatter einiger namhafter Auslandszeitungen im Hinblick auf die unwahren Behauptungen der das Lager Oranienburg betreffenden Artikel anzugreifen, dann geschieht es nicht aus dem Gefühl heraus, sich verteidigen zu wollen, sondern diktiert von dem festen Willen, diejenigen an den Pranger zu stellen, die als Lügner den Frieden zwischen den Völkern stören.

Aus welchem Milieu der Berichterstatter der Times stammte, mag aus dem Aktenstück hervorgehen, das sich mit der Durchsuchung des jüdischen Erziehungsheims in Wolzig (Kreis Beeskow) beschäftigt.

Sturmbann II/205
Untergruppe Brandenburg Ost
Berlin-Brandenburg, den 7. 6. 1933.

Betrifft: *Durchsuchung des jüdischen Erziehungsheims in Wolzig*

Auf Anordnung des Landrates Lindig in Beeskow fand heute vormittag eine Durchsuchung des jüdischen Erziehungsheims in Wolzig durch die Landjägerei-Abteilung Storkow, zusammen mit der SA statt. Die Durchsuchung wurde voranlaßt durch Betätigung der Zöglinge in kommunistischer Propaganda. Aus den beschlagnahmten Personalakten geht hervor, daß alle mehr oder weniger wegen politischer sowie krimineller Verbrechen vorbestraft sind. Die Bevölkerung von Wolzig und Umgebung war der dauernden Belästigung durch die Judenjungen ausgesetzt. Diebstähle und andere Delikte waren an der Tagesordnung.

Die Durchsuchung förderte
zwei geladene Armeepistolen,
einen Trommelrevolver,
ein Seitengewehr und
zwölf Totschläger aus Holz mit Stahleinlage
und eine Menge kommunistisches Propagandamaterial sowie kommunistisches Schulungsmaterial zutage.

Im Zusammenhang mit dem Ergebnis der Durchsuchung ordnete der Oberlandjägermeister Müller mit dem Einverständnis des Sonderkommissars in Beeskow, Standartenführer Süß, die Überführung sämtlicher Insassen nach dem Konzentrationslager in Oranienburg an.

Diejenigen, die als die Verantwortlichen bzw. Rädelsführer anzusehen sind, wurden nach dem Polizeipräsidium Berlin eingeliefert.

Bei dem Heimleiter Oskar Friedmann wurden die Totschläger und das Seitengewehr gefunden. Nach seiner Angabe hat er diese Instrumente einzelnen Zöglingen im Laufe der Zeit weggenommen und in seinem Schreibtisch aufbewahrt. Je eine Pistole wurde in den Sachen des Werner Treuherz und der Betty Armer gefunden. Beide behaupten, von dem Vorhandensein nichts gewußt zu haben. Besonders zu erwähnen ist der Sportlehrer Fritz Hirsch, der Überfälle und andere kommunistische Aktionen veranlaßte und mit seinen Horden durchführte. Der Ausgangspunkt war hierbei stets das Judenheim selbst.

Für das Unwesen der Judenjungen zeugen eine Unmenge Akten bei den zuständigen Landjägern sowie die Landjäger selbst und die geschlossene Einwohnerschaft von Wolzig. Letztere hat auf dem amtlichen Beschwerdeweg mehrere Male versucht, die Zustände zu unterbinden. Jedoch in seinem Falle vergeblich.

Außer den genannten Personen wurden noch der Erzieher Max Gebhardt (ein chinesischer Jude) und der Richard Goldschmidt nach dem Polizeipräsidium Berlin eingeliefert.

Die Zöglinge des jüdischen »Erziehungsheims« trafen in einem Sammeltransport ein. Die Akten, die mit eingeliefert wurden, zeigten, in welchem erschreckenden Umfang diese degenerierten, ausgesprochen asozial veranlagten Juden kriminell und politisch vorbestraft waren.

Da die meisten von ihnen noch im jugendlichen Alter standen und daher für unsere körperlichen Arbeiten nicht zu verwenden waren, stellte ich eine besondere Abteilung auf. Nur leichte Hofarbeiten wurden ihnen zugewiesen und einige ältere Juden, die wegen politischer Vergehen bereits einsaßen, als ihre Zugführer ernannt.

Einige Tage später nahm ich Gelegenheit, mit dem dort inhaftierten und als Leiter zugeteilten jüdischen Rechtsanwalt Dr. Levy Rücksprache zu nehmen. Er trug mir unumwunden vor, daß er selten solche jungen verkommenen Menschen kennengelernt habe wie diese Zöglinge.

Einer der Zöglinge, der einen recht intelligenten Eindruck machte, wurde, da er des Maschinenschreibens kundig war, zur Verwaltung befohlen, um dort für Büroarbeiten verwendet zu werden.

Der Dank dafür war, daß er nach anständiger, leider viel zu anständiger Behandlung – nach seiner Freilassung von St. Gallen in der Schweiz aus der englischen Zeitung Times einen Artikel zuleitete, den ich in seiner Übersetzung folgen lasse.

Dieser verlogene, völlig entstellte Artikel ging fast durch die ganze Presse der Welt.

Uns soll es recht sein, daß die Times ausgerechnet von einem Fürsorgezögling, der wegen Diebstahls vorbestraft ist, auf den Leim geführt worden ist. Wie der englische Leser nach dieser delikaten Enthüllung über die Sauberkeit jener Männer zu denken hat, die hierfür die Verantwortung zu tragen haben, überlassen wir ihm gern.

Die Presse in Deutschland ist durch den Nationalsozialismus rücksichtslos von unsauberen Elementen gesäubert worden.

Life in a Nazi Camp
a farm Student's
experience
the meaning of »help«
From an German Correspondent

The last three years i was a pupil at the Agricultural School foundet at Wolzig, near Königswusterhausen, in 1929 by the Jewish Agrcultural Commitee.

Im Interesse eines jeden Volkes wird es liegen, eines Tages unserem Beispiel zu folgen.

Leben in einem nationalsozialistischen Gefangenenlager
Die Erfahrungen eines landwirtschaftlichen Studenten.
Eine Ansicht über »Nachhilfe«
von unserem deutschen Korrespondenten.

Ich war in den letzten drei Jahren als Schüler an der landwirtschaftlichen Schule in Wolzig in der Nähe von Königswusterhausen. Diese Schule wurde 1929 durch ein jüdisches Komitee gegründet. Ich bin kein Jude, aber meine Eltern sind arm, und da die Schüler an dieser Schule weder für Unterricht noch Verpflegung zu zahlen haben, so wurde ich nach dort geschickt. Der Unterricht dort ist der beste, der in Deutschland zu erhalten ist. Auch ist die Schule mit dem besten Lehrmaterial versehen. Die Landwirtschaft wird dort betrieben mit den neuesten Maschinen und Traktoren. Ich hatte mein Führerzeugnis als Traktorenführer. An den Abenden nach getaner Arbeit lernte ich Buchhaltung und Maschineschreiben. In diesem Jahr war die Leitung bereit, mir für meine Arbeit 17 RM pro Woche zu zahlen.

Der Direktor der Schule, Dr. Friedmann, war ein Jude, und ebenso 30 von den 43 Schülern. Neben dem landwirtschaftlichen Unterricht wurden Kurse in Gartenbau, Zimmer-, Schneider- und Schuhmacherarbeiten gegeben. Für jeden dieser Zweige waren die Werkstätten bestens ausgerüstet. Wir Schüler waren im Alter von 13 bis 18 Jahren. Keiner von uns kümmerte sich um Politik; wir hatten nur Interesse für Tiere und an unserem Studium.

Mitte Mai kamen einige SA-Leute aus der Stadt, um die Schule zu besichtigen. Sie faßten den schnellen Entschluß, daß sich hier sehr gut ein Arbeitsdienstlager einrichten ließe. Danach ereignete sich bis zum 20. Juni nichts. Ich stand an diesem Tage gegen 5 Uhr 30 Minuten morgens auf und ging für die Hühner Futter holen. Als ich an das Haus zurückkehrte, sah ich alle meine Mitschüler und die Leiter der Schule in Reih und Glied angetreten, vor ihnen eine Gruppe von SA-Männern. Ich wurde sofort angebrüllt, mich einzureihen, und dann wurden wir gezwungen, auf vier Lastwagen zu klettern, welche die Nazis mitgebracht hatten. Wir mußten alles andere im Stich lassen. Wer sich nicht beeilte, auf die Lastwagen zu klettern, wurde mit Eisen- und Gummiknüppeln geschlagen. Darauf stiegen die SA-Führer in ihre Wagen, während wir ihnen auf unseren Lastwagen folgten. Jeder dieser Lastwagen war mit einem Maschinengewehr versehen. Wir waren sehr eng verladen, immer 30 SA-Männer und 10 von uns Schülern. Die SA-Männer kamen von Berlin und gehörten zu drei Stürmen, und zwar I/208, I/207 und 75/5; sie waren alle schwer bewaffnet.

Oranienburg.

Nach einer einstündigen Fahrt erreichten wir das Adolf-Hitler-Haus in der Voßstraße in Berlin. Hier mußten wir über drei

Stunden warten. Wir erhielten keine Erlaubnis, aus dem Lastwagen zu steigen, und eine Menschengruppe sammelte sich um uns. Die SA-Männer erzählten jedem, daß wir Juden wären und daß unsere Väter seit dem Kriege allen Deutschen das Geld geraubt hätten. Als die Umstehenden dies hörten, beschimpften sie uns, und wir wurden geschlagen, als wir antworten wollten.

Endlich setzten sich die Lastwagen wieder in Bewegung, und wir kamen in das Konzentrationslager in Oranienburg, das eine halbstündige Fahrt von Berlin entfernt liegt. Wir kamen in ein Gebäude, das früher ein Elektrizitätswerk war. Über drei Stunden mußten wir in Reih und Glied stramm stehen; wer sich setzen wollte, wurde geschlagen. Endlich wurden wir in einen Raum gebracht, wo ein SA-Mann uns in drei verschiedenen Stellungen fotografierte; ein anderer SA-Mann nahm unsere Fingerabdrücke; ein dritter entleerte unsere Taschen, und ein vierter setzte eine Personalbeschreibung auf. Danach mußten wir uns aus einem Stall Stroh holen, und zwar jeder so viel, wie er für ein Bett benötigte. Mit diesem Stroh gingen wir in eine große Halle, und hier wurde uns gesagt, »Dies sei der Raum, wo wir essen, schlafen und den größten Teil des Tages verbringen werden!« Jeder bekam einen kleinen Topf mit Kaffee und ein Stück Schwarzbrot, unsere erste Nahrung an diesem Tage.

Am nächsten Tage begann das Lagerleben für uns. Wir mußten um 5 Uhr aufstehen und zwei Stunden militärische Übungen machen. Diese bestanden in Hindernisse nehmen sowie Instruktionen über Luft- und Gasangriffe und Drill verschiedener Art. Dann bekamen wir Frühstück, bestehend aus einem Topf Kaffee und zwei Scheiben Schwarzbrot mit Marmelade. Allgemeine Arbeit beschäftigte uns dann bis 12 Uhr. Zu dieser Zeit bekamen wir ein halbes Liter Wassersuppe, gemischt mit Bohnen; am Sonntag gab es Reis, und wer Glück hatte, eine Scheibe Brot dazu. Die Arbeit wurde fortgeführt bis spät abends. Einbegriffen waren wiederum einige Stunden militärischen Drills unter der Aufsicht von ehemaligen Soldaten. Später erhielten wir wieder einen Topf Kaffee und Brot. Denn endlich konnten wir zu Bett gehen, d. h. auf unser Strohlager. Der Jüngste von uns, Manfred Benjamin, erst 13 Jahre alt, machte denselben Dienst wie wir und weinte fast täglich.

Geschlagen und geschwärzt

Bald nach meiner Ankunft fragte mich ein Nazi, ob ich Maschineschreiben könnte. Ich antwortete mit »Ja«, und er brachte mich zu dem Lagerkommandanten, Sturmbannführer Krüger, der mich in seinem Büro beschäftigte. Hier lernte ich einen großen Teil über die Führung des Lagers und hatte Gelegenheit, prominente Häftlinge zu sprechen, wie z. B. den Direktor der Deutschen Rundfunkgesellschaft und die Bürgermeister verschiedener kleinerer Städte. Ich erfuhr, daß über 2500 Häftlinge in dem Lager waren, von welchen nur 50 Prozent Juden waren. Der Rest bestand aus Kommunisten, Sozialdemokraten und anderen politischen Feinden der Hitlerianer. Am 18. August wurden 102 SA-Leute zur Bestrafung gebracht, da sie »faul« gewesen waren. Sie machten dieselbe Behandlung wie die anderen Gefangenen durch, nur mit der Ausnahme, daß sie nicht geschlagen wurden. Das Tagewerk war überhaupt für alle Häftlinge das gleiche, obwohl die Juden abgesondert schliefen und sich auf einer etwa 25 Quadratmeter großen Fläche aufhalten mußten. Prominente Gefangene wurden öfters geschlagen wie die anderen; doch erhielt jedermann seinen vollen Anteil an Schlägen, ganz besonders, wenn die Nazis des Abends aus dem Restaurant in der Nachbarschaft zurückkamen, dann konnte es passieren, daß sie in die große Halle kamen und einige von den Gefangenen fürchterlich schlugen. Sie bekamen es auch fertig, sie vollständig mit schwarzer Schuhwichse einzureiben, und überzeugten sich am nächsten Tage, ob auch alles abgewaschen war. Wenn nicht, so scheuerten sie die Gefangenen selbst. Im ganzen Lager waren nur vier Klosetts und ein Brunnen zum Waschen.

Das Lager war von Stacheldraht umgeben und einem elektrisch geladenen Draht. Rote Flaggen, die 5 Meter von diesem Draht entfernt standen, warnten uns vor diesem Draht. Die Lagergarnison bestand aus 300 Mann, die in zwei Wachen geteilt waren, von denen eine Wache immer im Dienst war. 20 Mann standen auf dem Dach des Hauptgebäudes mit einem Maschinengewehr und 20 weitere um dieses Gebäude. Andere waren als Wachposten auf verschiedenen anderen Plätzen inner- und außerhalb des Lagers. Hier gab es keine Gelegenheit zur Flucht.

Des Nachts wurde das Lager mit einem Scheinwerfer abgeleuchtet, und Wachen gingen durch die Hallen, wo wir schliefen und beleuchteten zur Kontrolle alle Gefangenen.
Meine Arbeit im Büro bestand in Buchhaltung, Maschinenschreiben und Nehmen von Fingerabdrücken. Ich erfuhr, daß das Lager die erste Zeit nur den Nazis gehörte und erst am 22. April von der Regierung übernommen wurde. Jeder Gefangene wurde hier mindestens acht Wochen festgehalten, und nur wenige wurden früher entlassen. Sie wurden alle gezwungen, jeden Pfennig, den sie bei ihrer Einlieferung mitgebracht hatten, in Lagergeld umzuwechseln und pro Tag 2,50 Reichsmark für ihren Aufenthalt zu zahlen; der Staat berechnet 1,50 RM pro Tag. In Wirklichkeit war es so, daß die SA-Leute dieses Geld selbst einsteckten. Auch schickten sie Abteilungen hinaus, die all das vom Lande hereinholen mußten, was im Lager gebraucht wurde. Ebenso machten sie falsche Berichte in den Lagerbüchern. Wenn prominente Gefangene kamen, wurden diese verhört. Der Kommandant fragte, wo Waffen oder Papiere der Kommunisten versteckt waren, und verlangte eine schnelle Antwort, um nicht »nachgeholfen« zu werden. »Nachhilfe« bedeutete Schlagen. Als Herr Braun von der Rundfunkgesellschaft aus des Kommandanten Zimmer kam, war zu sehen, daß Braun eine schwere Zeit hinter sich hatte. Beide Augen waren geschlossen, und er konnte nur sehr schlecht sehen. Einer von uns Jungen fragte, ob er etwas Wasser zum Baden der Augen wünsche. Aber er lehnte ab, da er befürchtete, wir könnten in Schwierigkeiten kommen, wenn wir ihm irgendwie helfen, und im übrigen habe er »mit seinem Leben abgeschlossen«!

Die Post wurde durch zwei SA-Führer geöffnet und alle ankommenden Briefe sorgfältig sortiert. Die Häftlinge mußten ihre Briefe offen zur Absendung den SA-Männern übergeben. Einmal in der Woche durfte jeder ein Paket im Gewicht bis zu 5 Kilo empfangen. Sonntags in der Zeit von 2 bis 4 Uhr durften die Angehörigen die Häftlinge besuchen, natürlich wurden viele Besuche überwacht. Als Berichte in den Zeitungen standen: »Ausländische Flieger über Berlin« ließ der Kommandant antreten und gab den Befehl bekannt, daß wir drei Wochen lang keine Besuche und eine Woche keine Briefe empfangen dürften sowie für zwei Tage kein Mittagbrot erhielten. Die Lagerwache bestand aus SA-Leuten, gewöhnlichen Menschen der niedrigsten Art. Sie bekamen eine Mark pro Tag sowie freie Verpflegung und Logis. An jedem Montag machten sie gemeinsam mit der Reichswehr in einem kleinen Walde in der Nähe des Lagers militärische Übungen. Der Kommandant und die höheren Führer waren SS-Männer (Schutzstaffeln). Diese entstammen den besseren Gesellschaftskreisen und bilden die Leibwache des Naziführers. Sie sind besser bewaffnet, und das Ergebnis ist, daß SS- und SA-Leute sich gegenseitig hassen. Als die SS kam, das Lager zu besichtigen, hatte sie großen Streit mit der SA-Wache. Wenn beide Parteien betrunken sind, was oft der Fall war, und wenn sie es überdrüssig waren, Gefangene zu schlagen, so konnte es oft eintreten, daß sie sich gegenseitig schlugen.

Unter den prominenten Häftlingen befinden sich viele Mitglieder des Reichs- und Landtags. Dr. Ludwig Levy, Rechtsanwalt in Potsdam, und der Direktor der Berliner Verkehrsgesellschaft wurden beide im März eingeliefert. Sehr bekannte Leute wie diese werden jeden Tag geschlagen, und häufig werden ihnen das Essen und die Besuche entzogen. In der Zeit, wo ich im Lager war, verübten zwei Häftlinge Selbstmord. Hermann Hagendorf aus Anhalt, der sich die Pulsadern durchschnitt, und Walter Klautsch, der sich mit seinem Gürtel erhängte. Die meisten der Gefangenen durften kein Wort über die empfangenen Schläge sagen; aber alle Nächte konnten wir ihre Schreie hören. Wer entlassen wurde, hatte zwei Schreiben zu unterzeichnen, ein weißes, in dem stand, daß die Behandlung im Lager gut war, und ein blaues, mit dem die Häftlinge versprachen, in Zukunft gute Bürger zu sein und nicht gegen das neue Deutschland zu arbeiten.

Das Lager wurde ganz durch den Kommandanten geführt, die Befehle, die eingingen, kamen meistens telegraphisch und bestanden aus Anweisungen, wo Waffen und Papiere der Kommunisten zu suchen wären.

Endlich, am 22. August, entschied der Lagerkommandant die Freilassung von uns Jungen, die wir ja nur in Haft waren, weil die Regierung nach Übernahme unserer Schule keine billigere

Unterkunft für uns hatte. Der Kommandant kam gegen 10 Uhr 20 Minuten abends und erzählte uns, daß wir das Lager spätestens in zwei Minuten zu verlassen hätten. Wer in dieser Zeit nicht draußen wäre, würde niemals mehr entlassen werden. Wir gingen so rasch wie wir konnten und wanderten die Chaussee nach Berlin zu. Die Nacht verbrachten wir unter einer Hecke, fünf Meilen vom Lager entfernt. Früh am nächsten Morgen ging ich in ein Friseurgeschäft und telefonierte an das jüdische Landwirtschaftskomitee. Ich bat, daß sie uns holen möchten. Sie brachten uns dann in Automobilen nach Berlin, und dort schliefen wir nach zwei Monaten endlich wieder einmal in einem Bett.

Einige Tage später nahm ich, da ich einen Führerschein hatte, Stellung als Chauffeur bei einer Dame, die nach der Schweiz zu fahren beabsichtigte, wo sich auch meine Familie befand. Wir erreichten unseren Bestimmungsort, Sankt Gall, und ich war in Sicherheit.«

Es fällt mir aufrichtig schwer, zu diesem Artikel, der einfach als Gipfelleistung verbrecherischer Verlogenheit bezeichnet werden muß, Stellung zu nehmen. Allein, daß die »Times« vom 19. September 1933 und »The New York Times« vom 1. Oktober 1933 diesen Artikel zu bringen wagten, ohne sich über die Wahrheit an Ort und Stelle zu überzeugen oder auch nur einen Versuch zu machen, verpflichtet mich, um der Ehre der SA willen, Stellung zu nehmen.

Der Berichterstatter, der reinrassiger Jude ist, verschweigt allerdings seinen Namen. Da wir nur einen dieser jüdischen Zöglinge zu Nebenarbeiten an der Maschine herangezogen hatten, kann es sich nur um den Fürsorgezögling Baron handeln, vorbestraft wegen Diebstahls, der aus der Tatsache, daß er Dissident ist, glaubt folgern zu müssen, er sei kein Jude mehr.

Das Fürsorgeheim Wolzig ist also in seinen Augen eine Landwirtschaftsschule.

Daß sich keiner der Fürsorgezöglinge um Politik kümmerte, geht aus dem Bericht hervor, der zur Verhaftung des »Vorzüglichen Lehrkörpers« und seiner gelehrigen Schüler führte.

Der SA-Sturmbannführer Krüger, der durch diese Schmähartikel in der ganzen Welt diffamiert werden sollte, ist niemals Lagerkommandant von Oranienburg, sondern Leiter der Abteilung IA – Vernehmungsabsteilung – gewesen.

Es handelt sich scheinbar um recht streitkräftige Makkabäer, die im Fürsorgeheim Wolzig untergebracht waren; denn immerhin zwingt uns die im Artikel aufgestellte Behauptung, daß 30 SA-Männer, schwer bewaffnet und zu allem Überfluß noch mit Maschinengewehren versehen, für zehn 13- bis 18jährige Judenjungens als Bewachung gerade noch hinreichend gewesen wären, ein kleines, aber um so humorvolleres Lächeln auf.

Und nun zu Oranienburg, das den kleinen jüdischen Fürsorgezögling mit der beachtenswerten Anlage eines »Relativisten« so sehr verkannte.

Die Höchstzahl der politisch Inhaftierten schwankte im Spätsommer 1933 zwischen 800 und 900. In dem Artikel der »Times« sind es 2500. Immerhin eine kleine Differenz von 1600 Häftlingen. Am 18. August 1933 sollen laut Bericht 102 SA-Männer zwecks Strafverbüßung eingeliefert worden sein. Eine Lüge, die durch nichts mehr überboten werden kann. Die Stärke des Wachkommandos betrug zur damaligen Zeit 135 SA-Männer und ist heute auf 60 SA-Männer gesenkt worden. Laut Bericht sollen es 300 gewesen sein.

Während der ganzen Zeit des Lagerbestehens war nicht ein einziger Posten auf das Hauptgebäude gestellt worden.

Laut Bericht sind es deren 20.

Und während sich im Lager nur ein leichtes Maschinengewehr (kommunistisches Beutestück) befindet, befanden sich laut Bericht der »Times« 20 Maschinengewehre in ständiger Bereitschaft.

So geht es nun weiter. Wort für Wort, Satz bei Satz, – Lüge – Verdrehung – Haß. Gelder, die für Häftlinge des Konzentrationslagers von Angehörigen geschickt wurden, wandern laut Bericht in die Taschen der SA.

Wie gesagt – ein Staatsanwalt hätte auf Monate hinaus ausgiebig zu tun, um sich mit der Person dieses pathologischen Lügners zu beschäftigen. Von den SA-Männern will ich hier im Zusammenhang schweigen; denn ich nehme mit gutem Recht an, daß der Fürsorgezögling B. es geflissentlich vermeiden wird, deutschen Boden noch einmal zu betreten.

Die bewußte Lüge, der Kommandant und seine Unterführer seien SS-Männer und lebten daher mit den Wachmannschaften, die der SA angehörten, in »Urfehde«, ist zu dumm, als daß sie besonderer Aufklärung bedarf.

Nun zu den Selbstmorden.

Es ist für mich schwer, sehr schwer, deswegen die Feder über das Papier zu quälen. Die »Times« und alle ihre Nachfolgerinnen hätten diese Situation aber vermeiden können, in die sie und ich als Lagerkommandant durch diesen verbrecherisch daraufloslügenden jüdischen Fürsorgezögling hineinmanöveriert worden sind. Aber es mußte so sein.

Der Häftling Hermann Hagendorf starb keinen Freitod, sondern er erlag im Krankenhaus Oranienburg den Folgen einer Bleivergiftung, die er sich in seiner Heimat zugezogen hatte. In krankem Zustande, der aber längst nicht den sicheren Tod vermuten ließ, wurde Hagendorf auf Veranlassung des Lagerarztes in das Oranienburger Krankenhaus übergeführt. Als Hagendorf verstarb, war es die SA seiner Heimatstadt, die sich seiner Frau ganz besonders hilfreich annahm und einen SA-Führer ihr zur Seite stellte. Davon steht allerdings in der »Times« nichts. Die Frau des verstorbenen Hagendorf besuchte mich in Oranienburg und sprach mir ihren Dank aus für die Hilfe, die wir ihr hatten zuteil werden lassen. Als Hagendorf in das Krankenhaus gebracht wurde, war ich es, der Lagerkommandant, der ihm Mut zusprach und die Hoffnung auf Besserung mit auf den Weg gab.

Walter Kausch dagegen war der einzige Selbstmörder, den das Lager Oranienburg gehabt hatte. Er stand in dringendem Verdacht, Organisator einer neuen kommunistischen Gruppe in Nowawes bei Potsdam zu sein. Da er, obwohl bereits überführt, immer noch beharrlich leugnete, waren wir gezwungen (Verdunkelungsgefahr), ihn in Einzelhaft zu nehmen. Hier zog es Kausch vor, sich seiner Strafe durch Erhängen zu entziehen. Wiederbelebungsversuche, an denen ich mich selbst beteiligt hatte, führten zu keinem Erfolg. Ich bedauere insofern den tragischen Tod des jungen Menschen, als ich in seiner Handlung, die absolut seiner idealistischen Einstellung entsprach, etwas sehe, was so charaktervoll war, wie es die Idee und vor allem die »Führer«, für die er kämpfte und starb, nicht verdienten.

Und nun komme ich zu den Prominenten, die besondere Erwähnung in dem Schmähartikel der »Times« und der anderen Zeitungen gefunden hatten. Dabei darf ich gleich erwähnen, daß der Direktor der Berliner Verkehrsgesellschaft niemals im Konzentrationslager Oranienburg als Häftling gewesen ist. Es dürfte genügen, daß der im »Times«-Artikel als prominent bezeichnete Dr. Levy aus freien Stücken, bevor ich überhaupt von dem Artikel in der »Times« Kenntnis erlangt hatte, eine Berichtigung an hervorragender Stelle verlangte. Diese Berichtigung wurde auch erbracht. (Siehe Berichtigung und Übersetzung.)

German Concentration Camps
to The Editor of the Times:

Sir.-Having seen that an article about the concentration camp at Oranienburg, near Berlin, was published in The Times of September 19, und that my name is mentioned, I declare as follows. – During the whole time of my detention in the concentration camp at Oranienburg. near Berlin (not from March, 1933, but from June 28 to July 25, 1933). I did not see any political prisoners matreated; I myself war never matreated in the Ieast; I was never deprived of breakfast or of receiving a visit.On the contrary, my treatment tere by every one concerned was always thoroughly good and even respectful.
Yours faithfully.
Dr. Ludwig Levy.
Potsdam, Sept. 25

Übersetzung.
An den Herausgeber der »Times«.

»In der ›Times‹ vom 29. September 1933 las ich einen Artikel über das Konzentrationslager in Oranienburg bei Berlin, in dem mein Name erwähnt wird. Ich erkläre dazu folgendes: Während der ganzen Zeit meiner Inhaftierung im Konzentrationslager Oranienburg habe ich keine Mißhandlung von Gefangenen beobachtet; ich selbst bin nie mißhandelt worden. Frühstück oder Empfang von Besuch ist mir nie verweigert worden. Im Gegenteil war meine Behandlung stets gut und rücksichtsvoll.«

Damit möchte ich den unerquicklichen Abschnitt »Times« beschließen. Sollten die Verantwortlichen der »Times« und der anderen Blätter, die auf das lügenhafte Erzeugnis eines Fürsorgezöglings hereingefallen sind, meine Abhandlung und Widerlegung als Berichtigung bringen, dann wäre das kein Rückzug, sondern eine Ehrenrettung in eigener Sache.

Eines Tages kam Miß Bothamley, eine Engländerin, die das große »Wagnis« unternommen hatte, Deutschland allein am Steuer ihres Wagens zu durchqueren.

Überall war sie gewesen. Im Osten hatte sie Danzig besucht. Im Westen war sie gewesen, durch das schöne Pommern war sie gefahren, um Land und Leute kennenzulernen – und so kam sie auch nach Oranienburg, um die »Burg des Grauens« zu besichtigen. In ihrer Begleitung befanden sich Vertreter verschiedener Regierungsstellen, die der Dame zugeteilt worden waren, um dafür Sorge zu tragen, daß sie ungehindert alles sehen konnte.

Miß Bothamley war eine Frau, die von England herübergekommen war, um die Wahrheit über Deutschland zu ergründen. Sie hatte über Deutschland derart Abfälliges erfahren, daß sie sich selbst an Ort und Stelle überzeugen wollte.

Bevor wir das Lager betraten, fuhren wir nach Neu-Holland, um das dort arbeitende Kommando der Schutzhäftlinge zu besuchen. Gleich in Oranienburg, nachdem ich mich vorgestellt hatte, bat mich Miß Bothamley neben sich an das Steuer. Sie sprach sehr gut Deutsch und war wißbegierig, wie – eben nur eine Frau, die so klug zu fragen weiß, sein kann.

Es überraschte mich keineswegs, als sie mich fragte, ob ich der Mann sei, der Alfred Braun und Dr. Levy so brutal geschlagen hätte, wie es in der »Times« mitgeteilt worden sei. Ich hielt einen großen Aufklärungsvortrag nicht für angebracht und bat Miß Bothamley nach Beendigung der mehrstündigen Besichtigung darauf zurückkommen zu dürfen, da ich noch andere Lügen der »Times« durch die Besichtigung erledigen lassen wollte.

Bereitwillig ging die Engländerin auf meinen Vorschlag ein.

Während wir Sachsenhausen, ein Dorf in der Nähe Oranienburgs, passierten, ließ die anfangs angeregt geführte Unterhaltung nach.

Inzwischen waren wir an der Arbeitsstelle eingetroffen, wo auf langen Schienensträngen sandbeladene Loren von Schutzhäftlingen geschoben wurden. Mit großem Interesse verfolgte die Engländerin die Arbeit. Nachdem sie die Häftlinge genügend beobachtet hatte, bat sie, einige von ihnen, vor den Loren stehend, fotografieren zu dürfen; denn die Zufriedenheit der Gesichter, die keineswegs Spuren irgendwelcher Qual hätten, und die Wohlgenährtheit, die auf einwandfreie Verpflegung schließen ließe, müsse sie ihren englischen Freunden zeigen.

Auf der Rückfahrt zum Konzentrationslager merkte ich, daß ihre Ansicht über uns und das Lager, allein nach der Besichtigung des Arbeitskommandos, sich bereits geändert haben mußte.

Als wir im Lager eintrafen, war der Abend bereits angebrochen, und überall brannten Lampen in den Sälen und Hallen.

Nichts blieb unbesichtigt.

Inzwischen waren die Häftlinge auf dem Sportplatz zum Appell angetreten, den Miß Bothamley miterlebte. Wir gingen mit ihr die Reihen der Schutzhäftlinge entlang, und als wir auch diese Besichtigung hinter uns hatten, erklärte sie uns, daß sie bei einigen der Physiognomien, die sie im Halbdunkel gesehen habe, erschüttert gewesen sei. Sie habe im Augenblick verstehen gelernt, warum man solche Männer isoliert hatte.

Der Beauftragte der Gestapo, Dr. C., der sich in der Begleitung der Engländerin befand, wünschte bei dieser Gelegenheit, einige Entlassungen, die ausgesprochen worden waren, vorzunehmen.

Es handelte sich um ungefähr zehn Häftlinge, die herbeigerufen wurden und nun in Gegenwart von Miß Bothamley die freudige Mitteilung erhielten.

Der Eindruck der Verhandlung mußte einen tiefen Eindruck auf die Engländerin hinterlassen haben; denn sie bat, selbst einige Worte an die Häftlinge richten zu dürfen. Nun sollten auch wir erfahren, wie restlos die wenigen Stunden ihres Besuches in ihrem Innern Wandel geschaffen hatten. Sie sprach von der Lüge draußen, von ihrer Reise durch Deutschland und endete mit einem mahnenden Appell an die Entlassenen, endlich den Weg zu ihrem Vaterland zurückzufinden. Als ich draußen vor den Toren des Lagers Abschied nahm, mußte ich versprechen, ein Bild des Führers, das von einem Häftling im Lager gezeichnet worden war, nach England zu schicken.

Etwa vierzehn Tage darauf ging das Bild mit nachfolgendem Brief nach England ab.

Miß Margaret Bothamley
Blacknest,
Ascot-Berks (England).
Hochverehrte gnädige Frau!

Ich habe heute an Ihre Adresse das von einem meiner Schutzhäftlinge für Sie gezeichnete Bild unseres Führers abgesandt. Ich hoffe, daß Sie sich unseres Lagers gern erinnern, da Ihnen hier doch die Gelegenheit nach jeder Richtung hin gegeben wurde, um in einem uns und unserem geliebten Vaterlande zuträglichen Sinne aufklärend wirken zu können.

Hoffentlich hat das von mir geleitete Lager bei Ihnen den Eindruck hinterlassen, daß hier alles geschieht, um der gesamten Welt die Geißel des Kommunismus zu ersparen! Ich hoffe von ganzem Herzen, daß Ihr stolzes Vaterland England eines Tages das restlose Verständnis für uns und unseren Führer Adolf Hitler aufbringen wird, damit wir – die jungen Generationen beider Länder – zu einem gegenseitigen Treue- und Freundschaftsverhältnis gelangen können, an dem das kranke Europa gesunden soll. Große, wirklich wertvolle Freundschaften können nur in einer Notzeit gegründet werden. Die deutsche Not – verehrte, gnädige Frau, ist europäische Not. Wenn gewissenlose Menschen draußen im Ausland das Deutsche Reich Adolf Hitlers mit Unwahrheiten und Lügen zu belasten versuchen, erhöhen sie die europäische Not und öffnen dem bolschewistischen Asien die Tore.

Neuerdings hat man mein Lager und meine Unterführer in einem in Paris und Amsterdam erscheinenden Blatt derart angegriffen, daß ich es mir versagen muß, Ihnen Einzelheiten mitzuteilen, weil Sie bestimmt nicht verstehen würden, daß ich Ihnen derart anzügliche Beschimpfungen übermittle. Sie haben meine SA-Führer kennengelernt, und ich glaube, daß Sie in den wenigen Stunden unseres Zusammenseins Menschen kennengelernt haben, die es nicht verdienen, als Verbrecher bezeichnet zu werden. Nur wenn Sie es ausdrücklich wünschen sollten, will ich Ihnen gern eine Abschrift dieses Artikels zusenden. Es ist einfach unglaublich, was in diesem Artikel zusammengelogen wird. –

In der Hoffnung, daß Sie mein Brief bei bester Gesundheit antreffen möge, verbleibe ich mit dem Wunsche, daß Gott Ihrem und meinem Vaterlande den Frieden, den wir so notwendig gebrauchen, erhalten möge.

In steter Verehrung
Ihr
gez. Schäfer,
Lagerkommandant
Oranienburg.

Am 7. November 1933 traf aus Blacknest nachstehende Antwort ein:

Sehr geehrter Herrn Schäfer!

Ich bin eben in mein kleine Heimat endlich eingetroffen und eher ich auspacke, schreibe ich sofort, um Ihnen und den Künstlern für dieses vortreffliche Bild von dem Führer herzlich zu danken. Es ist ausgezeichnet und es hat mich wirklich innig berührt. Ich werde es hochschätzen – und ich freue mich sehr darauf, daß ich später ein Heimat haben werden können wo ich ein Wand habe das groß genug ist es aufzuhängen. – Ich hoffe, daß Sie meinen Brief und die Photos erhalten haben, und daß Sie wissen, daß ich diesen Bericht von einer Zeitung über Oranienburg sehen möchte. Ich bin die einzige Engländerin vielleicht die die Gelegenheit und auch das Mut hat Ihr Lager und Ihre Unterführer zu verteidigen. Ich habe schon drei Vorträge gehalten und jedes Mal zeigte ich diese Photos – es hat viel Eindruck gemacht. Ich arbeite jetzt um meinen Vortrag zu übersetzen und werden ein Exemplar Herrn Conrady schicken lassen. Ich hoffe daß Sie es bald sehen werden.

Mit vielen Grüße und besten Danke an Sie und dem Künstlern für dieses schöne Bild –

Ihre Margaret Bothamley.

Der Jude Schwarzschild und sein »Neues Tagebuch« in Paris

Weihnachten 1933.

Ich werde mich nun noch mit dem Elaborat eines jüdischen Edelmannes auseinandersetzen, und dann, wenn das alles widerlegt sein wird, was dort an Unrat zusammengetragen worden ist, sollen die Leser meines Buches ihr Urteil selber fällen.

Es handelt sich um das »Neue Taschenbuch«, das in Paris und Amsterdam erscheint, und für das als Herausgeber Leopold Schwarzschild verantwortlich zeichnet. – Nomen est omen! Wieder erscheint der Artikel über Oranienburg anonym, weil das »Heldische« seines Verfassers das Licht der Sonne nicht verträgt.

Interessant, aber weiter nicht verwunderlich ist die Tatsache, daß »The Jewish Chronicle« vom 15. September 1933 auf Seite 16 diesen Artikel etwas gekürzt, aber unter besonderer Betonung der in ihm enthaltenen Gemeinheiten abgedruckt hat.

Der Artikel hätte von unserer Seite keine Erwähnung verdient; aber in ihm werden SA-Führer, deren Ehre in der unerhörtesten Art und Weise angegriffen wird, mit Namen genannt, und ich halte mich deshalb für verpflichtet, der Welt auch zu zeigen, wie abgrundtief gemein jener zersetzende Geist ist, der von sich behauptet, Schildträger der öffentlichen Meinung zu sein.

Da viele Stellen dieses Artikels einfach nicht wiederzugeben sind, weil sie eine Gefahr für Anstand und Sitte bedeuten, muß ich es mir versagen, sie im Urtext meinen Lesern zu unterbreiten. Ich werde versuchen, diesen jedem Ehr- und Anstandsgefühl hohnsprechenden Teil dieses Artikels anzudeuten.

Im »Neuen Tagebuch« wird der Verfasser dieses Schmähberichtes als »bedingungslos zuverlässiger Gewährsmann« bezeichnet. Es besteht auch hier der dringende Verdacht, daß dieser Gewährsmann ebenfalls dem jüdischen Fürsorgeheim Wolzig entstammt; denn das Erziehungsheim wird gleichfalls mit großer Sachkenntnis beschrieben.

Nach einer Beschreibung des Konzentrationslagers, dessen Grundstücke der Firma Schering-Kahlbaum angedichtet werden, kommt folgende Feststellung:

»An eine Flucht auch nur zu denken, ist unmöglich. Wer in Oranienburg auf der Flucht erschossen wurde, ist ermordet worden.«

Nachdem der »Gewährsmann« sich über »die Bunker des Lagers« eingehend geäußert hat, fährt er fort:

»Der Abgeordnete Heilmann, der frühere Führer der sozialdemokratischen Landtagsfraktion in Preußen, wurde am Tage seiner Einlieferung nach Oranienburg in einen dieser Bunker gesperrt und war gegen Ende August immer noch nicht erlöst. Heilmann – um seinen Fall vorwegzunehmen – wurde auch sonst in der fürchterlichsten Weise mißhandelt. Die Geheime Staatspolizei hatte ihn gleichzeitig mit den früheren Leitern des Berliner Rundfunks nach Oranienburg gebracht. Kaum hatten die Beamten samt den Pressefotografen und den Journalisten, die zur Teilnahme an dem Empfang der prominenten Gefangenen nach Oranienburg geladen waren, das Lager verlassen, als Heilman zur »Vernehmung« in das Verwaltungsgebäude geführt wurde. Man hörte seine Schmerzensschreie und sein Stöhnen über den ganzen Hof. Nach etwa einer Stunde schleppten zwei SA-Leute den Abgeordneten hinunter, das Gesicht von Blut überlaufen, die Augen von Faustschlägen geschlossen, nicht mehr imstande, sich auf den Füßen zu halten. In diesem Zustand wurde Heilmann, der nicht emigriert und in seiner alten Wohnung geblieben war, bis die Geheime Staatspolizei ihn arretierte, in den ›Bunker‹ gesperrt. Er wird dort wohl allmählich zu Tode gemartert werden.«

Es spottet einfach jeder Beschreibung, wenn man daran denkt, mit welcher Frivolität »der Gewährsmann« seinen Artikel verfaßt hat.

Heilmann war in seiner politischen Tätigkeit der Mann, durch dessen Hetz- und Wühlarbeit so mancher deutsche Arbeiter bereit gewesen war, seinem eigenen Bruder den Schädel einzuschlagen. Für mich, der ich Versammlungen von ihm besucht habe, ist Heilmann die Inkarnation der Charakterlosigkeit. Ich denke dabei an seine Reichspräsidentenwahlversammlung in Bernau, wo er den Kandidaten zu wählen aufforderte und den Arbeitern zurief:

»Wenn ihr es so nicht könnt, dann trinkt vorher einen Schnaps.«

Sein Empfang durch die Häftlinge im Konzentrationslager war jedenfalls so, daß wir von uns aus Schritte unternehmen mußten, um ihn den Liebesbezeugungen seiner ehemaligen Genossen zu entziehen.

Heilmannn, »der Wortgewaltige«, gab uns keine Veranlassung, ihn in Einzelhaft zu nehmen. Dazu fehlte ihm einmal der Mut und zum anderenmal der Charakter.

Er blieb der Mann, der er vorher gewesen war – nur mit dem Unterschied, daß er bei uns selbstverständlich zu schweigen hatte.

Als die »Prominenten« vor der Sanitätsstube angetreten standen, um gewogen zu werden, veruchte Heilmann den kranken Mann zu spielen.

Er schwankte auffällig und versuchte dadurch den Eindruck zu erwecken, als ließen ihn seine Kräfte im Stich.

Diese Rolle – man kann nur von einer Rolle sprechen – spielte er aber derart dilettantisch, daß selbst ein Laie das Spiel durchschauen mußte – und siehe da, als er angerufen wurde, er solle stillstehen, da stand Heilmann nicht nur still, sondern legte, ohne daß es von ihm besonders verlangt worden wäre, wie ein zur Ordnung gerufener Rekrut seine Mittelfinger an die Hosennaht.

Wenn bei drohender Ohnmacht allein ein Ruf genügen sollte, um das körperliche Gleichgewicht im Augenblick wiederherzustellen, dann – glaube ich – sollte das hinreichender Beweis für ausgesprochene Simulation sein.

Als ich nach Erscheinen dieses Hetzartikels Heilman zu mir rufen ließ, um von ihm zu erfahren, ob er vielleicht in meiner Abwesenheit geschlagen worden ist, erklärte er mir, er ist über die Verbreitung einer derartigen Lügennachricht entrüstet und versicherte, seine Frau zu beauftragen, diesen Gerüchten überall entgegenzutreten.

Es bleibt also abzuwarten, was Heilmann selbst, wenn er einmal frei sein wird, in dieser Angelegenheit unternimmt.

Jedenfalls wurde Heilmann nicht »in einem Bunker allmählich zu Tode gemartert«, sondern am 7. September 1933 aus dem Konzentrationslager nach Berlin zur Vernehmung entlassen.

Nach der eigenartigerweise fast mit der Zahl der »Times« übereinstimmenden Angabe von 2400 (!) Häftlingen geht der »zuverlässige Gewährsmann« zur Beschreibung eines Häftlings Beckmann über, dem die meisten im Oranienburger Bezirk wohnenden »Arbeiter« angeblich ihre Schutzhaft verdanken sollen.

Einen Schutzhäftling Beckmann hat es im Lager Oranienburg nie gegeben.

Wenn der Gewährsmann von diesem Einzelfall der »Verräterei« spricht, dann weiß ich nicht, wie umfangreich die Liste derjenigen würde, die – um selbst freizukommen – ihre Spießgesellen und politischen Genossen denunziert haben.

Anschließend erzählen »Das Neue Tagebuch« und »sein Gewährsmann« die rührselige Geschichte zweier Handwerker, die sich als Schutzhäftlinge geweigert hätten, am Ausbau »ihres Kerkers« mitzuarbeiten.

Genau wie die Geschichte, enstammen auch diese beiden Künder eines »selbstmörderischen Heroismus« (laut Artikel) ein und dem selben Phantasieland.

Aber es schadet nichts – grausame Mißhandlungen und 14 Tage »Bunker« waren die Quintessenz ihres »Heroismus«.

Und weiter:

»Zu den ältesten Häftlingen gehört der sozialdemokratische Abgeordnete Gerhart Seger, dessen pazifistische Tätigkeit bestraft wird. Nach dem »Haarschneiden« – allen Internierten wird der Kopf kahlgeschoren – mußte Seger ins Krankenhaus übergeführt werden: man hatte ihm die Kopfhaut an mehreren Stellen aufgerissen.«

Daß der sozialdemokratische Abgeordnete Gerhart Seger seiner pazifistischen Einstellung wegen in das Konzentrationslager gebracht worden wäre, dürfte auch der Voreingenommenste jener unglücklichen Lesergemeinde des Neuen Tagebuches glauben.

Für alle aber mag es genügen,daß der SPD-Führer Seger, der wegen Landes- und Hochverrats eingeliefert wurde, zweimal wegen Beleidigung vorbestraft war und sich dadurch einen Namen erworben hatte, weil er die Angehörigen der Wehrmacht in einer sozialdemokratischen Zeitung »Pestträger« nannte, die man meiden müsse.

Also – der würdige Vertreter einer recht unwürdigen Parteitradition.

Das Krankenhaus Oranienburg hat Seger nicht zu sehen bekommen; denn die angeblichen Verletzungen beim Haarschneiden existieren nur in der »grausamen Phantasie« des Skribenten.

Nun zu Seger, der sich augenblicklich im sicheren Prag bei seinen sozialdemokratischen Freunden aufhält.

Gerade noch zur rechten Zeit eröffnet Seger seinen Kampf gegen Oranienburg und gegen sein ehemaliges deutsches Vaterland. Noch einmal beschäftigt dieser unsaubere sozialdemokratische Skribent die Presse des Auslandes und bestätigt, wie unrecht wir hatten, als wir diesen Gesinnungslumpen so anständig behandelten, wie das in jedem anderen Lande mit derartigen vaterlandslosen Gesellen nicht geschehen wäre. Dieser Vorwurf trifft uns SA-Führer und SA-Männer im Lager Oranienburg vollberechtigt, aber man halte uns zugute, daß wir diesen Mann, der zu den kläglichsten, unterwürfigsten Häftlingen Oranienburgs zählte, nicht für so erbärmlich ansahen, als er es jetzt durch seine Greuelhetze gegen Oranienburg und Deutschland beweist. Im »Neuen Vorwärts«, Nummer 34 vom 4. Februar 1934 (Erscheinungsort Karlsbad, Tscheslowakei), schreibt der nach »heldenhafter Flucht« über die Grenze entwischte Oranienburger Häftling:

»Neuer Vorwärts«, Karlsbad

(Nummer 34 vom 4. Februar 1934).

Ob Oranienburg, ob Sonnenburg, ob Brandenburg, ob Papenburg – diese Bastillen – Filialen des Dritten Reiches sind im Wesen alle gleich, sie sind eine Ausgeburt der dreckigsten

Landsknechtsphantasie, der niedrigsten Racheinstinkte, der gemeinsten Herrschsucht, ein einziges ekelhaftes Symbol der moralischen Verlumptheit aller Hitler-Kreaturen.

»Zimmer 16«
und die Wahrheit über Hagendorf

Es bedarf wohl kaum eines Kommentars, um die Gesinnung dieses Mannes ins rechte Licht zu setzen. Das deutsche Volk hat sich in seiner Gesamtheit zu Adolf Hitler bekannt, und ich darf mit Recht annehmen, daß jeder anständige Ausländer die Ehre eines Menschen auch nach dessen Einstellung zu seinem Vaterlandc und dem eigenen Volk beurteilt. Wenn Seger dann fortfährt und Dr. Goebbels, den Minister für Propaganda und Volksaufklärung, angreift und u. a. erklärt, Dr. Goebbels habe mir, dem Verfasser dieses Buches, den Auftrag hierzu erteilt, so darf ich Seger, der von sich behauptet, er sage die volle Wahrheit, der ersten bewußten Lüge zeihen. Ein solcher Auftrag besteht nicht, sondern dieses Buch wurde aus eigener Initiative geschrieben. Es soll den anständigen Menschen in der Welt gezeigt werden, wie groß, unüberbrückbar der Unterschied zwischen einem Manne, der sein Vaterland, sein Volk und seinen Führer mit heißem, ungeteiltem Herzen liebt, und einem wegen Landes- und Hochverrats landflüchtig gewordenen Sozialdemokraten ist. Dieses Urteil wird gefällt werden, wir können ihm ruhig entgegensehen.

Der Artikel (»Die Bastillen des Dritten Reiches«) im Neuen Vorwärts vom 4. Februar 1934 ist weiter nichts als die tiefe Verbeugung des »namhaften« Sozialdemokraten Seger vor einem kleinen jüdischen Fürsorgezögling. Ich darf daher gleich zur Widerlegung der gemeinsten Lügen übergehen. Der nochmalige Vorwurf, den Seger in seinem Kapitel »Zimmer 16« (abgedruckt in der Volksstimme, Saarbrücken, Nr. 32 vom 7. Februar 1934) erhebt, der Arbeiter Hagendorf – über den bereits an anderer Stelle eingehend berichtet wurde – sei »buchstäblich bei lebendigem Leibe« erschlagen worden; ist und bleibt Lüge, bewußte Lüge!

Kreiskrankenhaus Oranienburg
Fernruf: Oranienburg 2064
Postscheckkonto: Berlin Nr. 132629
Oranienburg, den 16. Februar 1934.

Der Arbeiter Hermann Hagendorf, geb. 18.2.1900 in Coswig, ist hier am 20.6.1933 an Urämie (innere Harnvergiftung) infolge Nierenentzündung gestorben. Der Tod ist nicht die Folge erlittener Mißhandlung gewesen.

Dr. med. Erich Stutzer,
leit. Arzt.

Es besteht nunmehr von unserer Seite keine Veranlassung mehr, diesen bedauerlichen Tod des Arbeiters Hagendorf zum Gegenstand weiterer Erörterungen zu machen.

Zwei ehemalige Häftlinge aus Zerbst in Anhalt, die mit dem im Lager plötzlich verstorbenen Sens eng befreundet waren und von dem Augenblick der Einlieferung ab bis zur letzten Minute mit Sens zusammen waren, kabelten – nachdem sie von der ungeheuerlichen Behauptung Segers Kenntnis genommen haben – am 16. Februar 1934:

»An das Konzentrationslager
Oranienburg.

Von Greuelhetze Seger, Prag, über Todesursache von ehemaligem Schutzhäftling Max Sens, Zerbst, Kenntnis genommen. Seger lügt bewußt, habe mit Sens im Lager Oranienburg zusammengelebt. Sens war schwer herzleidend, wurde bei Pflichtarbeit teils geschont, teils befreit, war mit Sens in den letzten 2 Stunden dauernd zusammen und auch bei seinem Tode zugegen. Sens ist nie mißhandelt worden. Diese Angaben mache ich an Eidesstatt freiwillig. Wilhelm Jeremias, Nr. 186, ehemaliger Schutzhäftling im Konzentrationslager Oranienburg.«

»Ich erkläre an Eidesstatt, daß die Angaben des Jeremias auf Wahrheit beruhen.

Zerbst, den 16. Februar 1934.

Willy Königstaedt, ehemaliger Schutzhäftling Nr. 203 im Konzentrationslager Oranienburg.«

Es folgt das nachgeholte Gutachten über den Todesfall Sens vom Lagerarzt Oranienburg:

Oranienburg, 16. Februar 1934.

Der Häftling Max Sens aus Zerbst, der aufgrund eines Herzleidens (Myocarditis) von jeglicher Lagerarbeit befreit war, ist am 28. Juni 1933 infolge plötzlicher irreparablen Versagens der Herzkraft (Mors subita) verstorben.

Dr. Lazar, Lagerarzt.

Da Seger sein Buch gegen Oranienburg mit der bei deutschen Gerichten üblichen Eidesformel eröffnet, überlasse ich es jedem Leser, sich seine Gedanken über die Veröffenlichung zu machen.

Nachfolgend will ich durch eine Vernehmung beweisen, für welche Leute sich Seger einsetzt.

»Ich war Mitglied des Reichsbanners. In der Nacht vom 30. zum 31. Juli 1932 befand ich mich im Lokal Kubatschek in Friedrichstal mit Emil Dietrich, Willi Kujak und Karl Schuhmacher. Außer Schuhmacher waren die anderen Mitglieder des Reichsbanners. Schuhmacher erzählte am Biertisch, daß hinter dem Grundstück des Gastwirts Bleise zwei Hitler-Jungen ein Zeltlager haben und forderte uns auf, diese beiden Jungen aus dem Zelt zu holen, um sie zu mißhandeln. Wir tranken unser Bier aus und begaben uns auf dem kürzesten Wege zu dem Zelt. Ich habe das Zelt aufgemacht, habe den Jungen am Kopf herausgezogen und ihn mehrmals geschlagen. Der Junge riß sich los und lief davon. Ich lief als erster hinter ihm her und holte ihn ungefähr 200 Meter von dem Zelt entfernt ein; ich packte ihn und versetzte ihm mehrere Schläge mit der Faust auf den Kopf. Inzwischen waren die anderen drei angelangt. Ich ließ von ihm ab, und die anderen drei bearbeiteten ihn weiter, bis er zu Boden sank, erst dann ließen sie von ihm ab. Wir machten uns wieder auf den Rückweg, und ich sagte noch beim Fortgehen: ›Bleib liegen und verrecke.‹ In der Gastwirtschaft von Kubatscheck kehrten wir wieder ein und tranken noch einige Glas Bier und gingen dann auf die Straße, wo ich mich einer Klebekolonne des Reichsbanners anschloß. Irgendwelche Sachen der beiden Hitler-Jungen sind meines Wissens nicht von uns entwendet worden. Von dem zweiten Hitler-Jungen habe ich nichts gesehen, da sich dieser zur Zeit der Tat nicht im Zelt aufhielt. Weitere Angaben kann ich nicht machen; ich weiß nur noch, daß Schuhmacher dem Hitler-Jungen beim Weggehen mit dem Fuß ins Gesicht getreten hat.

v. a. u.

gez. Siegfried Hamann, Friedrichsthal.

Geschlossen.

Kr., Sturmbannführer.«

Diese vier Reichsbannerhelden, von denen der älteste 51 Jahre und der jüngste 19 Jahre alt war, mußten mit einem Schild, das ihre Untat aufgezeichnet hielt, auf dem Hofe des Konzentrationslagers im Kreise auf und ab gehen. Ich könnte verstehen, daß Seger von dem Anblick seiner verbrecherischen Genossen nicht erbaut war. Was aber für uns völlig unverständlich – bei näherer Bekanntschaft mit Seger allerdings verständlich erscheint – ist die Tatsache, daß er diese Methode, die den anderen Häftlingen zeigen sollte, mit welchen Untermenschen sie Schulter an Schulter gefochten hatten, als besonders brutal bezeichnet.

Mehr will ich über Seger, der als Kantinenverwalter im Konzentrationslager leider eine angenehmere Beschäftigung hatte als seine Genossen, die draußen arbeiten mußten, nicht mehr sagen. Die Beschäftigung mit ihm dürfen wir mit gutem Recht in Zukunft denen überlassen, die die »Ehre« haben, ihm Heimstatt und Gastrecht zu gewähren. Aber – und das darf ich im Namen aller deutschen Volksgenossen offen und ehrlich bekennen -: Wir beglückwünschen kein Volk der Erde zu solchen »Errungenschaften«, wie sie »Männer« vom Schlage Segers sind. Dem Neuen Vorwärts sei an dieser Stelle gesagt, daß wir sein Blatt, das uns beschimpft und das uns nach Oranienburg zum »Studium« geschickt wurde, bereitwilligst den Häftlingen vorlegten und ihrem Urteil überließen. Die Antwort darauf erfolgte bereits am nächsten Tage.

Prager »Vorwärts« entlarvt

Oranienburg, den 8. Februar 1934.

An die
Redaktion des »Dortmunder Generalanzeigers«
(Rote Erde)

Sehr geehrte Redaktion!

Wir Unterzeichneten bitten um Aufnahme folgender Zeilen:

In jüngster Zeit erschien die illegale Zeitung, genannt »Der Vorwärts«, Organ der SPD, hergestellt in Prag, mit einer Greuelmeldung über das Konzentrationslager Oranienburg. Demzufolge soll es hier sehr schauderhaft zugehen. Wir unterzeichneten Häftlinge aus Gastrop-K. haben uns entschlossen, aus der ehrlichen Üerzeugung, daß man so etwas nicht dulden darf und der Wahrheit die Ehre geben muß, diesem durch eine wahrheitsgetreue Schilderung der Verhältnisse im hiesigen Lager entgegenzutreten. Wenn man dort über ungenießbares Essen schreibt, so können wir nur bestätigen, daß unser Essen reichlich, sauber und abwechslungsreich ist. Des weiteren schreibt man dort von Einsperrung in steinerne Särge. So etwas gibt es im Lager überhaupt nicht. Wir sind mit dem bangen Gedanken nach hierher gekommen, daß wir etwas Böses zu erwarten haben, da schon früher derlei Gerüchte über die Läger im Umlauf waren. Wir müssen aber auch hier der Wahrheit die Ehre geben, und das Gegenteil ist der Fall gewesen. Wir wurden sehr gut empfangen, und von Mißhandlungen war keine Rede. Wir sind ungefähr mit 90 Mann aus Westfalen hier eingeliefert worden, und nicht ein einziger von diesen ist mißhandelt worden. Wir waren sehr erstaunt, als uns von allen Seiten das größte Entgegenkommen zuteil wurde. Des weiteren wird dort in dieser Schmierzeitung geschrieben von Erschlagung von Häftlingen. Wir sind jetzt 21/2 Monate hier, und es ist uns von so etwas nichts bekannt. Denn so etwas spricht sich doch sofort im Lager herum. Wir hatten über die SA eine andere Meinung, als wir eingeliefert wurden, als wir sie heute haben; denn es wurde doch genug gehetzt gegen die SA, und als wir hier im Lager erst richtig warm wurden, da stellten wir schon sofort fest, daß alle Hetze üble Verleumdung war, und im Gegenteil die SA uns sehr zuvorkommend behandelt. Was die sanitäre und hygienische Einrichtung anbelangt, darüber ist nicht zu klagen. Wird einer krank, wird er sofort behandelt. Sanitätswache ist Tag und Nacht. Wir können jeden Tag baden, Brausen- oder Wannenbad, so, wie es einem beliebt. Von den hier anwesenden 600 Häftlingen gehen 115 arbeiten, vornehmlich Kulturarbeiten; alles andere sucht sich im Lager seine Beschäftigung: Hoffegen, Kartoffelschälen usw. Der größte Teil spielt in einem räumlich angelegten Speisesaal Skat oder Schach usw. Die Schlafgelegenheit ist eine gute, und die Schlafzeit ist von abends 8 Uhr bis 1/2 7 morgens. Daß das Leben im Lager kein schlechtes sein kann, beweist folgendes: Jeden Abend ist Konzert, ausgeführt von den Häftlingen, und dabei wird gesungen. Wir fragen nun, würde jemand scherzen und lachen können, wenn solche Zustände hier herrschten, wie es in der Öffentlichkeit verbreitet wird? Wir könnten es uns jedenfalls nicht vorstellen. Wir appellieren an unsere ehemaligen Genossen: Weist solche Greuelmeldungen ab und befolgt das Gegenteil von dem, was die Verleumder und Hetzer von euch fordern, damit dient ihr euch nur selbst und uns allen. Auch verlangen diese Herrren Emigranten in Prag, die Arbeiter sollen sich gegen die Regierung Hitler zur Wehr setzen, und zeigen dort allerlei Forderungen auf. Nun, wir können auch hierauf folgendes antworten: Unter dem vergangenen Sytem haben wir als Erwerbslose von der sogenannten Winterhilfe nichts versprürt. Wenn aber unsere Frauen uns mitteilen, daß sie geldliche Zulagen bis zu 20 RM bekommen haben, des weiteren bis zu 20 Zentner Kohlen schon bis jetzt erhalten haben und an Wäsche usw., dann ersehen wir darin eine wirklich ehrlich gemeinte Hilfe und haben kein Interesse, gegen unsere Helfer zu stänkern, sondern im Gegenteil mitzuhelfen, damit es noch mehr wird, als das man uns schon gegeben hat. Diejenigen, welche nach Prag ausgerückt sind und heute über Oranienburg Greuelmärchen verbreiten, haben sich so kameradschaftlich hier benommen, daß, falls sie wieder nach hier kämen, sie eine gehörige Tracht Prügel von allen Häftlingen bekämen. Also so sehen diejenigen aus. In Schafspelze sind sie gekleidet, und innerlich sind sie reißende Wölfe.

Wir hoffen, daß diese Zeilen dazu beitragn, die Wahrheit zu festigen und die Verleumdungen zu vernichten.

Franz Hasse, Castrop-Kariell, Robert Wagner, Gustav Szesny, Walter Springer, Castrop-Rauxel I, zur Zeit Oranienburg.«

Karl Wienicke, der beste Freund Segers, gab einem Engländer freiwillig folgende Erklärung ab:

»Ich bin in Oranienburg seit dem 27. Juni 1933 … Im Gegensatz zu der Greuelpropaganda z. B. eines Gerhart Seger, eines früheren Schutzhäftlings in Oranienburg, der Ende Dezember v. J. aus dem Lager entwichen ist und den ich sehr gut kenne (siehe seine kürzlichen Artikel im Neuen Vorwärts, der in Karlsbad veröffentlicht wird), erkläre ich hiermit:

Natürlich ist ein Konzentrationslager kein Sanatorium. Behandlung und Essen sind gut. Alle sanitären Einrichtungen (wie Waschen, Baden, W. C., Entlausung usw.), die nebenbei unter meiner Leitung stehen, sind ausgezeichnet. Auch der Doktor- und Sanitätsdienst ist sehr gut. Sport und körperliche Bewegung sind durchaus ausreichend. Der Dienst ist streng, aber sehr gerecht. Ich möchte auch ausdrücklich erklären, daß ich niemals geschlagen oder sonstwie unmenschlich behandelt worden bin. Ich freue mich, die Gelegenheit zu haben, erklären zu können, daß die persönlichen Angriffe gegen den Kommandanten des Lagers, Herrn Schäfer, absolut unbegründet sind und reine Propagandalügen sind. In allen diesen langen Monaten meiner Haft hatte ich die beste Gelegenheit, mich zu überzeugen, daß der Kommandant ein gerechter, humaner und verständnisvoller Mensch und ein sehr fähiger Administrator ist, der immer ein offenes Ohr für irgendwelche Beschwerden hat. Bei meiner Ehre erkläre ich, daß der Kommandant, der die Achtung und das Vertrauen aller Gefangenen genießt, niemals eine Mißhandlung irgendwelcher Art angeordnet hat.

Karl Wienicke.«

Erschießungen und Mord« im Lager

Nun zurück zum Neuen Tagebuch, mit dem wir uns für eine kurze Zeit beschäftigen wollen.

In diesem Artikel folgt eine »genaue Wiedergabe« der Ereignisse in Wolzig. Interessant ist hier nur, daß die SA-Männer ein Maschinengewehr und mehrere Pistolen unter die Betten des

»Eleven« (!) gelegt haben sollten und dann zur Verhaftung des Schullehrers schritten, nachdem sie ein Waffenlager »entdeckt« hatten.

Nichts ist dumm genug, als daß es nicht Verwendung gegen uns finden könnte.

Daß nach Angaben des »unbedingt zuverlässigen Gewährsmannes« ein vierzehnjähriger Knirps jeden Morgen beim Appell habe vortreten müssen, um aufzusagen: »Ich bin ein Sittenstrolch, ich habe ein deutsches Mädchen verführt«, ist so nebenher ohne Kommentar erwähnt.

Vier SA-Oberführer aus München sind ebenfalls nicht als Häftlinge im Lager Oranienburg gewesen, aber – es gilt andere Lügen als diese zu widerlegen.

Es würde zu weit führen, wollte ich die haarsträubenden Lügen im Abschnitt »Tageseinteilung« widerlegen. Erwähnen möchte ich nur, daß der »Berichterstatter« schreibt: »Niemals gibt es Fleisch. Zu ihrem Glück – sie würden sonst alle an Unterernährung zugrundegehen – können sich die Gefangenen, die über Geld verfügen, Lebensmittel besorgen lassen.«

Nicht unerwähnt möchte ich die Häftlingskantine lassen, die unter der Leitung eines alten, bewährten SA-Obertruppführers steht.

Hier können alle Häftlinge gegen Lagergeld Genuß- und Lebensmittel kaufen, die ihnen zu niedrigsten Preisen angeboten werden. Da die meisten der Häftlinge über wenig Barmittel verfügen, sind es immer nur einzelne, die sich in den Besitz von derartigen Genußmitteln sitzen. Aber eine Ergänzung in der reichlichen und guten Verpflegung ist absolut nicht nötig. Jedem Häftling steht pro Tag außer seiner reichlichen Verpflegung eine Fleischration von 125 bis 150 Gramm zu.

Daß die »Prominenten« mit Geldbeträgen von zum Teil 800 bis 1200 RM das Lager betraten, läßt die »Großverdiener« erkennen, denen die Arbeiter in Dummheit folgten.

Und – daß sie nichts teilten, davon können diejenigen erzählen, die mit ihnen in Schutzhaft, aber arm wie Hiob waren. Für diesen Anschauungsunterricht sind wir heute sogar noch dankbar.

Wenn im Abschnitt »Das Hoheitsgebiet der SA« davon gesprochen wird, daß der Lagerkommandant den Angehörigen Rechnungen über 4 RM pro Tag zugestellt habe, so halte ich es unter meiner Würde als SA-Führer, dazu Stellung zu nehmen.

Am Abend des denkwürdigen Tages, da der Führer den Austritt Deutschlands aus dem Völkerbund erklärt hatte, standen die Schutzhäftlinge auf dem Hof angetreten, um durch Lautsprecher die Rede des Führers zu hören.

Erst herrschte Totenstille, als die Anklagen des Führers über die Weite des Vorhofes hallten.

Jetzt hielt ich die Stunde für gekommen, um in den politischen Gegnern, die unsere Schutzhäftlinge waren, eine Resonanz zu schaffen.

Da fiel – aus den hinteren Reihen – ein Wort des Beifalls. Langsam und allmählich löste sich die Stille, die über den angetretenen Häftlingskompanien lastete.

Rufe wurden laut. Rufe des Beifalls und der ehrlichen Freude über die befreiende Tat des Führers.

Und als der Führer geendet hatte – ohne daß ein Wort von uns gefallen wäre, sangen die Häftlinge spontan das Deutschlandlied!

Draußen vor dem Lager zog ein endloser Fackelzug, den die Einwohner Oranienburgs aus Freude über den großen Tag gebildet hatten, vorüber. In diesem Augenblick gab es keinen Unterschied mehr zwischen den meisten, die hier als Schutzhäftlinge standen, und jenen, die dort draußen singend in der Nacht marschierten. Als sie das Deutschlandlied beendet hatten, ließ ich ihnen sagen, daß sie sich im großen Eßsaal versammeln sollten, da ich ihnen etwas vorzulesen hätte.

Spannung lag über allen, als ich aus meinem Zimmer zurückkehrte.

Achtung! Alles hinsetzen! – und dann las ich ihnen aus dem Neuen Tagebuch von Leopold Schwarzschild und den Artikel über das Lager vor.

Als ich den nachfolgenden, im Originaltext abgedruckten Abschnitt, der von Erschießungen und Mord im Lager spricht, vorgelesen hatte, ging ein Entrüstungssturm durch den Saal.

Eine Lüge kann vielleicht an Wahrscheinlichkeit gewinnen, wenn man Tag und Stunde ihr als prägnante Beigabe mitgibt;

aber sie wirkt um so gemeiner und niederträchtiger, wenn dann, wie in diesem Falle – der »lebende« Gegenbeweis erbracht wird. Bis hierher könnte man annehmen, daß der Haß und die Lüge gegen das Lager Oranienburg sich endlich, da gründlich – ausgetobt hätte.

Warum verschweigt dieser Lump – denn eine andere Bezeichnung verdient der anonyme Schreiber dieses grotesk verlogenen Artikels nicht- wissentlich meinen Namen und diffamiert, genau wie der Skribent in der Times, den SA-Sturmbannführer Krüger, der doch gar nicht Lagerkommandant war.

Es ist doch immerhin seltsam, daß alle in dem Artikel genannten SA-Führer und -Männer tatsächlich existieren und im Zusammenhang ihrer Dienststellen innerhalb des Lagers genannt werden.

Nur der Lagerkommandant wird wissentlich mit einem anderen Namen belegt. Sollte er geschont werden?

Sollte sich der Schreiber, der dem Berichterstatter der Times so sehr geistesverwandt ist – vielleicht doch schämen?

Nachdem das Lager mit seinen Einrichtungen und Häftlingen durch ein Schlammbad von Verlogenheit und Entstellung gezogen worden ist, kommt der »Gewährsmann« zum Schluß.

Aber – wie sieht dieser Schluß aus? Hier kann man nur noch von pathologischem Haß sprechen.

Mein Adjutant, der aus einer der bestangesehensten Familien von Oranienburg stammt, wird in diesem Artikel zum »widernatürlichen Verbrecher« gestempelt, der zu den bekanntesten dieser Art gehört, die in einem hierfür zuständigen Unterweltlokal in Berlin verkehren. Ich bin seit einigen Jahren mit meinem Adjutanten befreundet und kenne diesen alten SA-Führer auch außerdienstlich. Dieser gemeine Anwurf wird allein durch die Tatsache völlig entkräftet, daß D. heute noch mein Freund und Adjutant ist.

Anstand und Sitte verbieten mir jedoch, das mitzuteilen, was im Tagebuch weiter über ihn, der jedem Häftling, vom Bestehen des Lagers an gerechnet, bis heute ein ausgesprochen korrekter und gerechter Vorgesetzter war, geschrieben wurde.

Es ist einfach unglaublich!

Jahr um Jahr, Monat für Monat, Tag für Tag ein Leben ganz und gar zu opfern – nicht daran denken, daß man jung ist, sondern gerade, weil man jung ist, alles hingeben, arbeiten – opfern und opfern. – Ja – das ist, weiß Gott, so groß, daß auch an dich, SA-Führer, alles herangetragen werden kann – alles – auch dieser Schmutz vom Tagebuch jenes Verbrecherkreises von Emigranten.

Es bleibt Schmutz, erbärmlichster, niedrigster Schmutz!

Wir SA-Männer, die wir nicht erst seit gestern unser Leben der Zukunft unseres Volkes verschrieben haben, wissen, was menschliche Gemeinheit zuwege bringen kann.

Aber es schreckt uns nicht.

Mit blankem Schild sind wir in diese Revolution, dic uns das Dritte Reich des Führers brachte, marschiert – und mit blankem Schild wollten wir alles verteidigen, was der Verteidigung wert ist. Das hätte ich zum Abschluß des Artikels, den ein »unbedingt zuverlässiger Gewährsmann« schrieb, zu sagen.

»So denkt man über Euch im Ausland!« schrieb mir ein Kanadier und sandte The Jewish Chronicle mit, in dem der gekürzte Artikel aus dem Emigrantentagebuch enthalten war.

Darauf gibt es nur eine Antwort.

»Was sollen wir nur von Euch denken, wenn Ihr weiterhin so gedanken- und vorurteilslos alles das glaubt, was man Euch an Gemeinheiten über Deutschland vorsetzt?«

Der Schluß dieses Kapitels sei den Prominenten gewidmet.

Wie ungenau der Wertmesser Nimbus für den Menschen ist, dafür legt das Leben Tag für Tag Beweise über Beweise vor.

Als jene »Prominenten« in unser Konzentrationslager eingeliefert wurden, traten uns Menschen entgegen, die nur dem Namen nach prominent waren.

Aber das war auch alles!

Ein verlegen lächelnder Bürger – ganz verlegen, weich, überaus weich und behäbig – das war Fritz Ebert, der einstmals so gefährliche Intrigant von Brandenburg an der Havel, wo er als Redakteur einer sozialdemokratischen Zeitung recht unrühmlich gewirkt hatte.

Wenn ich ihn und die anderen beschreibe, so darf man von mir, dem Soldaten einer Bewegung, die nur Dienst und Hingabe an diesen Dienst verlangt, nicht verlangen, daß ich mich zu eingehend mit Menschen beschäftige, die es heute nicht mehr verdienen, mit vielen Worten genannt zu werden. Unser Dienst im Lager bestand darin, genau wie den anderen Häftlingen, so also auch Fritz Ebert und den anderen »Prominenten« Arbeit zuzuweisen.

Wer da geglaubt hatte, es gäbe für uns noch etwas – was man im gut bürgerlichen Leben den »Respekt vor der Prominenz« nennt, der täuschte sich ganz gewaltig.

Nach alledem, was wir beim Einzug dieser Gladiatoren – Ebert, Heilmann usw. – erlebten, mußten diese Prominenten angenommen haben, wir besäßen noch diesen Respekt.

Fein – im Besten vom Besten gekleidet, gleichsam – als ginge es in ein Modebad oder sonst irgendwohin, standen sie in Reih und Glied – Mitglieder der großen Schicksalsgenossenschaft – Oranienburg.

Und dann, am nächsten Tag, in Drillichhose und Rock. Ebert mit Schaufel und Heilmann mit Besen, auf dem Vorhof des Lagers, bereit zur Arbeit. Nichts war für die Häftlinge des Lagers so wohltuend, als der Anblick ihrer Prominenten – wie sie jetzt, gleichgeschaltet mit ihnen, einen Weg, eine Straße gingen – zur Arbeit.

Ich habe mir nicht die Zeit nehmen können, um auf sie besonders zu achten; aber das kann ich versichern, wenn sie jemals imstande gewesen sein sollten, die Arbeit des »kleinen Mannes« zu würdigen – besser als von der Rotationsmaschine, dem Rednerpult oder dem Reichstagsplenum her – wurden sie an die wirkliche Würdigung der Handarbeit herangebracht. Vielleicht schlug ihnen das Gewissen dabei, wenn sie jetzt neben dem kleinen Parteifunktionär oder -wähler standen und Sand auf die Kipploren warfen – vielleicht. Aus der positiven war eine negative Prominenz geworden. So überflüssig sie sich selbst vorkommen mochten, so wenig wollten sie ihre Schicksalsgenossen missen.

Und nach wenigen Tagen waren aus den früheren Gleichmachern – Gleichgemachte ersten Ranges geworden.

Wir SA-Männer, die wir Ursache genug gehabt hätten, Haß zu empfinden und rücksichtslos unsere Gegner zu behandeln, hatten durch die Arbeit den Ausweg für alles gefunden, was uns und ihnen gefährlich werden konnte.

Aber – nun hatte das Schicksal anders entschieden – man stand in Reih und Glied, Häftling unter Häftlingen. Tief hatte man sich in das behagliche Leben des Spießbürgers eingelebt. Nun schlief man unter einer Decke auf Stroh mit Menschen zusammen, denen man Friede, Freiheit und Brot – nicht einmal – hunderttausende von Malen versprochen hatte. Selbst die Zigarre, die Heilmann nicht glaubte, während der Arbeit missen zu können, während die armen Proleten neben ihm neiderfüllt zu ihr herüberblinzelten, die mußte der Disziplin im Lager weichen. Mit der ihm und seiner Rasse eigenen Unbekümmertheit ging er darüber hinweg, bis er doch dabei wieder angetroffen wurde. Ein Mann, dem man auf Schritt und Tritt anmerkte, wie schlecht sein Gewissen und wie wenig gut die heroische Unterlage dafür war.

Ein solcher Mann konnte nur zersetzend wirken, denn allein das sprach aus seiner körperlichen und seelischen Konstitution. Und wieder neben ihm – satt, bequem, egoistisch und verstockt – der prominente »Kandelaber-Prinz«, der seinen »furchtbaren« Beinamen von einem furchtbaren Ausspruch, den er einstmals in einer mutigen Reichsbannerminute getan, mitvererbt bekommen hatte – Fritz Ebert, das würdige Gegenstück zu Heilmann!

Relativ am besten fand sich Franz Künstler, die SPD-Größe in der traurigsten und erbärmlichsten Zeit unseres Vaterlandes (1918 bis 1933) – in die ihm schicksalhaft zugewiesene Arbeit.

Von den anderen »Prominenten« erübrigt es sich zu sprechen. Sie hatten Stellungen innegehabt, die sie »weidgerecht«, »systemgerecht« erwirtschaftet hatten. Auch sie standen unter dem bei uns herrschenden Arbeitsgebot. Olymp und Styx wie dicht beieinander. Der Herr Ministerialrat Giesecke arbeitete in der Häftlingsaufnahmeabteilung. Er war ein alter Herr, dem wir körperliche Arbeit nicht zumuten wollten und der hier mit Nebenarbeiten beschäftigt wurde. Der ehemalige Rundfunkintendant Flesch sowie Alfred Braun, der übrigens als einzigster nach seiner Untersuchungshaft in Moabit noch einmal nach Oranienburg kam, um mir seinen Dank für die anständige und menschenwürdige Behandlung auszusprechen, lebten im Häuschen des alten »Feldwebels« – zählten Schrauben und Nägel – Hämmer und Meißel und buchten die Handwerkszeuge der anderen – morgens und abends. Herr Magnus wanderte von Abteilung zu Abteilung und wurde überall beschäftigt.

Doch über Greuelhetze und Angriffe aller Art hinweg, mit altgewohntem SA-Elan, hatten wir inzwischen uns jenen Aufgaben ganz und gar verschrieben, die da hießen – Organisation und Arbeit.

Rückblick, Überblick und Ausblick

In den vorhergehenden Kapiteln habe ich von der Vorgeschichte der nationalsozialistischen Revolution, der Vorgeschichte des Lagers, dem Aufbau und den Schwierigkeiten, die sich uns in den Weg stellten – von Häftlingen, von Führern und Verführten erzählt.

Im vorliegenden Kapitel will ich nun alles das noch niederschreiben und berichten, was mir wesentlich erscheint, um das Bild, das ich vom Konzentrationslager Oranienburg entworfen habe, abzurunden. Ich will nicht mehr von den Häftlingen und den Ursachen erzählen, die sie zu dem machten, was sie dann bei uns waren; sondern ich will als Nationalsozialist mit ihnen, die es verdienen, wieder als vollwertige Volksgenossen in unsere Gemeinschaft aufgenommen zu werden, in ihre und unsere Zukunft schauen.

Es wird ja einmal alles vergessen werden müssen, und dann, wenn die Jahre ins Land gegangen sein werden, wird es sich erweisen, ob alle diejenigen, die das politische Schicksal zu uns geführt hatte, das geworden sind, was wir von ihnen erwarteten – treue Söhne ihres Vaterlandes.

Diejenigen aber, die heute noch nicht begriffen haben, aber begreifen wollen, daß eine andere Zeit in Deutschland angebrochen ist, und daher nicht nachlassen zu hetzen und zu wühlen, sollen auf unsere Rücksichtnahme nicht bauen oder hoffen.

Wenn da einer ist, der da glaubt, der nationalsozialistische Staat habe nur die Pflicht, durch Winterhilfe und Arbeitsbeschaffung ihm den Weg aus der Zeit der Verelendung zu zeigen und freizumachen, aber er habe nicht das Recht, Forderungen an ihn zu stellen, der muß erst zwangsläufig umlernen – und das geschieht am besten und schnellsten bei uns. Für die Asozialen ist das Konzentrationslager der beste Aufenthalt.

Vor einigen Wochen sprach man häufig in Polizeifachkreisen davon, daß man solche Elemente, denen das Verbrechen zum Beruf geworden ist, nachdem sich herausgestellt haben sollte, daß an eine Besserung aufgrund der mit ihnen gemachten Erfahrungen nicht zu denken sei, in den Konzentrationslagern unterbringen müsse.

Wenn erst einmal die Zeit der politischen Schutzhaftlager aufhören sollte, würde ich es für außerordentlich günstig erachten, die in den Lagern gemachten Erfahrungen hier nutzbringend zu verwerten.

Es dürfte die Leser meines Buches interessieren, daß auch ganz anders geartete Fälle als nur politische an unser Lager herangetragen wurden. Das mecklenburgische Staatsministerium überwies uns eines Tages einen Schlächter, der wegen der unmenschlichsten Behandlung seiner Familie einfach isoliert werden mußte. Nachdem man in Trinkerheilstätten, Gefängnissen und sonstigen Korrekturanstalten vergeblich versucht hatte, diesen brutalen Wüstling, der Frau und Kinder bis aufs Blut peinigte, zu bessern, übergab man nach absoluter Erfolglosigkeit diesen Mann – dem Konzentrationslager Oranienburg.

Und hier – das dürfen wir mit Stolz verzeichnen – bekamen wir ihn klein. Fern dem Alkohol und fern den Menschen, die für ihn schuften mußten und zum Lohn Prügel und Todesandrohung erhielten, arbeitet er heute vom frühen Morgen – bis in den späten Abend.

Keine Ruhe – keine Rast.

Einmal – ein einziges Mal nur – und das war gleich zu Anfang – versuchte er den wilden Mann zu spielen – und seit diesem einmaligen Auflehnen gegen Disziplin und Gewalt ist er ruhig geworden. Ganz ruhig! –

Wenn SA-Führer im Lager über den Hof kommen, reißt er von weitem die Mütze vom Kopf und steht stramm. Wenn er gerufen wird, dann ist es – als sei ihm der Blitz in die Knochen gefahren. Und wenn er arbeitet, dann verlohnt es schon der Mühe, ihn dabei zu beobachten.

Man glaubt ja nicht, wie segensreich eine derartige Erziehung für solche niederträchtigen und brutalen Menschen ist.

Mehr als einmal schrieben Väter an uns Briefe, worin sie uns baten, ihre Söhne aufzunehmen, damit sie noch vor ihrem gänzlichen inneren Zusammenbruch durch straffe Zucht und Arbeit – vollwertige Menschen werden könnten.

Während der eine Vater die »Pension« für seinen Sohn monatlich im voraus zahlen wollte, bot der andere Vater außer täglicher Pension – 500 RM für arme, notleidende SA-Männer.

Es erübrigt sich zu sagen, daß wir auf diese Bitten und zum Teil »hochherzigen Angebote« nicht eingehen konnten. Ich halte für diese Art widerspenstiger und vielleicht ausschweifend veranlagten Menschen den Arbeitsdienst für wesentlich wertvoller.

Man darf nicht vergessen, daß der Umgang mit vollwertigen, guten und absolut brav veranlagten Kameraden im Arbeitsdienst und die dort herrschende Disziplin manchmal solchen jungen Menschen, die erst Männer werden sollen, mehr zu geben vermögen als unsere Erziehungsarbeit, die sich eher für ausgesprochen Asoziale eignet.

Das Schwierige in unserer Erziehungsarbeit lag und liegt in der Beurteilung der Verschiedenartigkeit der Menschen, die uns übergeben wurden. Ich will jedoch nicht den Gedanken aufkommen lassen, als wollte ich hierbei einem Individualismus das Wort reden, wie wir ihn – da er uns in den verflossenen 14 Jahren beinahe erdrosselt hätte – bekämpft haben.

Wenn ich hier von der verschiedenartigen Beurteilung von Menschen spreche, die lediglich ihrer staatspolitisch gefährlichen Einstellung wegen in das Konzentrationslager kamen, so denke ich an jene Unterschiede, die sich aus den Rollen ergaben, die sie gespielt haben. Die Schwierigkeit lag darin, daß wir erst einmal feststellen mußten, wer besserungs- oder wandlungsfähig sei.

So stellte ich z. B. einen Kunstmaler vor eine in der Lagertischlerei angefertigte Staffelei und gab ihm den Auftrag, zwei Ölbilder auf Sperrholz zu malen.

Die Auswahl der Motive überließ ich ihm allein. Ungestört, allein in einem Raum oder draußen auf dem Sportplatz hinter dem Lager, stand er Tage und Wochen – und malte.

Als ein Bild fertig war, ließ ich ihn zu mir kommen.

Eine wundervolle deutsche Landschaft war entstanden. Im Vordergrund schnitten drei Bauern das erntereife Korn, während zwischen lieblichen Hügeln im Hintergrund des Bildes ein Dorf mit seiner alten Kirche in den Sommertag hineinträumte.

So lebensecht und wahr konnte nicht nur ein Künstler, sondern nur ein Mensch malen, der ganz und gar mit dem Boden verwachsen war, auf dem er lebte.

Das andere Bild zeigte Häftlinge des Lagers als Arbeiter an einer Straße. Keine gequälten Gesichter, sondern gesunde, starke Männer. Ihn hatte nur das eigene Elend und das Empfinden mit dem materiellen Elend der anderen veranlaßt, politische Wege zu gehen, die sich als falsch erwiesen hatten und auch von ihm jetzt als verkehrt erkannt wurden.

Der Kupferschmied arbeitete an einem kleinen Kunstwerk, das er in Kupfer trieb und feilte.

Der Schlosser stand am Schraubstock, der Schmied am Blasebalg, der Mechaniker an der Drehbank – und die anderen arbeiteten draußen und rückten des Abends singend in die Stadt wieder ein.

Überall sollte die Arbeit unserer Erziehung wertvollster Berater sein.

Freiwillig im Lager geblieben

Und dann kamen die Entlassungen.

Da schrieb der eine, daß er eine große Bitte an uns habe, freiwillig im Lager bleiben zu dürfen.

Der andere schrieb an den Landrat des Kreises Teltow.

»Sehr geehrter Herr Landrat,

ich nehme hiermit Gelegenheit, Ihnen zu danken für die freundlichen Worte, die Sie anläßlich Ihres Besuches im Konzentrationslager Oranienburg an mich gerichtet haben.

Gleichzeitig erlaube ich mir zu sagen, daß Ihre Ermahnung,

mich von politischer Betätigung fernzuhalten, übereinstimmt mit meinem schon vor längerer Zeit gefaßten Entschluß, der die Folge der Überwindung meiner bisherigen politischen Auffassung ist.

Ich gehe zurück zur christlichen Bewegung, aus der ich gekommen bin, da sich dieser Weg mit meinen gewonnenen Erkenntnissen deckt.

Bei dieser Gelegenheit erlaube ich mir die Bitte, mich für die Zeit, wo Sie, Herr Landrat, meine Inschutzhafthaltung noch für notwendig halten, im Konzentrationslager Oranienburg zu belassen, da ich hier nicht wie sonst irgendwo der Untätigkeit ausgeliefert bin, sondern einer geregelten Arbeit nachgehen kann.

Ganz ergebenst

Ihr

W. R.«

Im ganzen blieben acht ehemalige Häftlinge freiwillig im Lager. Sie erhalten dort in Anerkennung ihrer Leistungen Lohn und bewegen sich als vollkommen freie Menschen unter uns.

Bevor ich zu der Entlassung von Häftlingen komme, will ich ganz kurz das Wahlergebnis des Konzentrationslagers Oranienburg anläßlich der Reichstagsauflösung und -neuwahl, verbunden mit der Volksabstimmung, mitteilen.

Ich hatte darauf verzichtet, in einem besonderen Vortrag auf die Bedeutung der Wahl und Volksabstimmung hinzuweisen, weil ich nicht in den Verdacht geraten wollte, die Schutzhäftlinge beeinflußt zu haben. Die Wahl ging völlig reibungslos vonstatten. Als der Wahlakt geschlossen wurde, ließ ich einige Häftlinge zum Auszählen der Stimmen abkommandieren. Das Ergebnis war bei einer Gesamtzahl von 450 wahlberechtigten Schutzhäftlingen:

354 Stimmen für die NSDAP
96 Stimmen ungültig
und 390 Stimmen mit Ja
45 Stimmen mit Nein
15 Stimmen ungültig bei der Volksabstimmung über die Billigung in bezug auf den Austritt aus dem Völkerbund.

Ein kleiner Teil der Schutzhäftlinge konnte sich an der Wahl wegen Minderjährigkeit nicht beteiligen, während einige andere Häftlinge wegen entehrender krimineller Vorstrafen nicht wahlberechtigt waren.

Der große Prozentsatz bejahender Stimmen im Reich hatte zur Folge, daß der Herr Ministerpräsident Göring die Entlassung von Schutzhäftlingen aus den preußischen Konzentrationslagern zu Weihnachten anordnete.

Leider waren wir durch das strenge Innehalten des Wahlgeheimnisses nicht in der Lage, diejenigen zu erkennen, die trotz anständiger Behandlung bei der Abstimmung über Genf durch ihr undeutsches und ehrloses »Nein« bekundet hatten, wie weit sie vom Gedanken der Volksgemeinschaft noch entfernt waren. Ich brauche nicht zu beschreiben, welche Freude in den Hallen und Arbeitsräumen des Lagers herrschte, als die Entlassungen bekanntgegeben wurden.

Einige Tage vor Weihnachten traf dann der Chef der Geheimen Staatspolizei, Ministerialrat Dr. Diels, in Begleitung des Staatskommissars für Berlin, Dr. Lippert, ein.

Die Häftlinge traten auf dem Vorhof an, und der Chef der Gestapo hielt eine Ansprache, in der er vor den Häftlingen noch einmal die Zeit erstehen ließ, die sie aktiv miterlebt und schaffen hatten helfen.

Der Weg in die Zukunft wurde klar und eindeutig vorgezeichnet und erhielt durch die anschließende Rede des Staatskommissars Dr. Lippert, der die Häftlinge aufforderte, wenn sie draußen Hilfe gebrauchten, sich vertrauensvoll an ihn und die Vertreter der nationalsozialistischen Regierung zu wenden, eine ganz besondere Bedeutung. Zum letztenmal hieß es: »Stillgestanden – weggetreten!« Und dann öffnten sich die Tore des Lagers für annähernd 500 Schutzhäftlinge.

Weihnachten und Neujahr, während die Lichterbäume in den verwaisten Hallen für die Zurückgebliebenen brannten, trafen unzählige Weihnachts- und Neujahrsgrüße der ehemaligen Angehörigen der »Burg des Grauens« ein.

Und nun darf ich, bevor ich die Zukunft der ehemaligen, noch im Lager befindlichen Schutzhäftlinge streife, kurz zurückblikken auf das Jahr der nationalsozialistischen Revolution, auf das arbeits- und erziehungsreiche Jahr 1933.

Noch einmal zum Abschluß meines Buches stelle ich mich schützend vor meine SA-Kameraden, die in treuer Pflichterfüllung ihren schweren entsagungsreichen Dienst Tag für Tag und Nacht für Nacht, wochen-, monatelang unermüdlich und unverdrossen versehen haben.

Noch einmal erklären wir SA-Führer im Lager Oranienburg, daß wir voll verantwortlich unserer Aufgaben uns bewußt waren. Wir hatten kein Interesse daran, durch unmenschliche Behandlung irregeführter Volksgenossen, dem Führer Anarchisten zu entlassen.

Dort, wo sich unserer Arbeit um Volk, Führer und Vaterland, Lüge, Gemeinheit und Mord entgegenstellten, faßten wir hart und ohne Erbarmen zu.

Dort aber, wo wir klar erkannten, daß wir Volksgenossen, die diesen Namen mit Ehre und Recht verdienen, zurückgewinnen konnten, zeigten wir den Weg und ebneten ihn selber.

Erlebnisberichte aus dem Konzentrationslager Oranienburg

Die nachfolgenden Erlebnis- und Erinnerungsberichte über das KZ Oranienburg wurden zu verschiedenen Zeiten aufgezeichnet. Teilweise wurden sie unmittelbar nach der KZ-Zeit in Tagebüchern niedergeschrieben oder erst nach dem Ende der Nazi-Diktatur, manchmal stichpunktartig, festgehalten. Ein Teil dieser Berichte befand sich jahrzehntelang wohlverwahrt in Privatbesitz. Nur weniges ist bereits einmal publiziert worden. Die Berichte beziehen sich auf den Zeitraum von Frühjahr 1933 bis Spätsommer 1934.

Es berichten ehemalige Mitglieder von SPD und KPD, aber auch parteilose Widerstandskämpfer. Manche von ihnen sind jüdische Deutsche. Auch Jugendliche befanden sich im KZ Oranienburg. Zwei Frauen (wie bis jetzt bekannt geworden ist) berichteten über das Lager. Eine von ihnen, Erna Gersinski aus Velten, war inhaftiert. Die andere, Kreszentia Mühsam, schrieb ihre Erinnerungen an Erich Mühsam erst 1959 nieder. Sie hatte einen Tag vor seiner Ermordung noch einmal die Möglichkeit, ihren Mann zu besuchen.

Jeder der Verfasser erlebte das KZ auf seine Weise. Doch in der Beurteilung des brutalen Terrors der SA und einzelner Polizisten stimmen sie überein.

Das hier Abgedruckte ist in der Regel umfangreicheren Niederschriften entnommen, die Auszüge stellte der Autor zusammen.

Auszug aus dem »Braunbuch über Reichstagsbrand und Hitler-Terror«

... Die Nationalsozialisten versuchen die Wirkung dieser Nachrichten durch Veröffentlichung in ihren illustrierten Zeitschriften abzuschwächen. Diesen photographierten Lügen stellen wir die Schilderungen eines neutralen Besuchers des Oranienburger Lagers entgegen:

»Die Arbeit – nennen wir es einmal so – ist für Wächter und Bewachte so ziemlich das Sinnloseste, was sich denken läßt. Drei junge Arbeiter treiben sechs ihrer Stempelkollegen an, Grashalme schleunigst aus der Erde zu rupfen. Die sechs kriechen in völlig zerlumpter Kleidung herum, rupfen zwischen den Steinen die sprießenden Frühlingshälmchen, buddeln die Würzelchen aus, reinigen den Sand von den Rückständen und drükken ihn fein säuberlich wieder in die Ritzen der Pflasterung. Handwerkszeug gibt es nicht Auch würde das Gras, wüchse es ruhig weiter, niemanden stören... Viel schlimmer wird es dort, wo der benachbarte Wald gerodet wird. Die Bäume sind schon weg. Die Belegschaft des Lagers, vielfach bewacht, rückt an, um mit bloßen Fingern die riesigen Wurzelblöcke auszugraben. SA-Männer treiben Arbeiter an, die ihre Großväter sein könnten: »Alte Sau« , »rotes Schwein« , »Eierschleifen« – die Ausdrücke sind dem Wortschatz der kaiserlichen Armee entnommen. Nur sind sie noch kräftiger und gemeiner.«

Mit der Zwangsarbeit ist die Quälerei der Gefangenen nicht erschöpft. Die noch verbleibende Zeit ist mit Exerzieren, das völlig zu Unrecht als »Sport« bezeichnet wird, ausgefüllt. Nach amtlichen Mitteilungen ist die Zeit von einhalb 2 Uhr bis einhalb 6 Uhr abends für Exerzieren bestimmt. Die Journalistin, die das Oranienburger Lager besuchte, gibt nachstehend ihre Eindrücke:

»Auf diesem Gelände sind verschiedene Geräte für die sportlichen Übungen aufgestellt, die man die Gefangenen machen läßt.

Der oberflächliche Beobachter, der nichts sehen will, kann den Eindruck haben, daß sich die Gefangenen gut ausarbeiten dürfen. Man glaubt, daß sie Sport treiben. Aber wer zu beobachten versteht, sieht, daß man da vor einem raffinierten System gemeiner Quälerei steht. In der Tat sind die verlangten Übungen selbst für einen Berufssportler fast unmöglich. Um sie durchführen zu können, bedarf es einen methodischen und dauernden Trainings und vor allem einer besonders guten Ernährung. Aber in diesem Lager, das seit dem 21. März besteht, müssen alle Gefangenen ohne Ausnahme sie ausführen und zwar nicht einmal, sondern 4 Stunden lang jeden Tag, Wochen und Monate hindurch, ungerechnet die anderen Übungen, Märsche, Gesänge usw …

Rechts, in 10 Metern Entfernung von den Sträuchern, befindet sich ein fester Barren. Jeder Gefangene muß zunächst an diesen Barren turnen. 10 m weiter befindet sich ein Brett oder besser gesagt eine hölzerne Palisade (2, 50 m hoch und 3 m breit), über die er sodann klettern muß. In der gleichen Entfernung befindet sich dann noch ein 2 m tiefer, 2 – 3 m breiten Graben, dessen Grund schlammig ist, und über den er springen muß. Augenblicklich ist er leer, aber bald wird er voll Wasser sein. 10m weiter befindet sich eine Wiederholung des Grabens, aber in Wahrheit ist das mehr als eine Erhöhung von 2 m Höhe und 80 cm Stärke, über die die Gefangenen klettern müssen. Dann befindet sich noch längs der linken Grenze eine Art Falle, ungefähr 10m lang und 70 – 80 cm tief, in welche die Gefangenen klettern müssen. Im Innern dieser Falle befinden sich, jeweils in einen halben Meter Abstand, abwechselnd von oben nach unten kommend, Bretter, die man nur in Schlangenbewegung kriechend passieren kann. Der Raum, der zum Kriechen übrigbleibt, ist aber so eng, daß nur ein Kind ohne Anstrengung durchkommen kann, für einen mittelgroßen Mann ist er kaum überwindlich. Am Ausgang dieser Falle muß man noch über zwei Hindernisse von 1 bzw. einem halben Meter Höhe springen. Wenn diese Serie von Übungen beendet ist, beginnt man von neuem, vier Stunden lang, alle Tage, alle Wochen, alle Monate …«

»Braunbuch über Reichstagsbrand und Hitler-Terror«, Universum Bücherei Basel, 1933. Seite 294–295

Aus dem Erinnerungsbericht von Willi Ruf, Oranienburg

Als am 27. Februar 1933 der Reichstag brannte, erhielt ich den Auftrag, sofort in die Illegalität zu gehen. Ich war zu dieser Zeit der Politische Leiter der KPD, Unterbezirksleitung Oranienburg. Mit mir ging Bruno Weichert, damals Org. -Leiter des Unterbezirks. Zunächst gingen wir in die Nähe von Mühlenbeck und hielten uns dort versteckt, später gingen wir nach Berlin. Hier wurde ich Anfang April 1933 verhaftet. Nach eintägigem Aufenthalt im Berliner Polizeigefängnis am Alexanderplatz wurde ich per Einzeltransport in das KZ Oranienburg eingeliefert. Sie erfolgte ohne jede Begründung, ich war Kommunist – allein das genügte. Die Realität des nazistischen Terrors, das Einpferchen von Menschen zu Hunderten auf kleinstem Raum, unter unmenschlichen Bedingungen, wirkte stark deprimierend auf mich. Doch traf ich im Lager Freunde und Kampfgefährten, die mir halfen, mich schnell zurechtzufinden. Wir vegetierten unter den menschenunwürdigsten Bedingungen. Untergebracht waren wir in einer ehemaligen Brauerei. In den ehemaligen riesigen Kühlkellern ohne Fenster, mit tropfenden Wänden war Stroh aufgeschüttet. Jeder von uns hatte eine dünne Decke. Zum Waschen gab es im Hof für alle Häftlinge eine einzige Pumpe. Für mich war es besonders schwer, denn auf der andern Straßenseite der Berliner Straße, in der sich das KZ befand, wohnte ich. Damals Berliner Straße 55.

Wir Kommunisten, die sich untereinander kannten, sammelten uns als eine feste Gemeinschaft. Wir waren uns darüber einig, daß es notwendig ist, Informationen über die Verhältnisse im KZ nach draußen an die Öffentlichkeit zu geben. Dabei nutzten wir geschickt die Möglichkeiten, die sich uns boten. So die Besuche von Angehörigen, aber auch die Kontakte über den hinteren Hof des Lagers, den ein Drahtzaun von der Straße trennte. Oft gelang es uns in den Anfangsmonaten, die Bewachung zu überlisten, um Informationen aus dem Lager zu schmuggeln und Lebensmittel hereinzubringen.

Natürlich waren wir uns darüber im klaren: Wenn wir er-

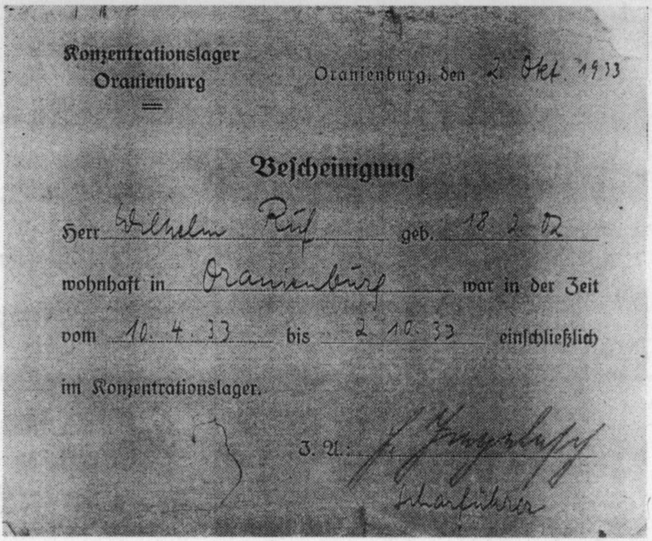

Konzentrationslager
Oranienburg

Oranienburg, den 2. Okt. 1933

Bescheinigung

Herr Wilhelm Ruf geb. 18. 2. 02

wohnhaft in Oranienburg war in der Zeit

vom 10. 4. 33 bis 2. 10. 33 einschließlich

im Konzentrationslager.

I. A.:

Scharführer

Entlassungsschein von Wilhelm Ruf aus dem KZ Oranienburg

wischt werden, zieht es Strafen nach sich. Der Lagerkommandant Schäfer hatte sein Strafrepertoire inzwischen erweitert. Prügelstrafe, schwerer Strafsport, Dunkelarrest und Stehbunker, Essensentzug, Post oder Besuchersperre wurden wechselweise für oftmals geringste Vergehen angewendet. Die Hindernis- oder Sturmbahn, welche im hinteren Teil des Lagerhofes lag, wurde stummer Zeuge vieler Quälereien der Gefangenen. Es gelang uns aber, viele Informationen nach draußen zu schmuggeln. Vieles erfuhr ich erst später. So teilte SA-Sturmbannführer Krüger, Leiter der Polizeiabteilung des Lagers am 20. September 1933 dem Landrat des Kreises Niederbarnim auf ein Entlassungsgesuch von Erich Eisenberger aus Mühlenbeck folgendes mit: »Eine augenblickliche Entlassung des Schutzhäftlings Erich Eisenberger kann diesseits nicht befürwortet werden; es wird anheimgestellt, eine nochmalige Entlassungsfrage Ende Oktober des Jahres stellen zu wollen. Außerdem ist auf Grund des Erscheinens eines kommunistischen Flugblattes, das die Zustände im hiesigen Lager in den schlimmsten Farben schildert und unter andern auch SA-Führer aus der Lagerleitung beschimpft, verschärfte Entlassungsmaßnahme nebst Besuchs- und Briefsperre auf die Dauer von vorläufig 8 Wochen angeordnet worden.«

Indessen verschärfte die SA das Lagerregime. Nachdem durch unsere Arbeit die spartanische Ausrüstung des Lagers mit dreistöckigen Bettgerüsten, einem Massenduschraum und primitivsten Toiletten abgeschlossen war, wurde das Lager per 1. August 1933 der Staatskasse unterstellt, und es wurden strenge Sparmaßnahmen durchgesetzt. Wir Häftlinge mußten in Arbeitskommandos bei schlechter Ausrüstung schwere Arbeiten bei Entwässerungsmaßnahmen im Forst in Oranienburg, Neuholland und an anderen Orten verrichten, an deren Erlös sich die SA bereicherte. Das war aber auch bei den sogenannten Innenkommandos der Fall. Qualifizierte Schneider von Beruf, wie Erich Eisenberger, mußten für die SA-Leute maßgeschneiderte SA-Uniformen herstellen.

Als besondere Schikane hatte die Lagerführung ersonnen, von bekannten politischen Häftlingen, die noch im Stadtgebiet vorhandenen Wahllosungen und Aufrufe beseitigen zu lassen.

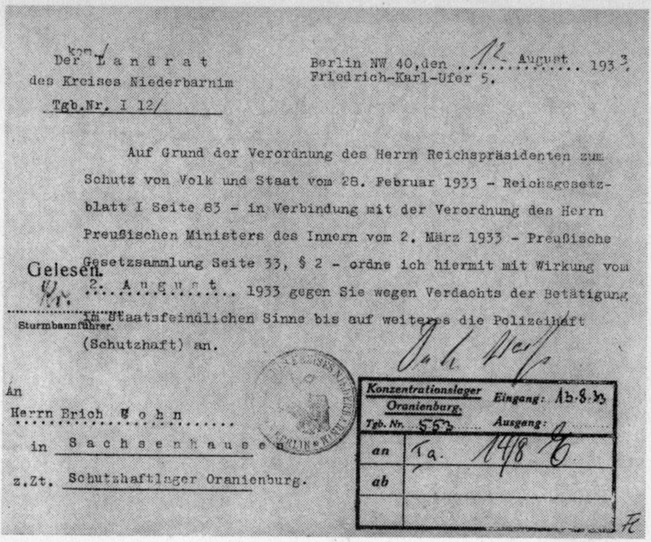

kom. Der Landrat
des Kreises Niederbarnim
Tgb.Nr. I 12/

Berlin NW 40, den 12. August 1933.
Friedrich-Karl-Ufer 5.

Auf Grund der Verordnung des Herrn Reichspräsidenten zum Schutz von Volk und Staat vom 28. Februar 1933 - Reichsgesetzblatt I Seite 83 - in Verbindung mit der Verordnung des Herrn Preußischen Ministers des Innern vom 2. März 1933 - Preußische Gesetzsammlung Seite 33, § 2 - ordne ich hiermit mit Wirkung vom 2. August 1933 gegen Sie wegen Verdachts der Betätigung im staatsfeindlichen Sinne bis auf weiteres die Polizeihaft (Schutzhaft) an.

Gelesen.

Sturmbannführer.

An
Herrn Erich Cohn
in Sachsenhausen
z.Zt. Schutzhaftlager Oranienburg.

Konzentrationslager Oranienburg.	Eingang: 16.8.33
Tgb. Nr. 553	Ausgang:
an	Tg. 148
ab	

Schutzhaftbefehl für Erich Cohn

Auch ich wurde als gewählter Abgeordneter zum Kreistag Niederbarnim mit noch anderen Abgeordneten in ein solches Kommando eingeteilt. Nachdem jedoch die Bevölkerung nicht wie gewünscht reagierte, eher noch heimlich Solidarität zeigte, kamen wir nicht mehr zum Einsatz. Die SA wurde immer brutaler. Im berüchtigten Zimmer Nr. 16 herrschten uneingeschränkt SA-Sturmbannführer Krüger und sein Helfer Stahlkopf mit der Peitsche, dem Knüppel und anderen Terrorinstrumenten …

Für mich waren die Qualen des KZ Oranienburg am 2. Oktober 1933 beendet, nun warteten die des KZ Sonnenburg, wohin ich mit anderen verlegt wurde.

Willi Ruf wird im Buch des Lagerleiters Schäfer als einer der wenigen Häftlinge namentlich erwähnt. Seine Erlebnisse sind nicht alltäglich. Sein Vater, der SA-Truppführer Wilhelm Ruf, gehörte zum Wachpersonal des KZ Oranienburg. Die Auszüge stammen aus einem Erinnerungsbericht aus dem Jahre 1983, sie befinden sich im Besitz des Verfassers.

Eric Collins:
Bericht (episodenhaft) über die von mir in dem KZ Kindl-Brauerei Oranienburg verbrachte Zeit. Auszüge

Seit 1928 wohnte ich in Sachsenhausen, war Vorsitzender der dortigen SPD-Gruppe, stellvertretender Gemeindevorsteher, Leiter der Bücher-Gilde und Schiedsmann. 1933 mußte ich alle Ämter niederlegen. Ich glaube, es war Ende Juli 1933, als ich nach 12 Uhr nachts von der SA aus dem Bett heraus verhaftet wurde. Ebenso ein pensionierter Lehrer, Herr Walter Jacob, Lehrer i. R. aus Friedenthal, der Dirigent der Sachsenhausener Gruppe des Arbeiter-Sängerbundes war. Wir wurden in die Kindl-Brauerei nach Oranienburg gebracht; mit uns auf dem Lastwagen war noch eine Reihe anderer Sozialdemokraten und

Kommunisten aus der Umgebung. Dort wurden wir an einer Mauer aufgereiht und durch starke Lampen angestrahlt. Die uns bewachenden SA-Leute konnten wir nicht sehen, da sie im Dunkeln standen. Gegen Morgen wurden wir dann in die Unterkünfte gebracht. Lehrer Jacob und ich kamen in einem Raum, dessen Decke aus großen Eisenplatten bestand. Es war wohl irgendeine Art Ofen. Über der Decke befand sich ein Gang, der zur Wachstube der SA führte. Die SA-Leute in ihren schweren Stiefeln wanderten nun die ganzen Nächte hin und her über diese Eisenplatten. Was dies für uns bedeutete, brauche ich wohl nicht näher zu erklären. Nach einigen Tagen wurden wir aus dieser Unterkunft herausgeholt; ich kam in die sogenannte »Judenabteilung«. Herr Jacob wurde unter das andere Volk gesteckt. Nun begannen die Vernehmungen, die im 3. Stock des ehemaligen Brauerei-Verwaltungsgebäudes stattfanden. Der Gefangene stand dabei mit dem Rücken zum offenen Fenster, das ein niedriges Fensterbrett hatte ...

Das KZ hatte zur Straße hin große Gittertore, so daß alle Passanten, die daran vorbei gingen, Einblick hatten.

Im Lager befanden sich auch sogenannte Straßenmusikanten. Um nun zu zeigen, »wie gut« es den Gefangenen ging, hatte Lagerkommandant Schäfer angeordnet, daß Instrumente, die die Häftlinge spielen konnten, wie Geigen, Mandolinen und Gitarren herbeigeschafft wurden. Auch mir wurde befohlen, meine Gitarre aus meiner Wohnung holen zu lassen. Die so entstandene Kapelle gab nun jeden Tag zweimal am Gittertor ein »Konzert«. Damit, so Lagerkommandant Schäfer, sollte der Bevölkerung von Oranienburg »Hören und Sehen« beigebracht werden. Im Verlaufe des Monats August geriet das Lager mehrfach in Aufregung: an der »Empfangsmauer« standen aufgereiht der Abgeordnete Ernst Heilmann, ferner Alfred Braun, Hirschfeld und noch einige andere vom Rundfunkrat in zerrissenen, zerfetzten Anzügen. Ebenso Fritz Ebert jr. Man hatte ihnen ihre eigene elegante Kleidung weggenommen, unter die Gefangenen verteilt und sie gezwungen, die Fetzen der Gefangenen anzuziehen. Heilmann und andere kamen in die »Judenabteilung«. Viele Jahre später las ich in den Goebbels-Tagebüchern von dieser Aktion der Nazis.

Unter dem 9. August 1933 notierte er in seinem Tagebuch: »Gestern die Rundfunkbarone auf meine Veranlassung nach Oranienburg. Jetzt wimmern sie in Briefen und Telegrammen und bekommen Nervenzusammenbrüche. Das paßt ganz zu diesen feigen Großverdienern.«

Unter dem Datum des 10. August 1933 war zu lesen: »Bredow soll nun auch verhaftet werden.« Hans Bredow galt als der Vater des deutschen Rundfunks und war in den Jahren 1926 – 1933 Vorstandsvorsitzender der Deutschen Rundfunkgesellschaft. In dieser Eigenschaft schickte er ein Telegramm an Göring, dem damaligen Innenminister, »er wolle seine früheren Untergebenen nicht in Stich lassen und man solle ihn gleichfalls verhaften.«

In die damalige kleine Judenabteilung kamen mehrfach hohe Nazifunktionäre zur Besichtigung. Kommandant Schäfer stellte uns dann immer einzeln vor. Nie vergessen werde ich die folgende Vorstellung: »Parteigenossen, hier sehen Sie den Oberbürgermeister von Luckenwalde, den Juden Abraham. Hier (damit war ich gemeint) den stellvertretenden Bürgermeister von Sachsenhausen, den Juden Cohn. Und hier, Parteigenossen, den ungekrönten König Preußens, den Abgeordneten Ernst Heilmann.« Der starre Ausdruck auf dem Gesicht von Ernst Heilmann wird mir unvergeßlich bleiben.

Ich selbst war die ganze Zeit, die ich im Lager verbrachte, abkommandiert um die Latrinen der SA zu reinigen. Fritz Ebert mußte mit noch weiteren Gefangenen im hinteren Teil des Lagers eine Grube ausschachten, die zu einem Bauvorhaben gehörte. Neueinlieferungen in dieses KZ fanden zu meiner Zeit nur nachts statt, und soweit es Kommunisten waren, wurden sie im Dunkeln über die Eskaladierwand gejagt. Sobald ihre Köpfe auftauchten, machte sich die SA das »Vergnügen«, über die Wand hinweg mit Maschinenpistolen zu schießen.

Meine Entlassung erfolgte nach einigen Wochen, weil alle Einwohner Sachsenhausen, die die SA vernommen hatte, bestätigten, daß ich nach der »Machtübernahme« keine politische Tätigkeit mehr ausübte (womit sie sich gründlich täuschten, denn die Sachsenhausener wußten nichts von meiner Mitarbeit in der »Scharfschwerdt-Gruppe« in Hohen Neuendorf...) Das war Oranienburg.

Erich Cohn wurde bis 1939, dem Jahr seiner Ausreise nach England, noch mehrfach verhaftet. Er lernte auch das Grauen des KZs Sachsenhausen vom Juni 1938 bis Dezember 1938 kennen. In englischer Emigration angekommen, nannte er sich Eric Collins. Als der 2 Weltkrieg ausbrach, meldete er sich freiwillig zur englischen Armee. 1962 kehrte er nach Deutschland zurück. 1983 schrieb er diesen Bericht. Er befindet sich im Besitz des Autors.

Aus dem Erlebnisbericht von Wilhelm Kayser, Oranienburg

Anfang August 1933 war es, da lernte ich einen Genossen Förster mit Frau kennen. Er kam aus Berlin und suchte in Oranienburg eine provisorische Unterkunft. Wenige Tage zuvor fuhr ich in die Waldstraße in Oranienburg-Neustadt. Im Vorbeifahren sah ich bei Papkes Wohnung ein Schild mit der Aufschrift »Zimmer zu vermieten«. Das sollte mir zum Verhängnis werden. Wilhelm Papke war schon wieder aus dem Lager entlassen worden, stand aber unter ständiger Beobachtung. Wahrscheinlich hatte er das noch nicht bemerkt. Ich ließ mich schließlich dazu verleiten, mitzugehen. Nach eineinhalb Stunden wurde ich von der Polizei verhaftet und sofort verhört. Zwei Stunden später, schritt ich, geführt von der Polizei, zum KZ.

Der Eingang von der Straße her war das übliche wie in einer Fabrik. Ein ziemlich beengtes Pförtnerhaus, darin befand sich die Wache. Diensthabender war SA-Mann Rudi Rohr aus Bernau, ein längst bekannter und brutaler Schläger. Der Polizist übergab uns. Links neben mir stand mein Mitgefangener Bruno Weichert. Alles war dicht gedrängt. Plötzlich schlug der SA-Mann ohne jeden Anlaß dem Bruno mehrere Male heftig ins Gesicht. Bruno hatte über dem rechten Auge ganz nahe an den Brauen, ein großes Geschwür. Durch die Schläge wurde es aufgerissen, und der herausfließende Eiter, mit Blut vermischt, lief ihm das Gesicht herunter. Anschließend wurden wir beide gegriffen. Zuerst Bruno mit einem Tritt in das Gesäß und dann ich hinterher – wir landeten auf dem KZ-Hof. Wenige Schritte davon war die Sanitätsstube, wenn dieser Ausdruck nicht zu human ist. Wir standen beide erst einmal vor der Eingangstür zwei Stunden lang stramm. Jeder SA Mann der vorbeikam, durfte seine dreckigen Bemerkungen machen. Die meisten von Ihnen kannten uns beide, und darum hatten sie ihren Spaß daran.

Die Räume in denen wir Häftlinge untergebracht wurden, waren etwa 25 m lang und 6 m breit. An beiden Seiten waren aus rohem Holz gezimmerte und dreifach übereinander angebrachte Lagerstätten mit einem Strohsack und einer Decke.

In der Mitte des Raumes standen über die ganze Länge primitive Holztische und an beiden Seiten steife Holzbänke.

... Ich habe es vorgezogen, immer so weit wie nur möglich mit dem Arbeitskommando auszurücken. So ein Kommando war u. a. das Kommando Lehnitzsee. Da wo in den sechziger Jahren ein Kinderspielplatz entstand, war damals die Fläche noch hügelig. Mit Schubkarren auf Bohlen fahrend, schufen wir die ebene Fläche. Später ging es noch weiter hinaus in Richtung Stintgraben, dort wurde von uns Gefangenen eine Rodelbahn geschaffen.

Es gab Sonntage, da durften wir Besuch empfangen, die mitgebrachten Pakete wurden jedoch von der SA kontrolliert. Eines Tages sah ich auch die Frau des sozialdemokratischen Reichstagsabgeordneten Gerhart Seger. Der Zufall wollte es, daß ich in der Nähe der beiden saß. Zu dieser Zeit war es noch so, daß sich die Besucher ihren Angehörigen direkt nähern konnten, das heißt, sie konnten sich umfassen, küssen und wie das so ist in einer solchen Situation der Gefangenschaft ... In der Nacht zum nächsten Tag, also zum Montag, war Frost. (4. 12. 1933 d. Vf.) Nur ein Arbeitskommando rückte aus, das »Kommando Muhrgraben«. Es waren annähernd 100 Mann, eines der größten Kommandos überhaupt. Der Anmarschweg war 3–4 km in Richtung Germendorf. Kurz hinter der Siedlung Eden kreuzen sich die Straße und der Muhrgraben. Die Arbeitsstelle befand sich auf der rechten Seite der Straße, vielleicht einen knappen Kilometer ins Land hinein. Dort löste sich die Marschordnung auf, und Arbeitsgeräte wurden in Empfang genommen. Der Muhrgraben wurde geräumt, das heißt der Graben in seiner Tiefe und die Böschung beiderseits wurden von allem befreit, was sich seit Jahren dort an Wuchs angesammelt hatte. Der über Nacht einsetzende Frost setzte dieser Arbeit ein vorläufiges Ende.

Bis zu diesem Zeitpunkt war vielleicht eine halbe Stunde vergangen. Die Kolonne stand zum Abmarsch bereit, aber etwas schien nicht in Ordnung zu sein. Der Kommandoführer ließ die Kolonne immer wieder ausrichten und abzählen. Es fehlte einer! Einer der SA-Leute ging zum Bauerngehöft und suchte – ohne Erfolg. Die Situation wurde immer brenzliger, die SA-Leute wurden immer nervöser. Nun appellierten die SA-Leute an uns. Es gab so manche, die zu allem bereit waren, ohne zu überlegen, ob ihre Handlungsweise richtig sei. So war dann bald festgestellt, der fehlende Häftling war Gerhart Seger. Nun hatten wir ja etwas zu erwarten. Die Wachmannschaft hatte die Hosen voll, sie mußten sich verantworten, und es gab auch Häftlinge, denen das Rückgrat schon gebrochen war, die glaubten, sie blieben verschont, wenn sie mit den Wölfen heulten …

Das Lager wurde telefonisch in Kenntnis gesetzt. Eine wilde Jagd nach Seger begann. Daran nahmen auch Häftlinge teil, mit deren Hilfe der Erfolg der Häscher gesichert werden sollte. Trotz aller Suche und Strafandrohungen: Seger war und blieb weg. Wir marschierten zurück. Im Lager angekommen, mußte das »Kommando Muhrgraben« antreten. Es gab viel Geschrei der uniformierten Hofhunde. Wir glaubten ein Unwetter bräche über uns herein. Lagerleiter Schäfer hielt die Strafpredigt. Das auf dem Schuppen postierte Maschinengewehr war schußbereit auf uns gerichtet. Ich hatte keinen Zweifel, daß der Schweinehund, der am MG stand, geschossen hätte, wenn es ihm befohlen worden wäre. Schäfer, der Lagerführer brüllte: »Ich lasse jeden 5. von euch erschießen. – Ich kann das verantworten. Die Regierung steht hinter mir. »Das ging etwa 20 – 30 Minuten lang in diesem Jargon. Am Schluß ließ er wegtreten in die Kompanieunterkünfte und der bereitstehende SA-Mob stürzte sich mit Gummiknüppeln auf uns.

Am 19. Dezember 1933 wurde ich aus dem Konzentrationslager Oranienburg entlassen. An Arbeit war nicht zu denken. Erwerbslose gab es in Oranienburg schon eine ganze Menge. Man mußte jede sich bietende Gelegenheit wahrnehmen, um ein paar Pfennige zu verdienen.

Diese Auszüge stammen aus einem Bericht aus dem Jahre 1963 und befinden sich im Besitz des Verfassers.

Aus dem Erinnerungsbericht von Arno Hausmann, Potsdam

Nach über drei Wochen »Schutzhaft« im Amtsgerichtsgefängnis Potsdam wurden wir etwa 50 Häftlinge am 20. März 1933 in das Festungsgefängnis Spandau und Anfang Juni 1933 von dort aus in das Konzentrationslager Oranienburg verlegt. Zum Zeitpunkt unserer Ankunft waren bereits etwa 200 Gefangene dort in einer vollbelegten, verkommenen Fabrik und in alten Brauereikellern untergebracht. Dieses von dem Berliner SA-Sturm 208 »errichtete« KZ war nach den Angaben des Standardenführers Schulze-Wechsungen »eine große ausgezeichnete Baulichkeit« in denen »in hygienischer Hinsicht... alles Erdenkliche für die Gefangenen getan wurde«. Sätze, die aus einem Schreiben der Standarde 208 vom 11. April 1933 an den Regierungspräsidenten des ehemalige Regierungsbezirk Potsdam stammen.

Fluchtpläne wurden von uns – besonders von den in Arbeitskommandos Arbeitenden – täglich erwogen. Ein inhaftierter Kommunist aus Borgwalde hatte versucht, über die Dächer der Lagergebäude zu entkommen, der Fluchtversuch scheiterte, er wurde blutig zusammengeschlagen ins Lager zurückgeschleift. Um die Bewegungsmöglichkeit entfliehender Gefangener einzuengen, wurde durch Befehl des Lagerkommandanten Schäfer, den Häftlingen der Besitz von Bargeld verboten.
Die Lagerkasse, die das Geld von uns Gefangenen »verwaltete« und bis dahin nur kleinere Beträge für den Kantinen-Einkauf

Lagergeld im KZ Oranienburg

von preisüberhöhter Seife und der damals bekannten Zigaretmarke »Trommler« zuteilte, gab ab Juli 1933 »Lagergeld« aus. Meine Einlage auf diesem »Lager-Konto« betrug etwa 18 Mark. An Lagergeld bekam ich dafür 12 Mark ausgezahlt. Der Restbetrag von 6 Mark oder einem Drittel meines Barvermögens wurde durch die SA-Lagerführung für die »Drucklegung des Geldes« und »sonstige Unkosten« einbehalten.

Wenn man bedenkt, daß ab Juli 33 bis zu dessen Auflösung im Herbst 1934 etwa 6000–8000 Häftlinge im KZ Oranienburg inhaftiert waren, hat sich dieses zusätzliche Geschäft mit dem Lagergeld wohl gelohnt.

Lagerkommandant Schäfer äußerte sich seinerzeit vor einer Gruppe von Häftlingen: »Das Lager ist für euch eingerichtet – für eure Erziehung. Daß ihr dafür zahlt, ist doch das Wenigste!

Es war das Wenigste!

Die Auszüge stammen aus einer Unterredung, welche der Autor mit dem Verfasser im Jahre 1976 hatte. Die Aufzeichnungen befinden sich in gekürzter Form im Landeshauptarchiv Potsdam, Zeitgeschichtliche Sammlung.

Aus dem Erlebnisbericht von E. Albrecht, Berlin

Meine Einlieferung ins Lager Oranienburg erfolgte am 12. August 1933. Ich kam in die 2. Kompanie und erhielt die Nummer 1212. In den ersten Wochen gehörte ich zu einem Kommando, welches aus 15 Gefangenen bestand. Unsere Aufgabe war es, die Straßen von Birkenwerder mit einem Reisigbesen zu kehren. Bewacht wurden wir dabei von drei SA-Leuten aus dem Lager. Unter den Gefangenen des Straßenfegerkommandos befanden sich der bekannte Berliner Arzt Dr. Friedländer, Schrader vom preußischen Polizeiverband, Franz Künstler, Parteivorsitzender der Berliner SPD, der Staatsanwalt des Felseneckprozeßes aus dem Jahre

1932. Zur Belustigung der SA-Bestien wurde der damals schon schwerkranke Dr. Friedländer auf einen Handwagen geladen und durch Birkenwerder gezogen. Die Bevölkerung von Birkenwerder ging stumm an uns vorbei. Nur einige mit dem Abzeichen der NSDAP versuchten uns anzuspucken. Erstaunlich war andererseits die Solidarität einzelner Einwohner. Oft fanden wir an den Bäumen Zigaretten und manchmal sogar Brot. Das war gar nicht so einfach vom Boden aufzunehmen und in die Tasche zu stekken, denn jede Bewegung wurden von den Posten beobachtet. So etwas sprach sich im Lager schnell herum, und es war ein Andrang, in dieses Kommando zu kommen. Das wurde verdächtig. Eines Abends wurden wir vom Kommando Birkenwerder alle in den Waschraum befohlen und unter dem Kommando von Oberscharführer Ewert mußten wir uns nackend ausziehen, dabei kamen natürlich Zigaretten und Brotstücke zutage. Wir wurden mit Gummiknüppeln und Holzlatten fürchterlich geschlagen. Einen Tag später wurde das Kommando Birkenwerder aufgelöst.

Ich habe dann später in den Arbeitskommandos Germendorf und Neuholland gearbeitet. Nach der Flucht eines Brandenburger Kameraden vom Kommando Germendorf waren wir plötzlich alle fluchtverdächtig.

Das gesamte Kommando erhielt 14 Tage Arrest, davon 10 Tage ohne Essen und Getränke. Am 10. Tag erhielten wir im Beisein der lachenden SA-Schergen einen Salzhering aus der Tonne, den wir sofort aufessen mußten. Dann wurden wir im sogenannten Stehbunker für weitere 4 Tage eingesperrt. Für Germendorf wurde ein neues Kommando zusammengestellt. Wir aus dem alten Kommando durften nicht mehr aus dem Lager und erhielten wegen Fluchtverdacht einen breiten roten Farbanstrich auf die Jacke.

Eines Tages, es muß im Oktober 1933 gewesen sein, wurde ich vom Kartoffelschälkommando mit noch einem russischen Emigranten (er war Leiter einer menschewistischen Organisation) zum Kommandanten Schäfer befohlen. Ich ahnte Furchtbares, da ich Zeitungen aus alten Beständen, die dort ablagerten, an einige Kameraden verteilt hatte. Seine erste Frage war: »Könnt ihr lesen?« Wir stammelten etwas heraus. Eine weitere Frage war: »Habt ihr schon von einer Zetkin gehört?« – »Na, vom

Reichstag«, antworte ich. Noch immer war die Fragestellung komisch. Meine Gedanken gingen wild durcheinander. Wo will er hin mit seinen Fragen, dachte ich. »Na, du als Kommunist« sagte er, auf mich zukommend »kennst doch die Kommune-Bücher auswendig. Los, kommt mit.« Begleitet von zwei SA-Posten gingen wir in einen größeren Raum, wo Fahnen der Arbeiterbewegung, Zeitungen, Schreibmaschinen, Abzuggeräte und eine Menge Bücher wild durcheinander auf einem Haufen lagen.

»Hier stapelt ihr die Schmöker von der alten Kommunistengroßmutter auf, und du,« damit meinte er meinen Mitgefangenen, »nimmst dir die Bolschewistenbücher vor,« er meinte damit die Bücher mit russischem Text, »und übersetzt die Titel ins Deutsche. Und ich sage Euch, ihr Drecksäcke, wenn ein Schmöker fehlt, dann könnt ihr euer Testament machen. Und noch eins, quatscht nicht im Lager, was ihr hier macht, also los, an die Arbeit.«

Da lagen nun die Bücher, die mir bekannt waren, und die ich liebgewonnen hatte, wild durcheinander. Wir machten uns daran, die Bücher, es mögen etwa 500–600 Bände gewesen sein, erst einmal in einer Ecke zu stapeln.

Bei der Bearbeitung der Bücher konnten wir feststellen, daß es Bücher aus der Privatbibliothek von Clara Zetkin waren. Einige enthielten persönliche Eintragungen von führenden sowjetischen Parteiführen. Ich benutzte jede Minute, um in den Büchern zu blättern. Clara Zetkin muß ein intensives Studium betrieben haben, denn vielen Stellen waren unterstrichen und hatten Randbemerkungen.

Im Arbeitskommando Tischlerei wurden Regale gezimmert. Es gelang mir, über einen Hamburger Kameraden, der in der Tischlerei beschäftigt war, einige Bücher aus dem Lager zu schmuggeln. Er hieß Kurt und wurde in der Weihnachtswoche 1933, nach einem mißglückten Fluchtversuch, durch SA-Leute unter Führung von Stahlkopf im Vorzimmer des Kommandanten erschlagen. Wo die Bücher geblieben sind, konnte ich nicht mehr in Erfahrung bringen. Eine große Anzahl der Bücher politischer und auch medizinischer Art waren in russischer Sprache. Die gesamten Bücher nahmen eine Fläche von 3 mal 2 m ein. Um der Bibliothek einen unpolitischen Charakter zu geben, stellte ich die vordere Reihe mit Romanen oder sonstigen Titeln auf. Die 2. Reihe benutzte ich, um dort die politische Literatur einzuordnen. Ich dachte dabei an eine evtl. Rettung der Bibliothek, doch das war Utopie. In den Januartagen 1934 wurden die Bücher auf einen LKW geladen und abtransportiert. Die Führung der SA-Standarde 208 richtete in diesen Raum eine Art Museum ein. Die Nazi- und SA-Größen aus Berlin und Umgebung kamen mehrfach zum Besuch dieser Ausstellung. So u. a. Graf Helldorf und Gruppenführer Ernst.

Die Auszüge stammen aus einem handschriftlichen Bericht aus dem Jahre 1963 und befinden sich im Besitz des Verfassers.

Aus dem Erinnerungsbericht von Erna Gersinski, Velten

Ich war acht Wochen im KZ Oranienburg. Ob ich in dieser Zeit 500 oder 1000 Schläge bekommen habe, weiß ich nicht mehr. Ich kann mich aber noch sehr genau daran erinnern, daß ich vom SA-Sturmführer Krüger immer 100 Schläge bekam, wenn ich beim Verhör nichts aussagte. Ich habe im »Eiskeller«, so nannten wir unser Lager, die Dunkelzelle und auch das »Totschießen« kennengelernt. »Totschießen« war eine der ersten Methoden der Nazis, um Geständnisse zu erpressen.

Nachdem wir vorher an unsere Angehörigen Abschiedsbriefe schreiben mußten, wurden wir an die Wand gestellt. Dann knackte eine Pistole, ein Schuß bellte auf – aber wir lebten. Die SA schoß mit Platzpatronen.

Erna Gersinski geriet durch Verrat in die Hände der Nazis. In ihrer Wohnung in Velten wurden Flugblätter der illegalen KPD Organisation gedruckt. Ihr Mann, Gustav Gersinski wurde ebenfalls verhaftet und kam in das KZ Sonnenburg. Die Erinnerungen wurde auszugsweise dem Veltener Kulturspiegel Nr. 1/1960 entnommen. Sie befinden sich im Besitz des Verfassers.

Auszug aus dem Lebenslauf von Richard Henkel, Oranienburg

Am 27. 12. 1894 wurde ich als Sohn des Zimmerers Wilhelm Henkel in Berlin geboren. 1912 verließen wir Berlin und zogen nach Oranienburg. Im Frühjahr 1913 wurde ich Mitglied der SPD in Oranienburg und blieb Mitglied bis zur Auflösung im Jahre 1933. Vor 1933 war ich vom Beginn, der Gründung, an bis zu deren Auflösung im Jahre 1933 im Reichsbanner, erst als Kassenführer, später als Vorsitzender. Nach den Märzwahlen 1933 wurde ich von der SA gesucht. Es gelang mir jedoch, nach Berlin zu verschwinden. Statt meiner sperrte man nun meine Frau und meine Tochter ein. Sie verrieten mich in keinem der Verhöre. Als ich in Berlin von dieser Gemeinheit erfuhr, fuhr ich nach Oranienburg und stellte mich dem KZ-Lager »Alte Brauerei«. Hier bot man mir die Mitgliedschaft in der SA mit großen Aussichten an. Dieses wurde von mir selbstverständlich abgelehnt. Nach 8 Stunden wurde ich wieder entlassen, wie mir der spätere Sturmbannführer Plessow sagte, nur mit Bedenkzeit. Nach kurzer Zeit erfolgten 5–6 Verhaftungen und zwischendurch immer wieder Hausdurchsuchungen, wobei alles auf den Kopf gestellt wurde. Im August 1933 – angeblich wegen Arbeitsmangel –, auf die Straße gesetzt, machte ich mit einem Freunde eine Radtour nach Schlesien. Eine knappe halbe Stunde nach der Ankunft war die Polizei da und nahm uns mit, auf Befehl des damaligen Oranienburger Polizeimeisters Dumke. Grund: Hochverrat. Nur dem guten Ruf, den der Vater meines Freundes hatte, und der Standhaftigkeit bestimmter Polizeibeamter, verdanken wir unsere Nichtauslieferung an die SA des Konzentrationslagers Oranienburg. Nach einigen Tagen Polizeihaft wurden wir wieder entlassen. Im Jahre 1934 wurde ich durch Polizeiverfügung dem Luftschutz – dem späteren Sicherheits- und Hilfsdienst –, zugeteilt und mit Kriegsbeginn 1939 bis 1945 kaserniert.

Der Lebenslauf wurde 1946 geschrieben, eine Kopie befindet sich im Besitz des Verfassers.

Aus dem Erinnerungsbericht des Rabbiners von Rathenow, Max Abraham, über seine Haft im KZ Oranienburg

… Die Judenkompanie in Oranienburg bestand aus ungefähr 55 Mann, darunter allein 39 Jungen aus einem jüdischen Erziehungsheim bei Berlin. Der Benjamin dieser Jungen hieß wirklich Benjamin und war dreizehn Jahre alt. Das Erziehungsheim ist eines Tages von der SA ausgehoben worden, nachdem man vorher eine Haussuchung vorgenommen und angeblich im Bett eines Jungen einen Revolver gefunden hatte, außerdem, wie es hieß, kommunistische Druckschriften.

Von einigen sehr vernünftigen Zöglingen wurde mir ehrenwörtlich versichert, daß der aufgefundene Revolver sich vorher nicht im Schlafsaal befunden habe und wahrscheinlich von der SA in das Bett des Jungen gelegt worden sei und daß sich nie kommunistische Druckschriften im Hause befunden hätten. Durch schreckliche Folter wurden jedoch die Kinder zu dem Geständnis gezwungen, daß sie sich kommunistisch betätigt hätten und die Waffe einem ihrer Kameraden gehöre. Die Kinder wurden stundenlang auf das grausamste geschlagen und zu den schwersten körperlichen Arbeiten herangezogen. Der dreizehnjährige Benjamin wurde natürlich nicht verschont. In dem Heim waren körperlich schwache und fast ausschließlich psychopathische, schwer erziehbare Kinder untergebracht gewesen. Der Schwächlichste war der Dreizehnjährige; doch er war geistig rege genug, um zu begreifen, was vorging. Oft klagten mir die Kinder ihre Not; von mir, dem Seelsorger erflehten sie Hilfe. Aber wie sollte ich helfen, der ich selbst in der Gewalt sadistischer Schinder war? Meine Fürsorge mußte sich darauf beschränken, Trost zuzusprechen und den Kindern gelegentlich in ihrer körperlichen Not beizustehen. Wie machtlos ich war, erkannten die Kinder bald. Eines Tages mußte ich auf Befehl Stahlkopfs einen Siebzehnjährigen entkleiden und seinen Körper reinigen, insbesondere das Geschlechtsteil. Stahlkopf behauptete, dieser »Judenbalg« hätte vor seiner Lagerzeit in Berlin »hemmungslos sexuelle Exzesse« verübt, und er hätte das

Lager mit Filzläusen verseucht, die er angeblich bei dieser Gelegenheit aufgesammelt habe. Das Kind, geistig und körperlich zurückgeblieben, stand dieser Dreckflut von Beschimpfungen mit hilflosem Erstaunen gegenüber; es war in der Erziehungsanstalt wohlbehütet gewesen. Den fragenden, geängstigten Blick des Siebzehnjährigen werde ich nie vergessen. Die schwererziehbaren, psychopathischen Kinder ließen sich natürlich Verstöße gegen die Lagerordnung zuschulden kommen, die wir Älteren dann büßen mußten. Dadurch wurde uns das Leben noch schwerer gemacht. Strafexerzieren, Mißhandlungen, Überarbeit! Zwei Leidensgefährten brachen bei den »Übungen« zusammen und wurden bewußtlos in die Kojen gebracht. Es ist nicht zu beschreiben, welche Bestialität die braunen Schergen bei dem sogenannten Strafexerzieren an den Tag legten. Hinter fast jedem Schutzhäftling stand ein SA-Mann mit Gummiknüppel und Gewehr. Die Kommandos waren zum Teil unausführbar; die Mißhandlungen nahmen kein Ende.

Die Kinder aus dem Erziehungsheim waren sechs Wochen lang in Haft. Viele von ihnen sind im Lager Oranienburg für ihr ganzes Leben seelisch verdorben worden.

Noch am Tage vor der Haftentlassung wurde ein Neunzehnjähriger schwer mißhandelt, der »Stubenmädchen« bei einem SA-Mann war. Er sollte dem SA-Mann angeblich eine Mark gestohlen haben. Man holte ihn zunächst in das Zimmer 16, wo er ein Geständnis ablegen sollte. Als er halb bewußtlos geschlagen war, gab er alles zu, was man von ihm verlangte. Er behauptete, das Geld im Hofe vergraben zu haben, wo man ihn auch eine halbe Stunde danach suchen ließ. Er konnte das Geld dort nicht finden – denn er hatte es weder gestohlen noch versteckt. Er versicherte mir später, als ich eindringlich mit ihm sprach, er habe das »Geständnis« nur abgelegt, um Zeit zu gewinnen und sich von den furchtbaren Schlägen zu erholen. Ich glaubte ihm, er hat mich in diesem Augenblick bestimmt nicht belogen; er klammerte sich an meinen Zuspruch wie ein Ertrinkender an die helfende Hand.

Da die Mark nicht zu finden war, wurde der Junge weiter brutal geschlagen und gab nun an, daß er das Geld an einer anderen Stelle auf dem Hof versteckt hätte, um eine halbe Stunde länger verschont zu bleiben. Das wiederholte sich drei- bis viermal.

Wir älteren Schutzhaftgefangenen konnten das Martyrium nicht mehr mit ansehen und steckten ihm eine Mark zu, damit er das »Gestohlene« zurückgeben konnte und endlich von den Qualen befreit wurde. Die letzte Mißhandlung des Jungen geschah am Abend. SA-Leute drangen gegen 9 Uhr in unseren Schlafsaal ein, ließen sich die Koje des »Diebes« zeigen und schlugen mit Gummiknüppeln auf den entblößten Körper des schwächlichen jungen Burschen ein. Wir hörten Schmerzensschreie, das Stöhnen – und wir waren machtlos.

Die Auszüge sind dem Buch: Max Abraham, Ein Rabbiner im Konzentrationslager. Teplitz-Schönau 1934, S. 13/14 entnommen.

Wilhelm Girnus: Aus meinen Erinnerungen an Erich Mühsam

Im KZ Oranienburg residiert im Frühjahr 1934 noch die Standarde 208 der SA, »Himmelsstoß« als Rapportführer. Im »großen Speisesaal« begegne ich Erich Mühsam. Er hat sich von der Tortur aus dem KZ Brandenburg etwas erholt. Sein Gesicht aber ist immer noch voller schwarzer und grüngelber Beulen, am Hals Striemen, die Blutkrusten sind inzwischen abgeheilt.

Wir zählen Mühsam zu den besonders Schutzbedürftigen im Lager. Viele helfen ihm, wieder zu Kräften zu kommen. Abends nach der Planierarbeit auf den Feldern von Neu-Holland, spiele ich gelegentlich mit ihm Schach. Aber in unseren Gesprächen müssen wir vorsichtig sein. Einmal kommen wir auf den Philosophen Hegel zu sprechen. Er äußert dezidiert seinen Widerwillen gegen den Philosophen. Da habe das ganze Unglück begonnen. Ich war darüber sehr verwundert, denn ich war damals noch ziemlich hegelgläubig, heimlich hatte ich tagsüber im Strohsack sorgfältig versteckt – im KZ Brandenburg seine »Wissenschaft der Logik« studiert. (Heimlich hatte ich sie auch ins Lager eingeschmuggelt.) Unter ihrem Eindruck stand ich gerade. Mühsam gegen Hegel? Das war ein neuer Grund zum

Nachdenken für mich. Ich glaube aber, jedenfalls hatte ich damals diesen Eindruck, Erich Mühsams Gegnerschaft gegen Hegel richtete sich hauptsächlich gegen dessen Staatstheorie und Geschichtskonstruktion. Ein anderes Mal, wir saßen wieder beisammen, sah er sich das Buch an, welches ich gerade las. Es war die im Insel-Verlag erschienene Quellensammlung zur Völkerwanderung. Interessiert blätterte er darin und sagte dann: »Ja, das ist überhaupt die größte Revolution, die es bisher in der Geschichte gegeben hat.« Ich war selten so erstaunt über eine solche Feststellung, wie über die von Mühsam. Bis dato waren für mich 1789 (Französische Revolution) und 1917 (Oktoberrevolution in Rußland) die »größten« Revolutionen der Geschichte gewesen.

All das tat allerdings meiner Symphatie für den verfolgten und bedrohten Erich Mühsam keinen Abbruch.

Am 20. März 1934 gelang durch einen von meinen Freunden organisierten Trick meine Flucht aus dem Lager Oranienburg. Die Staatsanwaltschaft hatte gegen mich eine Ermittlung eingeleitet und die Umwandlung der Schutzhaft in Untersuchungshaft beantragt. Das Schreiben landete in der Schreibstube des KZ. Dort bestand eine Kartei, auf der auch anstehende Haftbefehle eingetragen wurden. Aber die Kartei wurde – damals noch – von Häftlingen geführt. Und die haben meine Karteikarte einfach verschwinden lassen. Als die Aufhebung des Schutzhaftbefehls eintraf, war der Beleg über die Verhängung der Untersuchungshaft noch nicht da. Ich erhielt von der illegalen Widerstandsorganisationen des Lagers den Auftrag, »draußen« die Möglichkeiten für Fluchten für andere zu erkunden. Ich hatte ständige Kontakte mit den Kameraden im Lager. So erfuhr ich auch vom tragischen Ende Erich Mühsams.

Wenige Tage nach dem 30. Juni 1934, dem Tag des Blutbads unter der SA-Führung wurde auch die SA-Standarde 208 in der Bewachung abgelöst. Bayerische SS-Elite-Truppen übernahmen am 6. Juli 34 das Lager. Am 9. Juli 34 wurde Mühsam vom SS-Sturmführer Ehrath zu sich befohlen, der zu ihm sinngemäß sagte: »Wie lange denken Sie noch in der Welt umherzulaufen? Wenn Sie sich nicht selbst aufhängen, dann werden wir wohl nachhelfen müssen.« Mühsam kam zurück und erzählte es seinen Mitgefangenen. Danach sagte er wörtlich: »Wenn ihr hört, daß ich mir das Leben genommen habe, glaubt es nicht. Den Gefallen tue ich ihnen nicht, ich denke nicht daran, mein eigner Henker zu werden.«

Tags zuvor war beobachtet worden, wie zwei junge SS-Untersturmführer sich ein Stück von der Häftlingsleine des hinteren Freihofes abgeschnitten hatten. Am Abend des 9. Juli meldete der Schlafsaalälteste Kamerad Maier aus Hannover dem Rapportführer die Abwesenheit Mühsams. Obwohl nach der Bettruhe alles in der Koje zu sein hatte, nahm dieser die Meldung mit der folgenden lakonischen Bemerkung auf: »Na, da ist das Judenschwein doch wieder auf dem Scheißhaus eingeschlafen!« Es folgte keine Suchaktion und nichts. Am nächsten Morgen in aller Frühe fragte beim Wecken der Feldwebel »Himmelsstoß« auffälligerweise nach Mühsam. Als man ihm sagte, er sei noch nicht zurück, rief er: »Dann wollen wir ihn suchen!« Er nahm sich ein paar Gefangene und ging mit ihnen schnurstracks zum Klosetthaus. Dort, im vorletzten Abteil, hing Erich Mühsam, tot und gelb. Der Knoten mußte das Werk eines Spezialisten gewesen sein. Der Abstand zwischen Balken und Schlinge war so gering, daß kein lebendiger Mensch da hätte seinen Kopf hindurchzwängen können. Die Zunge hing nicht heraus, die Fäuste waren geballt.

Den Gefangenen, ohne jede Ausnahme, war klar, daß man Mühsam im Kommandantenzimmer ermordet und die Leiche, um einen Selbstmord vorzutäuschen, im Klosetthaus erhängt hatte. Leiter der Sonderaktion im Lager Oranienburg war der damalige SS-Brigadeführer Theodor Eicke.

Wie Werner Hirsch berichtete, fand am 10. Juli 1934 eine illegale Gedenkveranstaltung für den ermordeten Kameraden Mühsam statt. Es erklang das Moorsoldatenlied, und in das Schweigen hinein schwor einer der Kameraden, den Toten niemals zu vergessen.

Die Auszüge aus dem Erinnerungsbericht des Berliners Wilhelm Girnus wurden 1974 geschrieben und sind im Besitz des Verfassers. In seinem 1982 erschienenen Buch: »Aus den Papieren des Germain Tawordschus« berichtet er sinngemäß über diese Zeit.

Kurt Hiller: Auszüge aus dem Erlebnisbericht über das KZ Oranienburg

»Am 2. Februar 1934 wird das KZ Brandenburg, in welchem ich als Flurscheuerer, Klosettreiniger, Schneeschipper, Kartoffelschäler und Transportarbeiter gewirkt habe, aufgelöst, das Zuchthaus seiner alten Bestimmung übergeben. Ich werde nach Oranienburg verstaut. Die Überführung geschieht, bei etwa fünf Grad Kälte, in offenen Lastautos; wir stehen gepfercht, drei Stunden lang so eng, wie Sardinen in der Büchse liegen. Der Wind pfeift durch die paar losen Zeltbahnen, nicht die bescheidenste Bewegung ist uns möglich. Als wir, durchgefroren, im Hofe des SA-geleiteten Lagers Oranienburg von den Lastwagen springen, läßt »Himmelsstoß« , ausrangierter Feldwebel aus den ehemaligen Kolonien in Afrika, uns zunächst eine Stunde lang stehen …

Am nächsten Mittag werde ich in dem schon damals zu traurigem Ruhm gelangten Zimmer 16 auf Befehl des sadistischen Voyeurs Stahlkopf vor seinen Augen und den nicht minder gemeinen seines gleichgearteten Kumpans Ewe (Stahlkopf: in Zivil Gutsinspektor, Ewe: Weinreisender) von einem harmlosen jungen SA-Mann mit dem Gummiknüppel bearbeitet, »fertiggemacht«, wie der Volksjargon (auch außerhalb der Nazikreise)es nennt … Ausnahmslos alle Juden werden hier »fertiggemacht«, auch sie bilden im Lager ein Ghetto, tragen zur Kennzeichnung zwar noch nicht gelbe Sterne, aber weiße Armbinden, müssen im Gegensatz zu den anderen, unter unbezogenen Pferdedecken schlafen. Gerade als wir eintrafen, geschah eine Art Umbruch, aus dem Ultrahundsföttigen ins Gemäßigt-Viertelhumanitäre, und das hatte zwei Ursachen: erstens war der begreifliche Zorn über den glänzend gelungenen Ausbruch des sozialdemokratischen Reichstagsabgeordneten Gerhart Seger aus dem Lager, wenige Wochen zuvor, (ein Unikat und Geniestreich) mehr oder minder verraucht, und zweitens hatte jene Spannung zwischen SA und SS eben begonnen, die viereinhalb Monate danach zu dem entsetzlichen dreißigsten Juni führen sollte. Zum psychologischen Tatbestand dieser Spannung gehörte, daß die SA von

Oranienburg sich allmählich ihren Gefangenen näher fühlte als ihren Kollegen von der SS …

Ich erhielt den Befehl, mich Sonntag, 4 Februar, in dem SA-Zimmer einzufinden, wo »Klavier gespielt«, das heißt die Aufnahme der Fingerabdrücke vollzogen wurde... Hitlergegner waren ja Schwerverbrecher. Der SA-Patron für Fingerabdrücke war fort; statt seiner amtierte sein »Flunkey« (Kazettsprache) aus den Reihen der Häftlinge. Ich kannte ihn ganz flüchtig vom Abend meiner Einlieferung, wo er mir im Schlafraum, Auskunft über die »Kaninchenställe« gegeben hatte, deren Technik mir von der Zuchthauszelle her fremd war und in denen man fortan nächtigen mußte. Er lud mich ein, Platz zu nehmen, und bat um meine Personalien. Als ich meinen Namen nannte, fragte er mich: »Du bist doch nicht der Kurt Hiller von der Weltbühne?« Ich antwortete: »Leider, leider, ich bin es«. Da wurde der 23jährige sonnenhaft. »Das hätte ich mir nie träumen lassen, daß ich dir im Leben mal begegnen würde.« Er verriet mir, daß er bis zum Verbot der Weltbühne ständiger Leser gewesen sei. Ich fragte ihn, warum er in Haft sei. Antwort: er hätte in Hannover für die KPD gearbeitet... Diese Begegnung war ein Same, aus dem der gewaltige Baum einer dreißigjährigen Freundschaft erwuchs, der großartigsten meines Lebens. Walter Detlef Schulz, geboren zu Hamburg 1910, starb als Direktor des Rundfunks Hannover 1964 an Herzinfarkt. An jenem denkwürdigen Sonntag war zunächst von uns beschlossen, täglich die Freistunde nach dem Mittagessen zu einem gemeinsamen Spaziergang im Hof zu benutzen, und die fast täglichen Diskussionen zwischen uns ergaben eine unglaublich breite Kreisfläche der Einigkeit. Es hieße übertreiben, wollte ich sagen, daß sein Gedankenkreis und meiner sich deckten, aber viel fehlte nicht daran. Er stand kritisch zu seiner Partei, und zwar genau aus den Gründen, aus denen ich sie, bei aller Liebe zu Scharflinks, in meinen Schriften bis 1933 kritisiert hatte. Wir beide lehnten den Anarchismus trotz Respekts vor einigen Vertretern als lächerlich ab …

Am Nachmittag dieses Sonntags (4. 2. 1934) muß ich mit ein paar Kumpels zusammen das Stroh und den Dreck aus einem verlassenen Bunker räumen, dem soeben abgeschafften »Stehbunker«, jener niederträchtigen Strafart, die der Nazi-Pöbel sich ausgedacht hatte; man konnte in diesem Schachtstück oder ekkigem Loch mit einer Bodenfläche von 80 mal 60 cm, weder sitzen noch liegen, kaum hocken, nur stehen, mithin auch nachts, und hatte darinnen nicht stunden-, sondern unter Umständen tagelang zu hausen, in ausgesuchten Fällen eine ganze Woche lang …

Am 25. April 1934 trifft der Brief der Gestapo im Lager ein, anordnend, daß ich »sofort« zu entlassen sei. Herr Stahlkopf kehrt sich nicht daran, sondern hält mich noch drei Tage fest. Am 28. April, eine Minute bevor ich das Tor zur Freiheit passiere, begegnet mir die komische Legendenfigur noch einmal und schnarrt mich an: »Erzählen Sie draußen nicht so viel von den ›schrecklichen Sachen‹, die sie hier erlebt haben!« Ich erwidere: »Seit meiner Rückkchr aus dem Staatskrankenhaus bin ich hier allerseits anständig behandelt worden.« – »Na, und vorher?« zischt er. Ich: »Vorher? Wissen Sie, Herr Obersturmführer, ich hatte inzwischen hohes Fieber, und da ist mein Gedächtnis stark getrübt.« Stumm macht er kehrt; ich entschreite dem Institute. Es hatte mich als Abortreiniger, Holzverlader, Kartoffelschäler, Regenwurmsucher, Strümpfestopfer und Waschbärwärter beschäftigt – ein wenig abseits meiner eigentlichen Begabung. Jawohl, auch einen Waschbären hatte die SA von Oranienburg, und da sie ihr Spielzeug nicht gut bewachte und nicht schlecht neckte, zerriß das Biest noch zuguterletzt meinem Kameraden Josef Früholz die Hand.

Meine fünf Schlußwochen KZ haben Lebensbedeutung für mich gewonnen; denn an nahezu jedem ihrer Tage fand zwischen Walter Detlef Schulz und mir ein Gespräch über Wesentliches statt, im Wandeln; es waren Peripatesen auf hohen Bergen, doch ohne Verstiegenheiten, sie wurden, ohne daß wir es schon ahnten, zur Grundlage eines Menschenbunds von seltener Stärke und Dauer.«

Kurt Hiller, Publizist und Kritiker war vor 1933 u.a. Redakteur der »Weltbühne«. Die Auszüge sind seinem Buch: »Leben gegen die Zeit« Rowohlt Verlag GmbH, Reinbeck bei Hamburg, 1969, auszugsweise entnommen

Ein Opfer nicht umsonst gebracht. Von Kreszentia Mühsam

Zwanzig Jahre war ich mit Erich Mühsam zusammen. Davon war er während des ersten Weltkrieges etwa ein Jahr interniert. Fast sechs Jahre saß er nach der Niederschlagung der Bayerischen Räterepublik in bayerischen Gefängnissen und Festungen, eineinhalb Jahre wurde er von den Nationalsozialisten in den Gefängnissen Lehrter Straße und Plötzensee und in den Konzentrationslagern des Dritten Reiches, in Sonnenburg, Brandenburg und Oranienburg unmenschlich behandelt, bis ihn in der Nacht vom 9. auf den 10. Juli 1934 SS-Henker ermordeten.

Mühsams Henker wußten, was sie taten. In einem Nachruf schrieb sein Freund: »... Als Mensch war Mühsam eine der prächtigsten Persönlichkeiten, ein treuer und ergebener Freund und ein ungemein geistreicher Gesellschafter. Daß ein Mann mit solchen glänzenden Qualitäten dem Ungeist des sogenannten Dritten Reiches zum Opfer fallen mußte, ist eine der großen Tragödien unserer Zeit, in Freiheit und Gerechtigkeit von größenwahnsinnigen Schurken und Verbrechern an Kreuz genagelt zu werden.«

Erich hat die Gefahr des Faschismus lange vorausgesehen und seine warnende Stimme erhoben. Solange wie irgend möglich, wollte er seinen Kampfplatz behaupten, trotz wiederholter Warnungen und Drohungen, die an ihn gelangten. Mit der Fahrkarte nach Prag in der Tasche wurde er am 28. Februar 1933 verhaftet. Die letzte Station auf diesem Leidenswege war Oranienburg. Gerade zu der Zeit, als Erich in Oranienburg eingeliefert wurde, waren dort außerordentliche Verschärfungen für politische Häftlinge angeordnet worden, die sich besonders auf jüdische Gefangene konzentrierten.

So fand ich meinen Mann bei meinem ersten Besuch im Lager vollkommen glatt geschoren und rasiert vor. Die jüdischen Häftlinge waren für den Innendienst bestimmt. Er natürlich auch. Für ihn, den Dichter, hatte das Dritte Reich keine andere Arbeit als den Abort zu putzen, häufig mit bloßen Händen.

Nie erhielt er die Erlaubnis, sich geistig zu beschäftigen.

Trotz der Qualen und Leiden, die er zu erdulden hatte, bewies sich Erich seinen Leidensgefährten gegenüber stets als der beste und selbstloseste Kamerad. Wenn ich bei meinen Besuchen für ihn Lebensmittelpakete mitbrachte, fragte er mich jedesmal: »Wieviel, glaubst du, werde ich heute abend einladen können?« Und wenn er dann hörte, »zehn bis zwölf Mann«, dann konnten seine Augen vor Freude strahlen, als ob ihm nie etwas Böses passiert wäre. In vielen seiner Briefe dankte er im Namen seiner Mitgefangenen für die Eßwaren.

Unmittelbar nach dem 30. Juni 1934 wurde das Lager nachts von der Berliner Polizeitruppe z. b. V. umstellt und von der SS übernommen. Damit war eine der Vorbedingungen für die Ermordung Mühsams geschaffen worden, da sich die frühere Lagerleitung, wie entlassene Gefangene versicherten, zweifellos geweigert hätte, den Mordbefehl zu vollstrecken, da sich die politischen Gefangenen und auch Mühsam eine gewisse Achtung bei ihnen erworben hatten. Selbst Stahlkopf, einer der brutalsten Schläger der SA äußerte sich wie folgt: »Frau Mühsam, seien sie versichert, wäre das Lager in unserer Hand geblieben, das wäre nie geschehen.« Soviel ich erfahren habe, wurde Stahlkopf dafür von Eicke zur Rechenschaft gezogen (wenige Wochen später hat sich Stahlkopf erschossen).

Am 8. Juli war es mir noch einmal möglich, Erich zu besuchen. Ich konnte ihm noch sagen, daß im »Matin« ein Aufruf polnischer Intellektueller veröffentlicht sei, der die Befreiung Mühsams, Künstlers und Ossietzkys forderte. Es war das letzte Mal, daß ich Erich lebend gesehen habe. Drei Tage später fand ich einen Zettel in meiner Wohnung, auf welchem stand: »Frau Mühsam, betr. Ihres Ehemannes werden Sie ersucht, umgehend im 215. Polizeirevier, Zimmer 29, vorzusprechen. Es ist wichtig und eilig. Leichter, Polizeihauptmann.« Ich rannte sofort auf die Polizei, wo mir ein Kommissar sagte: »Frau Mühsam, ich habe die Pflicht, Ihnen mitzuteilen, daß ihr Mann gestorben ist. Sie können nach Oranienburg fahren und die Leiche holen.« Ich schrie den Kommissar an: »Mein Mann ist ermordet worden.« Der zuckte mit den Achseln und wiederholte: »Ich habe nur die Pflicht, Ihnen mitzuteilen, daß er gestorben ist.«

Ich fuhr anschließend sofort nach Oranienburg, wo man mir

mitteilte: »Ihr Mann hat die Nerven verloren und sich erhängt.« »Er hat sich nicht erhängt, Ihr habt ihn ermordet!« Immer und immer wieder hatte mir Erich versichert: »Zensel, was auch geschieht, glaube nie, daß ich Selbstmord verübt habe.«

Es gibt zahlreiche Berichte von Mitgefangenen, die gleiche Äußerungen von ihm bestätigen. So schrieb mir u. a. der englische Staatsbürger John Stone, der viele Jahrzehnte in Deutschland lebte und der mit Erich in Brandenburg und Oranienburg inhaftiert war: »Noch am 9 Juli, nachdem die SS das Lager übernommen hatte, wurde der bekannte Dichter und Schriftsteller Erich Mühsam ermordet. Das Schicksal dieses hochbegabten Mannes ist ein wahres Martyrium, welches die Menschheit erschüttern würde, wenn seine fürchterlichen Leiden bekannt wären … Dieser berüchtigte Anarchist war einer der besten und edelsten Menschen, die ich je kennengelernt habe. Er selbst wußte, daß er niemals lebend aus dem Konzentrationslager herauskommen wird und sprach oft davon. Aber mit einer einzigartigen Willenskraft hielt er sich aufrecht und widerstand der Versuchung des Selbstmords.«

Der Bericht wurde 1959 geschrieben und befindet sich im Besitz des Verfassers. Kreszentia Mühsam emigrierte 1934 nach Prag und kurze Zeit später nach Moskau. Hier wurde sie im April 1936 verhaftet, auf Grund internationaler Proteste freigelassen, doch im Dezember 1936 erneut verhaftet und zu acht Jahren Lager verurteilt, blieb danach bis Mitte der fünfziger Jahre in sowjetischen Gefängnissen und kehrte in die DDR zurück, wo sie verstarb.

Henry Marx: Im Konzentrationslager Oranienburg. Tagebuchauszüge

Soeben haben wir das Eingangsschild Oranienburg passiert. Nun kann es nicht mehr lange dauern. Vor einem Hoftor hält das Auto; es wird geöffnet, wir fahren ein und hinter uns schließt sich das Tor augenblicklich wieder. Ich bin im Konzentrationslager Oranienburg! Ich werde zuerst zu dem Leiter der Gefangenenabteilung, einem Obersturmführer, gebracht. Wohl gebe ich auf alle Fragen vernünftige Antworten, doch ich begehe den unverzeihlichen Irrtum, nicht stramm oder stramm genug zu stehen. Nach dem ersten Anschnauzer weiß ich, woher der Wind weht, das Strammstehen gelang mir einfach nicht. Also mußte sich unsere »Unterhaltung« notgedrungen anders abwickeln. Es ging ganz gut. Lediglich über einen im Vorhof befindlichen, vielleicht 90 cm hohen Pfahl mußte ich springen, was mir auch mehrere Male gelang. Dann wurde ich in Gnade entlassen, jedoch mit der Aussicht, wieder gerufen zu werden. Ich bekam eine Karte, dazu einen Zettel mit meiner Nummer, den ich wohlverwahrt halte. Es war die Nummer 2873.

Die weiteren Formalitäten erledigten sich von selbst. Ich ging zum Sanitäter, dann ins Büro, wo mir ein Teil meines Geldes in Lagergeld umgetauscht wurde.

Wie sah nun das Lager aus?

Auf dem Gelände einer ehemaligen Brauerei war es untergebracht. Es bestand aus 7 Schlafräumen, einem Tagesraum, einem zweistöckigen Verwaltungsgebäude, einem Büro, einer Materialkammer, einer Abortanlage und dem Waschraum. Dazu dann noch ein kopfsteinbepflasterter Hof, eine sogenannte Wiese (auf der die Gräser zu zählen waren), die Schlafräume der Wachmannschaften, die Küche und die Rasierstube. Das Gebäude war reichlich groß, vorne mit Tor und Mauer, auf der hinteren Seite lediglich mit spanischen Reitern gegen die Außenwelt abgesperrt, die unmittelbar daneben begann. Denn ringsum waren die Häuser Oranienburgs, so daß das Lager eigentlich inmitten der Stadt lag.

Nachdem ich einer Kompanie, der 6., zugeteilt war, ließ ich mir den Weg dorthin weisen. Ein Verschlag nimmt meine Kleider auf, ich suche mir ein Bett heraus. Hier sind die Betten lediglich Holzverschläge, drei übereinander und über den Strohsack ist Leinentuch und Leinendecke gezogen. Die gilt es erst zu besorgen. Dann bekomme ich meine Sachen: 2 Unterhosen wie Hemden, 1 Hose, 1 Paar Schuhe, 1 Jacke, 1 Mütze, 2 Handtücher und eine komplette Bettgarnitur. Ich muß in dem seltsamen Aufzug recht komisch ausgesehen haben, vor allem weil mir nichts paßte. Die Hose war zu weit, die Schuhe waren zu eng, die Jacke ließ sich nicht zuknöpfen. Doch zum Nachdenken blieb keine Zeit. Ich wurde wieder zu jenem Obersturmführer gerufen, der mich in Empfang genommen hatte. Bei ihm ein Obertruppführer, es war der diensttuende Feldwebel für diesen Vormittag. Er ging mit mir auf die Wiese, wo ich verschiedene Übungen zum Beweis meiner Leistungsfähigkeit machen mußte. Die Eskaladier-Wand übersprang ich trotz allen Drängens des SA-Obertrupp-Führers nicht, doch sonst führte ich alles aus: ich setzte über einen Graben, übersprang einen Hügel, balancierte auf einer über einem cirka 7–8 m langen Graben angebrachten Stange und kroch durch einen 30 m langen, stacheldrahtbesetzten Kasten. Ich war zum Schluß ganz schön fertig.

Am ersten Sonnabend wurde ich photographiert. Es kam mir recht seltsam vor: ich wurde auf einen Stuhl gesetzt, bekam ein Schild mit meiner Nummer 2873 umgehängt und mußte so für 3 Aufnahmen bereit sein: Frontalblick, Profil links und Profil rechts, alles mit rasch aufzuckendem Blitzlicht. Diese Bilder wurden den Beständen des Landeskriminalamtes zugeführt und dort einverleibt.

Gegen drei viertel sieben marschierten die Arbeitskommandos aus. Es gab vier Arbeitsabteilungen, die nach dem Durchzählen und dem Formieren der Begleitposten nacheinander ausrückten. Das geschah unter dem Gesang mehr oder weniger schöner Lieder. Nach eineinhalb Stunden kamen wir, zuletzt noch über Stoppeln stolpernd, an unserer Arbeitsstätte an. Schippe und Spaten holten wir aus einen Gutshof, von wo aus auch das Kaffeewasser mitgenommen wurde. Ich war der einzige Neuling. Vor mir breitete sich ein schmaler Grabenlauf aus. Ein Moorgraben zur besseren Bewässerung der umliegenden Äcker sollte gezogen werden. Gegen drei Uhr wurde aufgehört.

Einer wilden Horde gleich, zogen wir über die Feldwege zur Landstraße zurück. Dann formierte sich der Zug und es folgte der Befehl: Singen! Natürlich die »Lore« , auch »Wenn wir schreiten Seit an Seit« oder »Mein Schlesierland« auch das Moorlied »Wir sind die Moorsoldaten und ziehen mit den Spaten« erklang. Die letzten 200 m bis zum Lager wurden im Paradeschritt zurückgelegt, und im Paradeschritt rückten wir auch in den Kopfstein-Hof unseres Lagers ein.

SS war in das Lager eingerückt und hatte die Verwaltung übernommen. Es war ein Sturm der Leibstandarte »Adolf Hitler«. Gegen Abend des Tages (es war der 7. Juli) kamen neuerlich ca. 150 SS-Männer und die Leibstandarte verließ das Lager. Somit hatten wir jetzt unsere neue Mannschaft bekommen, die sich auf ein längeres Bleiben einzurichten schien.

Henry Marx war vom 30. Juni bis 14. Juli 1934 Häftling im KZ Oranienburg. 1937 emigrierte er in die USA.

Die Auszüge wurden dem unveröffentlichten Tagebuch von Henry Marx entnommen, welches er kurz nach seiner Haftentlassung im August 1934 schrieb. Auszüge befinden sich bei der Arbeitsgruppe Kiezgeschichte-Berlin 1933, ein Projekt des Berliner Kulturrats, 1983.

Das von Henry Marx erwähnte Arbeitskommando war im Bereich der Gemeinde Neuholland eingesetzt.

Dokumente über das Konzentrationslager Oranienburg

Anmerkungen zu den Dokumenten auf Seite 269

Erste Gefangene im KZ Oranienburg, März 1933. Kommentar des Regierungspräsidenten von Potsdam zu diesem Bild: »Für die Presse nicht geeignet.«

Die dem KZ gegenüberliegende Gaststätte an der Berliner Straße lieferte die Verpflegung für die Häftlinge. Haben die Frauen nicht gewußt, für wen die Brote bestimmt waren?

1

Abschrift.

-.-.-.-.-.-.-.-.-

Arbeitsbeschaffungsprogramm

für das Konzentrationslager Oranienburg mit gleichzeitiger

Angabe der Tagewerke.

A) Massnahmen, die von der Stadtgemeinde Oranienburg betrieben werden.

1.) Entkrautung des Lehnitzsees.

Wichtig für Wassersport und Fremdenverkehr, vom Kommissar für Naturdenkmalpflege als notwendig bezeichnet, den verschiedenen amtlichen Stellen bekannt, doch wegen rechtlicher und finanzieller Schwierigkeiten bisher noch nicht durchführbar gewesen.

33 ha Wasserfläche Tagewerke 1300

2.) Umgehungsstrasse.

Wichtig für die Entlastung der eng bebauten Altstadt und besonders für den Güterverkehr bestimmt. Bisher ausgebaut 3,7 km der Gustav Ebellstrasse, Ringstrasse, Kurfürstenstr. (hier Anschluß an die östliche Ausfallstrasse nach Bernau) Schützenstr., die Reststrecke bis zum Bahnhof Sachsenhausen 1 km lang soll ausgeführt werden.

Verkehrstechnische und damit volkswirtschaftliche Bedeutung allgemein anerkannt. Tagewerke 4300

3.) Volkspark, Jnselwiese.

Jnsel landschaftlich schön, zwischen Havel und Altarm im Mittelpunkt der Stadt belegen. Auch teilweise schon als Luft- und Sonnenbad für die gegenüberliegende Flussbadeanstalt genutzt. Der 600 m lange Altarm wird ausgebaggert und wieder befahrbar gemacht. Von der Jnsel wird der Kies abgeräumt und die Jnsel zum Volkspark ausgestaltet. Zur Ablage in der Lehnitzstr. wird eine Brücke geschlagen. Tagewerke 3000

4.) Wohnstrassen in Oranienburg-Süd.

6 km Wohnstrassen im neu erschlossenen Siedlungsgelände in einfacher doch dauerhafter Weise chausseemässig zu befestigen

Tagewerke 3300

5.) Schaffung von Radfahrwegen.

9 km neue Radfahrwege an den nördlichen und östlichen Ausfallstrassen, also nach Sachsenhausen und Schmachtenhagen herzustellen. Tagewerke 1200

6.) Wegebesserungen in der Feldmark.

8 km Fahrwege in der Feldmark im Westen der Stadt die Befestigung gründlich nachzubessern.

Tagewerke 4000

7.) Strassenunterhaltungsarbeiten usw.

25 km Strassen in der bebauten Stadtlage, soweit die Fahrbahnen bezw. Gehbahnen nicht gepflastert sind, nachzubessern, Ferner einige Geländeflächen des städtischen Besitzes einzuebenen.

Tagewerke 10000

8.) Uferpromenaden usw.

Schaffung einer neuen Uferpromenade auf dem Seebadgelände Ausbesserung der Seepromenade zum Waldhaus, Verbesserung der Rodelbahn und Massnahmen des Verschönerungsvereins im anschliessenden Waldgebiet. Tagewerke 600

9.) Ausbeutung des städtischen Kieslagers in Germendorf.

Tagewerke 1500

10.) Für Unterhaltungsarbeiten.

Bereitstellung von Arbeitskräften für laufende Arbeiten auf dem Friedhof, Sportplatz und anderen grösseren Einrichtungen

Tagewerke 800

B) Massnahmen, die von staatlichen Behörden und Nachbargemeinden betrieben werden.

Die einzelnen Massnahmen sollen uns noch näher bezeichnet werden Es handelt sich durchweg um Arbeiten, die aus Mangel an Mitteln sonst nicht zur Ausführung kommen würden.

1.) Forstverwaltung.

Die beiden staatlichen Oberförstereien wollen verschieden Massnahmen, darunter die Anlage eines Fischteiches ausführen.

2.) Provinz- und Kreisverwaltung, sowie Reichsbahn- und Wasserbauverwaltung,

können ebenfalls Leute beschäftigen. Die Zahl der Tagewerke steht noch nicht fest, ist aber anzunehmen auf ... 4500

3.) Nachbargemeinden.

Die verschiedenen Nachbargemeinden, insbesondere aber Birkenwerder sind ebenfalls in der Lage, Trupps von Gefangenen zu beschäftigen. Die Summe der Tagewerke beträgt 20500

Zusammenstellung der Tagewerke.

A)	1. Lehnitzsee		1300	Tagewerke
	2. Umgehungsstrasse		4300	"
	3. Volkspark		3000	"
	4. Wohnstrassen		3300	"
	5. Radfahrwege		1200	"
	6. Wegebesserung		4000	"
	7. Strassenunterhaltung ,1.		10000	"
	8. Uferpromenaden		600	"
	9. Kieslager		1500	"
	10. Sonstige Unterhaltungsarbeiten		800	"
	zus. A) :		30000	Tagewerke
B)	1. Forstverwaltung	25000		
	2. Provinz, Kreis usw. . . .	4500		
	3. Nachbargemeinden	.20500		
	zus. B:	50000	= 50000	"
	zus:		80000	Tagewerke

Verteilt man diese Arbeiten zunächst auf die 4 Sommermonate bis einschl. September, so ergeben sich je Monat 20000 Tagewerke und je Werktag 800 Tagewerke. Ausser Ansatz geblieben sind die Arbeiten im Betrieb des Lagers.

Die

Die sächlichen Kosten, wie sie durch Lieferung der Baustoffe und Leihgebühr für die Geräte entstehen, dürften in den weitaus meisten Fällen aus Haushaltungsmitteln aufgebracht werden können.

Für die grösseren Massnahmen unter A 1 - 4 müssen dagegen diese Mittel durch Aufnahme von Darlehen beschafft werden.

Die Verhandlungen über die Durchführung des Programms im einzelnen sowie seine Erweiterung werden fortgesetzt.

Oranienburg, den 24. Mai 1933.

Das Stadtbauamt.

gez: Hobeck,

Stadtbaumeister.

Schreiben des Deutsch-Isrealischen Gemeindebundes an den Regierungspräsidenten in Potsdam vom 9. Juni 1933 (Auszug)

Der … als juristische Person anerkannte Deutsch-Israelische Gemeindebund als Träger der jüdischen Fürsorgeerziehung und damit des jüdischen Jugend- und Lehrheims Wolzig, Kreis Beeskow-Storkow, … legt hierdurch unter Verwahrung gegen die am 7. Juni 1933 in Wolzig durchgeführten, aus anliegender Niederschrift ersichtlichen Maßnahmen das zulässige Rechtsmittel ein und erbittet ihre sofortige Aufhebung.

Das Jugend- und Lehrheim Wolzig ist seit Jahren den deutschen Behörden genau bekannt und ist stets, auch neuerdings, in die Liste der von den Behörden zu belegenden Heime aufgenommen.

Das Heim ist das einzige jüdische Heim für männliche schulentlassene Fürsorgezöglinge in Deutschland und deshalb auch für die Durchführung der Fürsorgeerziehungsarbeit unter Wahrung der konfessionellen Belange völlig unentbehrlich. Zu den Gründen, die zu den vorgestrigen Maßnahmen geführt haben, erlauben wir uns, folgendes anzuführen: Der Besitz von Waffen, insbesondere Schußwaffen, war sowohl den Zöglingen wie den Angestellten strengstens verboten. Häufige Kontrollen durch die Anstaltsleitung sowie mehrfache Durchsuchung des Heimes, zuletzt auf Veranlassung der Geheimen Staatspolizei vor wenigen Wochen, haben ergeben, daß das Verbot strikt innegehalten und keine Waffen vorhanden waren. … Wie die gefundenen Waffen in das Haus gekommen sind, ist uns nicht bekannt. Nach unserer gewissenhaften Überzeugung und nach unserer Kenntnis der Heiminsassen, des Personals und des Geistes des Hauses halten wir es für völlig ausgeschlossen, daß die Waffen durch Heimangehörige hereingebracht worden sind. … Jede Unterbrechung der unserer Organisation … übertragenen Durchführung der jüdischen Fürsorgeerziehung bringt unermeßlichen, nicht wiedergutzumachenden Schaden für unsere Zöglinge.

... Wir bitten daher anzuordnen, daß:
1. die Besetzung des Wolziger Heimes sofort aufgehoben wird,
2. die Zöglinge aus dem Konzentrationslager (Oranienburg) sofort wieder in das Heim zurückgeführt werden,
3. der Leiter und die übrigen in Haft genommenen Heimangestellten sofort entlassen werden...

Bericht

Das jüdische Jugend- und Lehrheim Wolzig, das dem Deutsch-Israelischen Gemeindebund, einer gemeinnützigen milden Stiftung, unterstellt ist, ist belegt mit etwa 60 Jugendlichen. ... Es wird beschickt von allen Jugendämtern des Deutschen Reiches. Dem Heim sind eine Reihe landwirtschaftlicher und handwerklicher Lehrwerkstätten zur Ausbildung der Zöglinge angegliedert; sie stehen unter fachmännischer Leitung einiger von den Innungen anerkannter Meister.

Am Mittwoch, dem 7. d. M., gegen 5 einhalb Uhr morgens, erschienen im jüdischen Jugend- und Lehrheim Wolzig etwa 150 SA-Leute aus Friedersdorf, Storkow und Umgebung; ferner 6 Landjäger unter Führung eines Oberlandjägers.

In die verschlossene Villa, die vom Personal des Heimes gegen Miete bewohnt wird, begaben sich die SA-Leute. Die Villa wurde genau durchsucht, gefunden wurde jedoch nichts. Im Zimmer des Erziehers Fritz Hirsch legte einer der SA-Leute eine Aktentasche auf den Schrank. Dies wurde von der Ehefrau des Herrn Hirsch bemerkt. Sie sagte zu einem SA-Mann, daß sie bemerkt habe, daß die Aktentasche auf den Schrank gelegt worden sei. Inzwischen bemerkten andere SA-Leute diese Aktentasche und wollten sie als Fundstück behalten. Auf die Frage, wem die Aktentasche gehöre, erwiderte Frau H(irsch), daß die Mappe von SA-Leuten dorthin gelegt worden sei.

Nach der Durchsuchung der in der Villa befindlichen Wohnung des Direktors, Heimleiters Oskar Friedmann, erschienen nochmals 2 SA-Leute in einem Zimmer mit einer Aktentasche unter dem Arm und wollten die Wohnung noch einmal durchsuchen. Einer von ihnen war schon vorher in der Wohnung gewesen. Die beiden SA-Leute wurden von der Ehefrau des Direktors Friedmann angehalten mit der Bemerkung, daß sie doch schon einmal eine Durchsuchung vorgenommen hätten.

Eine ähnliche Mappe wurde etwas später im Heimgebäude aufgefunden und deshalb als Belastungsmaterial zurückbehalten, weil sie Mitgliedsbücher der Kommunistischen Partei enthielt, in die keine Eintragungen vorgenommen worden waren. Gleichzeitig mit dem Besuch der Villa klingelten SA-Leute im Heim; sie verteilten sich sofort auf das ganze Haus. Sie ließen sich zunächst von dem Gärtner Goldschmidt das Büro aufschließen. Dieser konnte bei der Durchsuchung des Büros nicht anwesend bleiben, da er von anderen SA-Leuten abgerufen wurde. Inzwischen war in der Schublade des Schreibtisches im Büro eine Schußwaffe (Armeepistole) aufgefunden worden. Die Bürohilfe, Fräulein Armer, wurde befragt und erklärte, sie weise ausdrücklich darauf hin, daß sie noch am Vortage gegen 24 Uhr im Büro anwesend gewesen sei, die Schublade aufgezogen hätte und sich zu dieser Zeit keine Waffe in der Schublade befunden habe. Es wurde Fräulein Armer erwidert: »Dann könne die Waffe nur hineingelegt worden sein, und wir wissen, wer es getan hat.«

Daraufhin wurde der Gärtner Goldschmidt in das Büro gebracht. Er verneinte auf Befragen gleichfalls ausdrücklich und eindringlich, eine Waffe in das Büro gebracht zu haben. – Die Zöglinge mußten gleich bei Beginn der Durchsuchung des Heims auf dem Hof antreten und zunächst exerzieren. Mit Mühe gelang es dem Personal, die Erlaubnis zu bekommen, den Zöglingen das Frühstück zu verabreichen und das weibliche Heimpersonal zur Arbeit in den Küchenbetrieb zu lassen. Die Zöglinge durften ihr Frühstück zuerst nur im Dauerlauf einnehmen.

In dieser Zeit wurde das Heim durchsucht. Es wurde unter dem Kopfkissen des Zöglings Werner Treuherz eine Schußwaffe gefunden. Treuherz wurde gerufen und gefragt, wie lange er schon in dem Bett, in dem die Waffe gefunden worden sei, schlafe. Er erwiderte: »Ein Jahr« und bekam zur Antwort: »Und dann hast du nicht bemerkt, daß du eine Pistole unter dem Kopfkissen hast?« Nach Aussagen des zurückgebliebenen Personals sollen auch einige Schriften gefunden und beschlagnahmt worden sein.

Die Fürsorgeakten der Zöglinge und ein Teil des Büromaterials wurden fortgeschafft. Diese Sachen sollen sich beim Gemeindevorsteher in Wolzig befinden. Als bereits die Durchsuchung des Heims und der Villa erledigt zu sein schien, erfolgte eine zweite Durchsuchung des Zimmers des Erziehers Max Gebhard, die erste war ergebnislos verlaufen; bei der zweiten wurde in dem Bücherregal des Gebhard hinter einigen Büchern eine Schußwaffe gefunden. Nach deren Herkunft befragt, gab Gebhard völlig überrascht die Antwort, daß er niemals eine Waffe in seinem Zimmer gehabt habe.

Es wurden, nachdem der Landrat des zuständigen Kreises telefonisch von dem Ergebnis der Durchsuchung verständigt war, verhaftet: Direktor Oskar Friedmann, Gärtner Richard Goldschmidt, Bürohilfe Betty Armer, Erzieher Max Gebhard, Erzieher Fritz Hirsch, Zögling Werner Treuherz.

Die genannten Verhafteten und außerdem sämtliche Zöglinge des Heimes wurden gegen 10 einhalb Uhr vormittags auf Lastautos verladen und nach Angabe von SA-Leuten in das Konzentrationslager Oranienburg überführt. Die Verhafteten sind nach Berlin gebracht worden.

22

An

den Herrn Minister des Jnnern

B e r l i n .

I. Pol.e. 1583 den 13.6. 33.

Konzentrationslager für politische Gefangene
in Oranienburg.

Ohne Vorgang.

Berichterstatter: Polizeimajor Rossum.

Jn Oranienburg wird mit Genehmigung unter Aufsicht des Ministeriums des Jnnern seit Februar 1933 von der S.A. Standarte 208 ein Konzentrationslager für politische Gefangene unterhalten. Die Zahl der Gefangenen wechselt und beträgt z.Zt. 158. Es steht zu erwarten, dass die Zahl erheblich gesteigert wird.

Die Bewachung erfolgte bisher durch S.A.Leute ~~ohne hilfspolizeiliche Befugnisse~~. Um die Bewachung auch polizeilich sachlich richtig durchzuführen und das Personal auch strafrechtlich beim Eingreifen sicherzustellen, beabsichtige ich 30 S.A.Leute als Hilfspolizeibeamte zu bestätigen und diese nach Bedarf über 24 Stunden einzuberufen u.

zu verwenden.

Gem.Ziff.4 der Durchführungsbestimmungen des Er
vom 22.2.33- II C I 59Nr.4o bitte ich um die Genehmigung,da
ich bis auf Weiteres bis zu 3o Mann Hilfspolizei zu Bewachu
zwecken für das Konzentrationslager in Oranienburg gegen Z
lung der Aufwandsentschädigung von M.3.- pro Tag einberufen
darf.

Weiterhin bitte ich um Ueberweisung von 3o Kar
binern und 3 Maschinenpistolen mit Munition für diesen Zwec

Wieder vorgelegt.

Wieder vorgelegt.

24

kom./
Der Landrat
des Kreises Niederbarnim

Tgb.-Nr. I 12/2562

IPd. 01712

Berlin NW 40, den 24 Juni 1933.
Friedrich-Karl-Ufer 5

Regierung Potsdam
26. 6. 33. 8-9 V. * 107873
STEMPELSTELLE I.

Betrifft:
Kommandierung von Polizeibeamten für das Konzentrationslager in Oranienburg.

Ohne Verfügung

Für das Konzentrationslager in Oranienburg habe ich zur Vernehmung von Schutzhäftlingen, zur Nachprüfung vorhandener Vorgänge in strafprozessualer Hinsicht, zur Mitbeteiligung an der Leitung des Lagers und zur Einschaltung behördlicher Aufsicht seit dem 21. 3. 1933 3 bis 6 Landjägereibeamte dauernd, also für Tages- und Nachtdienst, zur Verfügung gestellt.

Dadurch werden diese Beamten ihren eigentlichen Dienstaufgaben entzogen. Zunehmende Kriminalfälle und reger Ausflugsverkehr im Sommer machen diese Beamten aber jetzt nicht mehr entbehrlich. Klagen der Bevölkerung über mangelnden Schutz und Klagen des verantwortlichen Abteilungsleiters beweisen dies.

Hinzu kommt, daß das Lager nicht nur

Schutz-

An
den Herrn Regierungspräsidenten
in
Potsdam.

D.M.

Schutzhäftlinge, wie bis dahin, aus dem Kreise Niederbarnim aufnimmt, sondern es sind in letzter Zeit Festgenommene aus dem ganzen Regierungsbezirk, sogar noch darüber hinaus, eingeliefert worden.

Aus diesen Gründen bitte ich, zur Wahrnehmung der Aufgaben, die bis jetzt durch die Landjägereibeamten erfüllt werden, geeignete Schutzpolizeibeamte nach Oranienburg abzuordnen. Es dürften zunächst 1 Polizeimeister und 2 bis 3 Polizeiwachtmeister (S.B.) genügen.

Ich darf wegen der Dringlichkeit der Angelegenheit bitten, die Ablösung der Landjägereibeamten durch Abordnung von Ersatz recht bald zu ermöglichen!

I. A. [Unterschrift]

D. R. Pr.
I Pol. c 17/2

Po. den 4. 7. 33

1) Die Notwendigkeit, in dem Konzentrationslager Landjäger oder staatl. Polizeibeamte zur Beaufsichtigung zu haben, wird anerkannt. Die Einrichtung u. Unterhaltung des Lagers liegt in Händen der S.A. Standarte 208. Notwendig werdende Unternehmungen müssen durch Staat:

[Paraphe] 24.6.

C.

Nr. 143.

Oranienburg, am 30. Juni 1933.

~~Vor dem unterzeichneten Standesbeamten erschien heute, der Persönlichkeit nach~~

~~kannt,~~

Die Ortspolizeibehörde in Oranienburg hat mitgeteilt,

~~wohnhaft in~~

~~und zeigte an,~~ daß der Schlosser Wilhelm Max Lenz,

30 Jahre alt,

wohnhaft in Zerbst in Anhalt, Kupfergasse 14,

geboren zu Zerbst, verheiratet mit der in Zerbst wohnhaften Hedwig, geborenen Kappert,

zu Oranienburg, Berliner Straße 21,

am achtundzwanzigsten Juni

des Jahres tausend neunhundert drei und dreißig,

nachmittags um drei Uhr,

verstorben sei.

~~Vorgelesen, genehmigt und~~

Vorstehend 18 Druckworte gestrichen.

Der Standesbeamte.

Kunig.

Die Übereinstimmung mit dem Hauptregister beglaubigt

Oranienburg, am 30. Juni 1933.

Der Standesbeamte.

[signature]

N.-R.

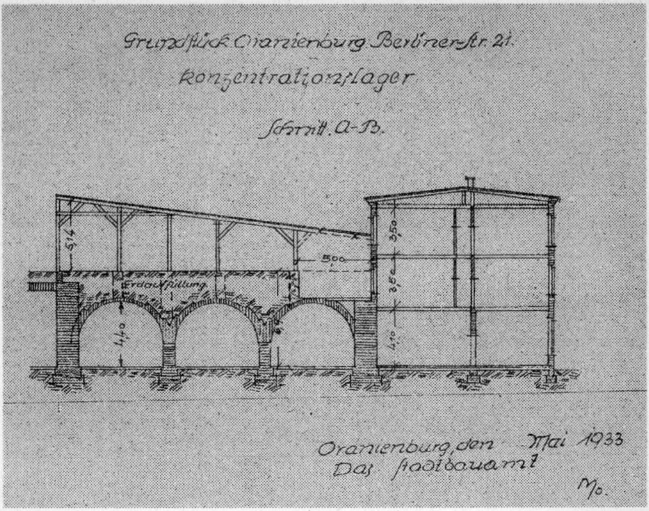
Grundstück Oranienburg Berliner-Str. 21.
Konzentrationslager
Schnitt. A-B.
5,14
500
Erdaufschüttung
4,40
3,50
3,50
4,10
Oranienburg, den Mai 1933
Das Stadtbauamt
Mo.

8

Konzentrationslager
Oranienburg.
Abt. Arbeits-Beschaffg.

Oranienburg, den 7. Juli 1933.

Tgb. Nr. 101.

An

den Herrn Bürgermeister Dr. Heinn

Oranienburg.

Um schnellstens unser Arbeitsbeschaffungs-Programm in die Wirklichkeit umzusetzen bitte ich ergebenst, baldgefälligst die einzelnen Arbeitsprojekte von Ihren verantwortlichen Dezernenten durcharbeiten zu lassen.

Nachstehend füge ich dieserhalb einzeln die verschiedenen Arbeitsprogramme an:

1) Umgehungsstrasse (Kurfürsten-Ring-Ebel-Schützen-Strasse, Bahnhof Sachsenhausen)
2) Instandsetzung der Inselwege
3) Projektierte Wohnstrassen in Oranienburg-Süd. (Siedlungsgelände)
4) Schaffung von Radfahrwegen innerhalb des Stadtgebietes.
5) Wegeverbesserungen in der Feldmark im Westen der Stadt.
6) Schaffung einer Seepromenade am Lehnitzsee.
7) Ausbeutung des städtischen Kieslagers in Germendorf.
8) Reparaturen und Instandhaltungsarbeiten auf dem städtischen Sportplatz.

Wir sehen Ihrer baldgefälligen Antwort entgegen.

Konzentrationslager Oranienburg.
Abt. Arbeitsbeschaffung.

[signatures]

D e r M a g i s t r a t   Oranienburg,d.10.August33

Stadtbauamt

Ho/Bt.   A b s c h r i f t

Wir haben für die Beschäftigung der in Schutzhaft befindlichen Personen bei städtischen Arbeiten folgende Festsetzungen getroffen:

1.Die Anforderung von Arbeitskräften soll in jedem Falle schriftlich und nur durch das Baudezernat erfolgen.Die Anforderungen müssen vom Stadtrat Vogeler bzw.in seinem Auftrag vom Stadtbaumeister Hobeck unterschrieben sein. Dem Ersuchen anderer Stellen und Personen ist nicht zu entsprechen.

2.Die gestellten Arbeitskräfte müssen die zur Ausführung der Arbeiten notwendige körperliche und berufliche Eignung besitzen.Sie sind,sofern sie diesen Bedingungen nicht entsprechen bzw.untüchtig sind oder in ihrem Verhalten den Aufsichtspersonen des Stadtbauamts bzw. Unternehmers gegenüber zu Klagen Anlaß geben auf Verlangen des Stadtbauamtes sofort auszuwechseln.

3.Die tägliche Arbeitsleistung muss acht volle Stunden betragen.Die Arbeitszeiten sind im Einvernehmen mit der Leitung des Lagers vorher festzusetzen.Die Arbeitszeit beginnt 6.30 Uhr(morgens)auf dem Hof des Konzentrationslager Oranienburg,von hier aus beginnt pünktlich der Abmarsch zur Arbeitsstelle.

Der An-und Abmarsch zur Arbeitsstelle gehört zur Arbeitszeit Wenn aus Gründen,die die Bauleitung nicht zu vertreten hat,z.B.bei Eintritt von regenwetter die vorgeschriebene Arbeitsleistung von acht Stunden nicht erreicht wird,muss diese Zeit bei der Abrechnung anteilmäßig in Abzug gebracht werden.Anerkannt wird in jedem Falle nur die tatsächliche Arbeitsleistung,wobei angefangene Stunden,wenigstens 1/2 Stunde,dann voll gerechnet werden.

An   wenden

die Hauptverwaltung des

Konzentrationslagers Oranienburg

Berliner Strasse

Gegen Behändigungsschein

Die Arbeitsleistung ist täglich am Schluß nach Arbeiter- und Stundenzahl durch schriftliche Eintragung festzustellen. Die Eintragung muß vom Aufseher und dem Wachmann unterzeichnet werden.

4.Die Leitung des Lagers stellt in angemessener Zahl die zur Bewachung der Häftlinge erforderlichen Wachleute. Die Postenführer haben in technischer Hinsicht den Anordnungen der Bauaufsicht nachzukommen und auf der Arbeitsstelle für Disziplin und angemessene Arbeitsleistung zu sorgen.Die Stadtverwaltung übernimmt im übrigen keinerlei Verantwortung für die Häftlinge.Die Versicherung der Häftlinge und Wachmannschaften gegen Krankheit und Unfall ist Sache des Lagers.

5.Die Stadtverwaltung vergütet dem Konzentrationslager die tägliche achtstündige Arbeitsleistung eines Häftlings mit RM-,70,wobei die Vergütung für die Bewachung bereits mit eingerechnet ist.

Die Rechnungen sind nach Kalenderwochen aufzustellen und in Zeiträumen von 8 Tagen in dreifacher Ausfertigung einzureichen.Eine Ausfertigung wird dem Lager nach Prüfung vom Stadtbauamt bescheinigt zurückgegeben.Die Bezahlung erfolgt auf dem Wege der Verrechnung.

6.Das Recht,diese Abmachungen aufzukündigen,steht beiden teilen zu,doch ist,von Anordnungen höherer Stellen abgesehen in jedem Falle eine Kündigungsfrist von acht Kalendertagen einzuhalten.

Wir bitten Sie,uns ihr Einverständnis mit diesen Festsetzungen schriftlich zu bestätigen.

Für die Richtigkeit der Abschrift:

S.A. der N.S.D.A.P.
Konzentrations Lager 208
Oranienburg.

539

kom.
Der Landrat des Kreises Niederbarnim

Berlin NW 40, den 6 September 1933.
Friedrich-Karl-Ufer 5
Fernspr.: D 2 Weidendamm 0014

Tageb.-Nr.

Es wird ersucht, in der Antwort das vorstehende Tagebuchzeichen anzugeben.

Regierung Potsdam
-7.9.33.8-9 V. *233156
STEMPELSTELLE I

Abschrift.

Betrifft: Ausweisung der prominenten, intellektuellen und jüdischen Häftlinge aus dem Lager Oranienburg.

Sofort!

Es werden in Marsch gesetzt:

A) Prominente und Intellektuelle.

1.) Wegener, Arnim geb. 16.10.86, Dr. jur. Schriftsteller,
2.) Wasserstraß, Ernst geb. 25.12.94, Lehrer,
3.) Tinius, Ernst geb. 19.9. 94, Dipl.Volkswirt,
4.) Münchow, Erwin geb. 19.6. 88, Rektor,
~~5.) Magnus, Kurt geb. 28.3. 87, Rechtsanwalt,~~ x)
~~6.) Braun, Alfred geb. 3.5. 88, Schauspieler,~~ x)
7.) Ebert, Friedrich geb. 12.9. 94, Redakteur,
8.) Ehom, Franz geb. 1. 9. 93, Lehrer,
~~9.) Flesch, Hans geb. 18.12.96, Intendant a.D.~~ x)
10.) Franke, Helmuth geb. 23.10.04, Ingenieur.

B) Juden.

11.) Dr.Salomon, Hermann geb. 4.9.88, Arzt, I. Bürgermeister,
12.) Orlipski, Gustav geb. 4.2.87, Rechtsanwalt a.D.,
~~13.) Greimann, Wilhelm geb. 24.4.81, Friseur,~~
14) Krausnick, Heinz geb. 29.12.11, Bote,
15.) Wilk, Hans geb. 8.12.09, Kaufmann,
16.) Faust, Hans geb. 11. 2.10, kaufm. Angestellter,
17.) Goldtschmidt, Ivan geb. 11. 1.03, Kaufmann,
18.) Kleinmann, Emil geb. 2. 9.75, Schneidermeister,
19.) Abraham, Max geb. 27. 4.04, Lehrer,
20.) Birawer, Hugo geb. 3.11.76, Kaufmann,
21.) Heilmann, Ernst geb. 13.4. 81, Redakteur,
22.) Dr.Herrmann, Franz geb. 29.12.86, Ministerialrat a.D.

An
das Ministerium des Innern, z.Hd.Herrn Amtsrat Piefke, Berlin, Unter den Linden 72-74.

x) Gestrichen gem. [illegible] v. 6. 9. 33 – I 12 – auf Veranlassung d. Min. Rats Diehls

Vorstehende

I Pol. 4860

Vordruck 288 a
10. 5. 33 5000 K

Fr.
Ilse Poltiniak
Berlin-Britz
Louise-Reuter-Ring 11

Poststempel Oranienburg
9. 9. 33

Liebe Ilse!

Aus deinem Besuch am Sonntag wird nichts. Für diesen und den nächsten Sonntag ist Besuchssperre. Auch die Paketannahme am Sonntag fällt aus. Schicke, wenn du kannst, für Anfang der Woche ein Paket, hauptsächlich etwas zum Rauchen. Vergiß auch Briefmarken nicht. Die Wäsche schicke ich dir zum Waschen zu.

Bis dahin alles Gute und viele Grüße von
Kurt

Schreibe bald und nutze die beiden Sonntage aus. Amüsiere dich und blase nicht Trübsal.

Absender: K. Poltiniak 1351
Wohnort: KZ Oranienburg
II. Kompag. II. Zug

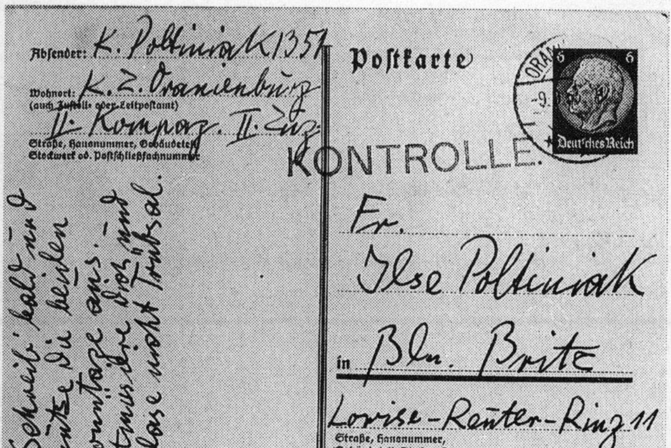
Absender: K. Poltiniak 1351
Wohnort: K. Z. Oranienburg
(auch Zustell- oder Leitpostamt)
II. Kompag. II. Zug
Straße, Hausnummer, Gebäudeteil, Stockwerk od. Postschließfachnummer
Postkarte
Deutsches Reich
KONTROLLE
Fr.
Ilse Poltiniak
in Bln. Britz
Louise-Reuter-Ring 11
Straße, Hausnummer, Gebäudeteil, Stockwerk

C.

Nr. 130

Oranienburg, am 12. Juli 1934

~~Vor dem unterzeichneten Standesbeamten erschien heute, der Persönlichkeit nach~~

~~kannt,~~

die Ortspolizeibehörde in Oranienburg hat mitgeteilt,

~~wohnhaft in~~

~~und zeigte an,~~ daß der Schriftsteller Erich Kurt Mühsam,

56 Jahre alt,

wohnhaft in Berlin-Neukölln, Kniestraße 4,

geboren zu Berlin, verheiratet mit der in Berlin-Neukölln wohnhaften Kreszentia, geborene Elfinger,

zu Oranienburg, auf dem Grundstück Berliner Straße 20

am zehnten Juli

des Jahres tausend neunhundert vier und dreißig

vor mittags um fünf drei viertel Uhr

~~verstorben sei.~~ tot aufgefunden worden sei. Der Tod ist am Tage vor der Auffindung vermutlich nachmittags

~~Vorgelesen, genehmigt und~~ gegen neun ein halb Uhr eingetreten. Vorstehend 20 Wörter gestrichen.

Der Standesbeamte.

König.

Die Übereinstimmung mit dem Hauptregister beglaubigt

Oranienburg, am 12. Juli 1934

Der Standesbeamte.

König.

N.-R.

27. Juli 4.

An den

Leiter der Geheimen Staatspolizei
z. Hd. Gruppenführer Heydrich,
B e r l i n .
-.-.-.-.-.-.-.-.-

Nachdem die Verstaatlichung des Konzentrationslagers Oranienburg am 6. d. Mts. durch die S.S. vorgenommen worden ist, wurde in den ersten Tagen eine reibungslose und loyale Übernahme des Lagers durchgeführt, wie es der Reichsführer S.S. Himmler gewünscht und mir persönlich auch zugesichert hatte. Dies war, solange der Gruppenführer Eicke Leiter der Aktion war und der Standartenführer Voggenauer uns tatkräftiget unterstützte, gewährleistet. Beide machten mir Zusagen, die wir im Interesse einer geregelten Abwicklung als verbindlich ansehen mußten.

Nun sind leider in den letzten Tagen derartige Komplikationen bezüglich der Abwicklung und Übernahme eingetreten, daß ich Sie bitten muß, hier eine Änderung oder eine klare Sachlage zu schaffen, da wir sonst der uns verantwortlichen Stelle, dem Herrn Polizeipräsidenten in Potsdam, erklären müssen, daß die Verantwortung von uns nicht mehr getragen werden kann.

Ich will garnicht auf die kleinlichen Mißhelligkeiten und Chikanen näher eingehen, die es der bisherigen Verwaltung fast unmöglich machen, reibungslos weiter zu arbeiten, nachdem wir fast über das erträgliche Maß hinaus immer unseren guten Willen gezeigt haben.

Es tut mir leid, Sie bei Ihrer großen Arbeit mit unseren Klagen behelligen zu müssen; es fand sich aber leider durch die Urlaubszeit keine Ihrer unteren Dienststellen in der Lage, uns zu helfen.

Ich

Pol.g 2542

Ich wäre Ihnen dankbar, wenn Sie mich zu einer persönlichen Aussprache, die zweifellos alle bestehenden Unklarheiten aus der Welt schaffen kann, empfangen würden und ich bitte Sie, auch von anliegendem Schreiben, daß wir an unsere vorgesetzte Dienststelle richteten, Kenntnis zu nehmen.

Schulze-Wechsungen
Standartenführer.

Der Preußische Minister des Innern.

II L 34 Nr. 127/33.

Berlin, den 13. September 1934.

NW 7, Unter den Linden 72–74

Regierung Potsdam
STEMPELSTELLE 1

Oberpräsidium
14. SEP. 1934
der Prov. Brandenburg

Zu I Pol. e 1186 vom 22. August 1934.

----:----

Auf Anordnung des Chefs der Geheimen Staatspolizei bleibt das Konzentrationslager Oranienburg als Reservelager für Berlin für etwa eintretenden Bedarf zunächst weiter bestehen. Die Geräte sind daher vorläufig in Oranienburg zu belassen. Die ordnungsmäßige Lagerung und Aufbewahrung der Sachen ist bereits vom Jnspekteur der Geheimen Staatspolizei veranlaßt.

1 Durchschlag liegt bei.

Jm Auftrage:

gez.: Rheins.

Beglaubigt

als Ministerialkanzleisekretär.

An

den Herrn Regierungspräsidenten

in P o t s d a m.

Der Reg. Präs.
I Pol. e 1186

Potsdam, den Sept. 1934.

Unbekannte Neonazis beschmieren die Gedenktafel »KZ Oranienburg« am hellichten Tag. Tatzeit: 26. März 1993

Anmerkungen zu den Dokumenten

BLHA = Brandenburgisches Hauptarchiv Potsdam
Pr. Br. = Preußisch Brandenburg

Dokument 3/Seite 243

Zwischen der Lagerführung des KZs Oranienburg und der Stadtverwaltung des Ortes bestand von Anfang an eine »fruchtbringende« Zusammenarbeit. Wie ein Hohn klingt das im Mai 1933 in den Grundzügen vereinbarte »Arbeitsbeschaffungsprogramm«. Es war Betrug im doppelten Sinne: KZ-Häftlinge stellten die billigsten Arbeitskräfte dar und brachten zugleich den höchsten Gewinn. Obwohl Arbeitsbeschaffungsmaßnahmen angeblich zur Minderung der Arbeitslosigkeit vorgesehen waren, steckte die Stadt diese Mittel ein und beschäftigte Häftlinge. Zum Zeitpunkt des Vertrages gab es in der Stadt 1052 registrierte Arbeitslose. Einen Vortrag des zuständigen Stadtbaumeisters Hobeck vor dem Magistrat ist folgende Kostenrechnung zu entnehmen:
Einsatz der Arbeitskräfte pro Woche und Mann

Einsatz nach Tariflohn	= 25.— RM
Einsatz gemäß Gesetz	= 24,75 RM
Einsatz pro Häftling	= 6,— RM

(Pr. Br. Rep. 8 Oranienburg)

Dokument 4/Seite 247

Unmittelbar nach Verhaftung der Erzieher und Zöglinge des jüdischen Jugend- und Lehrheims in Wolzig kam es zum Protest des Deutsch-Israelitischen Gemeindebundes über das Vorgehen der SA und zur wahrheitsgetreuen Schilderung der Besetzung des Heimes.
(BLHA Rep. 2A I. Pol. 1913 Bl. 25–26)

Dokument 5/Seite 251

Das Schreiben widerlegt den Lagerkommandanten Schäfer hinsichtlich des Einsat-

	zes von Polizeibeamten sowie der Bewaffnung der SA-Leute mit Maschinenpistolen und Karabinern. (BLHA Rep. 2A I. 1192 Bl. 22)
Dokument 6/Seite 253	(BLHA Rep. 2A I. Pol. 1192 Bl. 23)
Dokument 7/Seite 255	Todesurkunde für den politischen Häftling Max Sens aus Zerbst/Anhalt. Er gehörte zum Transport von Gerhart Seger, der am 14. Juni 1933 eingeliefert wurde. Zu beachten ist der Todesort: Berliner Straße 21. (Urkundenstelle beim Landratsamt Oberhavel, Totenbuch 1933)
Dokument 8/Seite 256	Im Bereich des Grundstücks Berliner Straße 21 (Eigentümer Berliner Kindl-Brauerei) befand sich das Verwaltungsgebäude für die SA-Lagerführung, das durch Häftlinge umgebaut wurde. Die Zeichnungen für den Umbau lieferte das Stadtbauamt Oranienburg bereits im Mai 1933. (Stadtarchiv Oranienburg)
Dokument 9/Seite 257	Für die Arbeitsbeschaffung gab es in der Lagerstruktur eine eigene Abteilung, die dem Kommandanten unmittelbar unterstand und die von seinem Adjutanten Daniel geleitet wurde. (Stadtarchiv Oranienburg)
Dokument 10/Seite 258	Sechs-Punkte-Vertrag über die Zusammenarbeit zwischen der Lagerführung des KZs und der Stadtverwaltung von Oranienburg. (Stadtarchiv Oranienburg)
Dokument 11/Seite 260	Die Gefangenen wurden in die Moorlager Papenburg überführt. (BLHA Rep. 2A I. Pol. 1183 Bl. 539)
Dokument 12/Seite 261	Kurt Poltiniak, geb. 1908, von Beruf Graphiker, war KPD-Mitglied. Im Sommer 1933 wurde er verhaftet und kam in das KZ Oranienburg. Nach seiner Entlassung

erhielt er bei den Nazis Berufsverbot. Er starb 1976 in Potsdam. Der Inhalt der Postkarte bestätigt die militärische Struktur des Lagers mit seiner Einteilung in Kompanien und Züge und das Verhängen von Strafen wie Besuchssperre.

Dokument 13/Seite 262 Kopie der Todesurkunde für Erich Mühsam. Als Todesstandort wird das Grundstück Berliner Straße 20 angegeben (vgl. Berliner Straße 21 auf Urkunde Sens). Die Abortanlage, in der Mühsam von der SS erhängt wurde, befand sich auf dem Grundstück Nr. 20. Bemerkenswert ist die Ausführlichkeit der Beschreibung des Todes und der Uhrzeit. Dort hieß es, daß der Tote »...auf dem Grundstück Berliner Straße 20, am zehnten Juli des Jahres 1934, vormittags um fünf drei viertel Uhr tot aufgefunden worden ist. Der Tod ist am Tage vor der Auffindung, vermutlich nachmittags gegen neun ein halb Uhr eingetreten. 5.30 war Wecken im Lager, eine Viertelstunde später fand man Mühsam erhängt in den Abortanlagen. Zapfenstreich war abends 21.00 Uhr.
(Urkundenstelle beim Landratsamt Oberhavel, Totenbuch 1934)

Dokument 14/Seite 263 Das Schreiben bestätigt, daß der spätere Inspekteur der Konzentrationslager, Theodor Eicke, verantwortlicher SS-Führer der Sonderaktion zur Übernahme des KZs Oranienburg in die Hände der SS war. Eicke trägt damit auch die unmittelbare Verantwortung für die Ermordung Erich Mühsams im Zusammenhang mit den Ereignissen vom 30. Juni 1934.
(BLHA Rep. 2A I. Pol. 1193 Bl. 5)

Dokument 15/Seite 265 Im »Reservelager« Oranienburg wurden ab Frühjahr 1935 die Wacheinheiten der SS-Totenkopfstandarte »Brandenburg« untergebracht, die im Gestapo-Hauptquartier, im Columbiahaus und anderswo ihren

Wachdienst versahen. Ab Sommer 1936, nach Eintreffen der ersten Häftlinge für das neue große KZ am Ostrand der Stadt, das KZ Sachsenhausen, diente das Reservelager Oranienburg der Unterbringung der Wacheinheiten des KZs Sachsenhausen. So sind beide KZs miteinander verbunden.
(BLHA Rep. 2A I. Pol. 186)